J'AIME
ET
JE SOIGNE
MON
CHAT

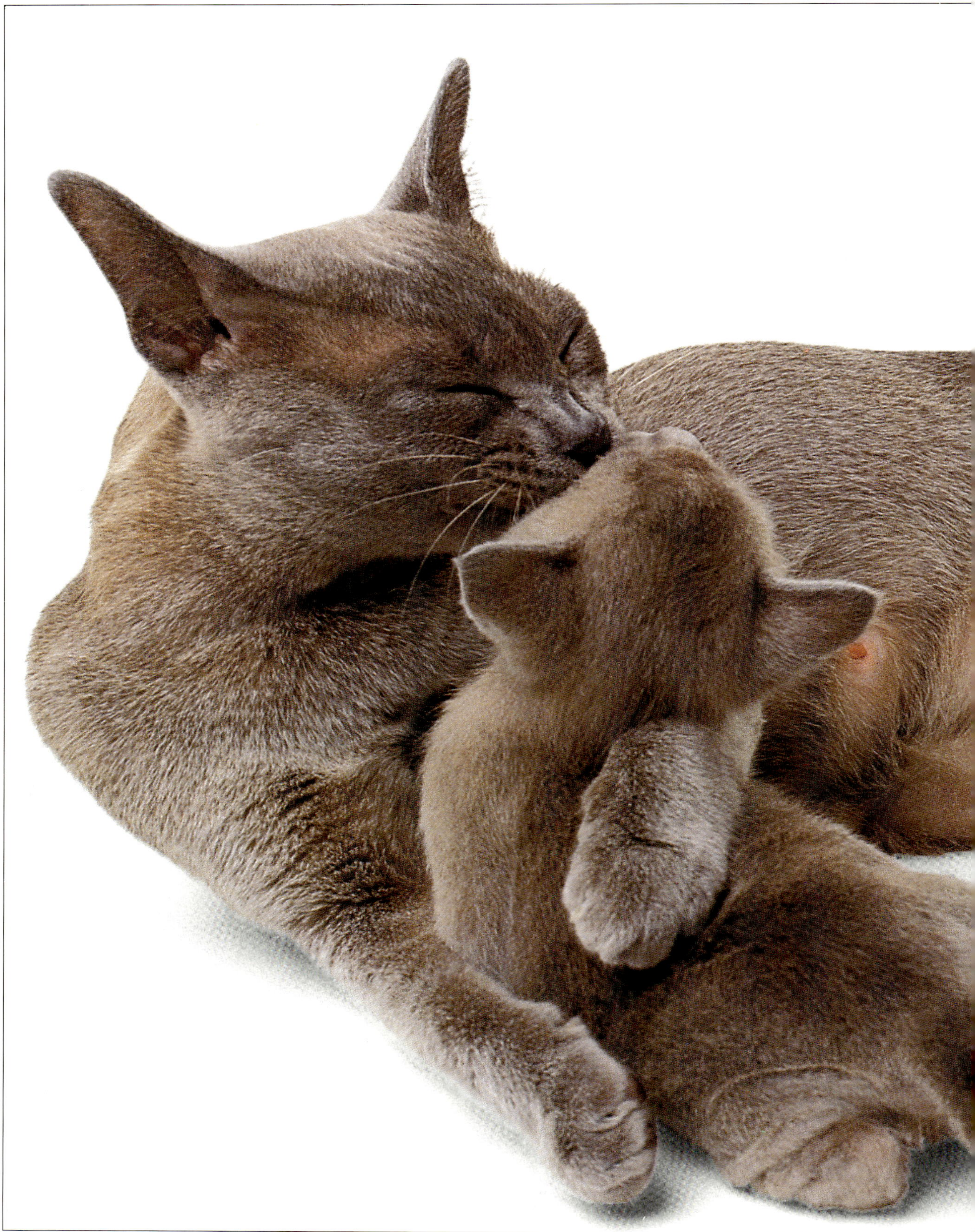

J'AIME
ET
JE SOIGNE
MON
CHAT

Andrew Edney

SOLAR

LES CHATS
aux Éditions Solar

Les Chats en 1000 photos

Les Chats Prestige

Le Livre des Chats

Réponse à tout : Le Chat

Votre Chat : mieux le connaître pour mieux l'aimer

DK

©1992 Dorling Kindersley Limited, Londres
pour l'édition originale
©1992 Andrew Edney, pour les textes originaux
©1993 Éditions Solar, Paris, pour la version française

Photographies
Steve Gorton
Tim Ridley

Titre original de cet ouvrage
COMPLETE CAT CARE MANUAL

Réalisation de l'adaptation française
Agence Média

Traduction
Philippe Safavi

Conseil vétérinaire
Fabienne Masson

Nous remercions Martine Casteran, rédactrice en chef du magazine *Atout Chat*, pour son aide précieuse.

ISBN : 2-263-02103-5
N° d'éditeur : 2175
Dépôt légal : septembre 1993

Imprimé en Italie

SOMMAIRE

Introduction 6

Chapitre 1 Le Monde du Chat 10
Les Premiers Chats Domestiques 12
Les Sens des Félins 14
Mouvement et Équilibre 16
Les Humeurs du Chat 18
Le Chat, Animal de Compagnie 20
Les Principaux Types de Chats 22

Chapitre 2 Un Chat Heureux 24
Le Choix d'un Chat 26
L'Équipement de Base 28
L'Adoption d'un Chaton 30
Les Présentations 32
La Vie Quotidienne 34
L'Éducation 36
Colliers et Laisses 38
Les Contacts Physiques 40
Le Jeu 42
Le Chat à l'Extérieur 44
Le Chat d'Intérieur 46
Voyages et Déménagements 48
Voyages à l'Étranger et Pensions 50
Un Chat en Forme 52

Chapitre 3 L'Alimentation 54
Une Bonne Alimentation 56
Les Besoins Alimentaires 58
Les Aliments Préparés 60
Les Aliments Frais 62

Chapitre 4 La Toilette 64
Initiation au Toilettage 66
La Toilette de la Tête 68
Les Types de Pelage 70
La Toilette du Chat à Poil Court 72
La Toilette du Chat à Poil Long 74
Le Bain 76

Chapitre 5 Les Chats Difficiles 78
Les Symptômes de Stress 80
Les Comportements Indésirables 82
Le Chat Introverti 84
Le Chat Extraverti 86

Chapitre 6 La Santé 88
Un Chat en Bonne Santé 90
Les Signes de Mauvaise Santé 92
Tableau Diagnostique 94
L'Examen du Chat 96
Os, Muscles et Articulations 98
Peau et Pelage 100
Les Affections Parasitaires 102
Les Affections Oculaires 104
Les Affections de l'Oreille 106
Les Maladies Respiratoires 108
Les Maladies Digestives 110
Les Parasites Internes 112
Les Affections Buccales et Dentaires 114
Les Troubles de la Reproduction 116
Les Troubles Urinaires 118
Les Affections Neurologiques 120
Les Maladies du Cœur et du Sang 122
Les Maladies Transmissibles à l'Homme 124

Chapitre 7 Les Soins 126
Savoir Immobiliser un Chat 128
Les Médicaments 130
Les Yeux et les Oreilles 132
Chirurgie et Soins Post-Opératoires 134
Le Chat Malade 136
Le Chat Agé 138

Chapitre 8 La Reproduction 140
Hérédité et Reproduction 142
L'Accouplement 144
Gestation et Soins Prénataux 146
La Naissance 148
Les Soins après la Naissance 150
Les Chatons 152
La Contraception 154

Chapitre 9 Les Premiers Soins 156
Principes Généraux 158
Les Accidents 160
La Réanimation 162
Étouffement et Corps Étrangers 164
Les Empoisonnements 166
Morsures et Piqûres 168
Le Traitement des Plaies 170
Brûlures et Autres Blessures 172
Autres Urgences 174

Chapitre 10 Les Expositions 176
Expositions et Concours 178
Les Critères de Jugement 180
Les Préparatifs pour l'Exposition 182

Glossaire 184
Carnet de Santé du Chat 186
Informations Pratiques 187
Index 188
Crédits illustrations 192

INTRODUCTION

VÉNÉRÉ OU HAÏ, chasseur redoutable ou compagnon fidèle, depuis des millénaires le chat partage la vie de l'homme de multiples façons ; au fil du temps, il a connu des fortunes plus ou moins bonnes, mais il est désormais l'un des animaux domestiques les plus populaires au monde.

Les chats commencent même à supplanter leur plus grand rival dans le cœur des hommes : le chien. En France, ils sont environ 8,4 millions et, dans certains pays d'Europe, comme l'Autriche ou la Suisse, leur population dépasse celle des chiens. Comment expliquer l'attrait puissant qu'exercent les chats ? D'abord leur beauté racée, un rien altière. Même ceux qui ne les aiment pas particulièrement admettent que ce sont de superbes athlètes. Ensuite, outre l'admiration qu'ils inspirent, les chats sont des animaux de compagnie extrêmement attachants.

Les liens affectifs qui nous unissent aux chats apportent de grandes joies et, si l'on a la chance d'en avoir plus d'un à la maison, les observer ensemble est un plaisir plus grand encore. Les chiens peuvent s'associer à leurs jeux complexes ; on a tort de croire que chiens et chats ne font pas bon ménage, surtout s'ils se sont rencontrés jeunes. A partir du moment où le comportement de chaque espèce est bien compris, nombreuses sont les cohabitations harmonieuses.

Des Lions et des Tigres chez Vous

Il suffit de visiter une réserve ou un zoo pour constater combien les grands félins comme les lions, les tigres ou les léopards ressemblent au petit animal familier qui dort devant votre cheminée (ou encore sur votre lit). Hormis les différences de pelage et de taille, les ressemblances morphologiques sont frappantes. Le chat domestique partage également de nombreux types de comportement avec ses grands cousins.

Au repos, les

INTRODUCTION

félins s'étirent et somnolent tout en restant attentifs au moindre bruit ou mouvement. Toutes les espèces se nourrissent et se toilettent de la même manière, et le regard implacable du chat domestique est aussi troublant que celui de ses congénères sauvages. Les félins passent une grande partie de leur temps dans une inactivité qui n'est qu'apparente, car ils peuvent bondir sur leurs pattes en un instant. Ils savent clairement exprimer leur colère ou leur peur, et ronronnent quand ils sont satisfaits. Ce lien avec le monde sauvage explique sûrement pour une part la fascination qu'exerce le chat domestique.

Le chat a évolué à partir de plusieurs petits ancêtres sauvages apparus il y a environ 12 millions d'années. A l'intérieur de la famille des félidés, il appartient au genre *Felis*, qui comprend entre autres le lynx, l'ocelot et le puma. Le chat domestique serait le descendant du chat sauvage africain, domestiqué dans l'ancienne Égypte, vers 2000 av. J.-C.

Splendeurs et Misères des Chats
L'Égypte antique fut la première civilisation à utiliser le chat pour chasser les nuisibles et ainsi protéger les provisions de blé. Rien d'étonnant, donc, que cette « collaboration » se soit muée en adoration. Le chat, promu au rang de divinité, faisait l'objet d'un véritable culte. Aujourd'hui, la vénération a cédé le pas à une relation d'affection et de tendresse entre le chat et son maître.

L'histoire du chat est marquée par une alternance de périodes d'adoration et de persécution. Après avoir joui d'une grande faveur pendant des siècles, le chat allait être la victime, à partir des XVe et XVIe siècles, de l'Inquisition : alors qu'il avait été une incarnation divine en d'autres temps, il devint suppôt de Satan, des groupes religieux européens exhortant à la haine du chat.

Cette période ne dura qu'un temps, et l'élégance, la grâce, la beauté, les prouesses acrobatiques et la personnalité attachante du chat furent enfin reconnues à leur juste valeur.

Soins Quotidiens

Avant d'accueillir un chat chez soi, il est essentiel de connaître ses besoins, de savoir s'occuper de lui. Cela va du choix d'un chaton en bonne santé aux questions concernant la reproduction et l'éducation. Une des parties les plus importantes de ce livre traite de tous les aspects des soins quotidiens. Devenir le maître d'un chat n'est pas une mince affaire, et vous trouverez dans ce chapitre des conseils sur ce qu'il faut prendre en compte au moment d'adopter votre compagnon et sur l'équipement de base, des colliers aux paniers pour le transport.

Une fois que vous aurez choisi votre chat, il vous faudra gagner sa confiance, apprendre à le manipuler correctement, lui enseigner quelques règles élémentaires de propreté et de discipline. Nos recommandations sur l'éducation vous y aideront, ainsi que des explications sur le comportement félin.

Alimentation et Santé

Le chat est un carnivore aux exigences nutritionnelles particulières. Vous trouverez dans cet ouvrage des informations détaillées sur ses besoins diététiques et médicaux. Tous les propriétaires de chat doivent être à même d'identifier certains troubles et savoir comment réagir quand quelque chose ne va pas. Le chapitre sur la santé traite des problèmes courants (gale des oreilles, vers, puces, etc.) comme des premiers soins en cas d'accidents ou de pathologies graves. Un maître doit aussi savoir comment s'occuper d'un chat malade, mais, dans tous les cas, il lui faudra demander avis et assistance au vétérinaire le plus proche.

Les questions de reproduction sont traitées en détail dans un chapitre à part, comprenant des conseils pour la planification d'une portée, l'aide à la mise bas et les soins des chatons. Il inclut également des informations sur la transmission de gènes à l'origine de certains caractères.

Expositions

Vous aurez peut-être envie de présenter votre chat à une manifestation féline. Et, d'ailleurs, même si ce n'est pas le cas, la toilette est un aspect essentiel des soins quotidiens, notamment pour les chats à poil long. Ce chapitre explique comment traiter différents types de pelage, comment laver votre chat et entretenir ses dents et ses griffes. Il contient une section spéciale sur la préparation aux expositions et les critères de jugement des chats à pedigree.

Pour en Savoir Plus

Les termes techniques utilisés dans ce livre sont expliqués dans le glossaire. Vous trouverez à la fin de l'ouvrage des renseignements sur les différentes organisations félines ainsi qu'une bibliographie. Une fois que vous commencerez à explorer le monde du chat, vous risquez de ne plus pouvoir vous arrêter !

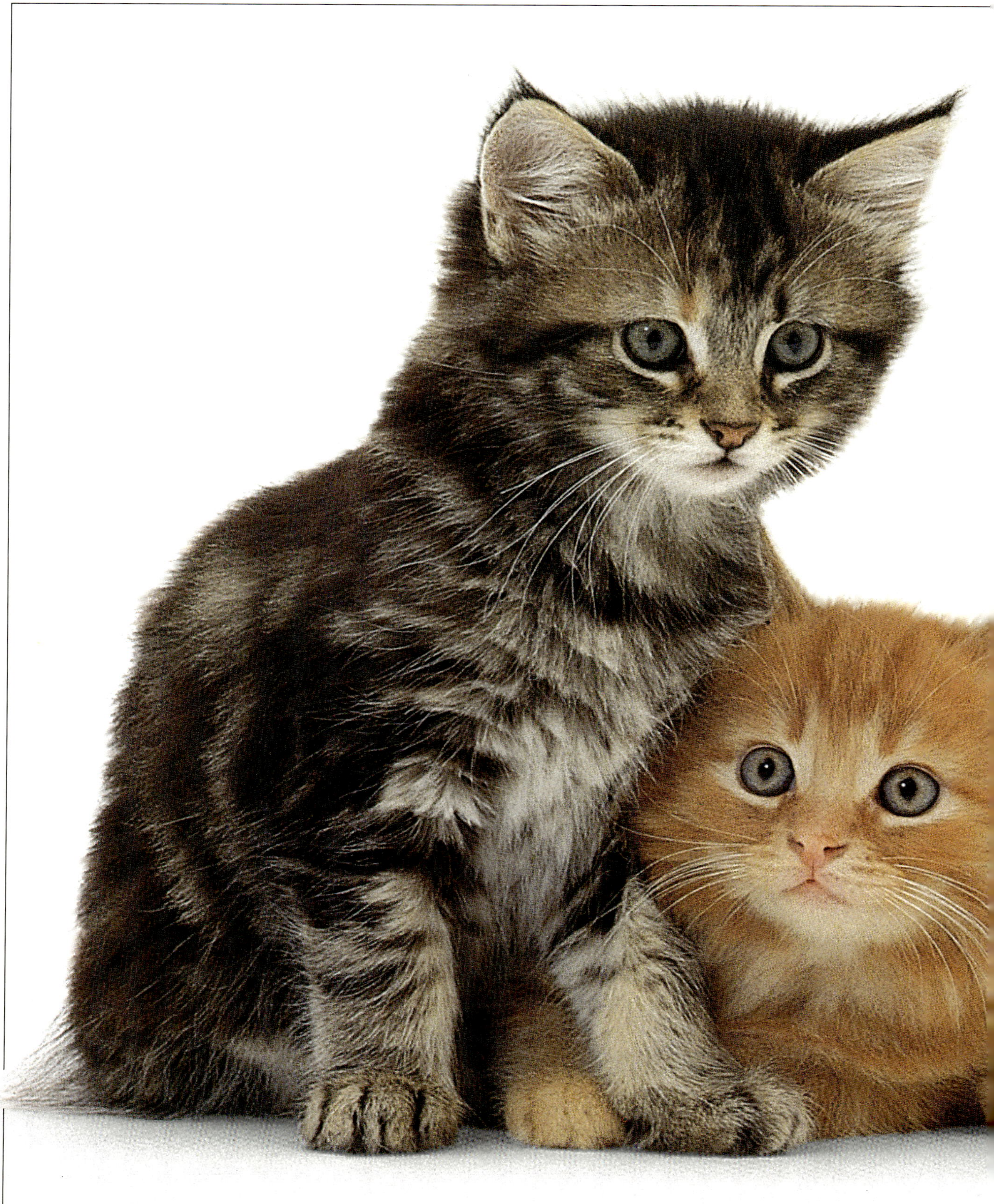

Chapitre 1
LE MONDE DU CHAT

ÉNIGMATIQUES et enchanteurs, les chats fascinent les hommes depuis la nuit des temps. Tour à tour vénérés et persécutés, ils connaissent à présent des jours fastes. Ils sont parfaitement adaptés au mode de vie urbain du xxe siècle. Pures races ou simples chats de gouttière, ils nous apportent tous autant de joie, en ayant l'avantage d'être relativement faciles à entretenir. Les chats s'accommodent sans difficulté à n'importe quel type d'environnement. Compagnons indispensables à tout âge de la vie, ils ont un comportement de caméléon : chasseurs redoutables un instant, ils viendront se faire câliner en ronronnant la minute suivante...

LES PREMIERS CHATS DOMESTIQUES

Bien que ses ancêtres aient fait leur apparition sur terre il y a plus de 12 millions d'années, le chat n'est domestiqué que depuis environ 4 000 ans. Les Égyptiens de l'Antiquité l'utilisaient alors pour chasser les rongeurs de leurs greniers ; on a retrouvé des traces bien antérieures de chats sauvages dans des villages et des cavernes habitées par l'homme. En Égypte, le chat fut révéré pour ses talents de chasseur puis déifié en tant qu'incarnation de la déesse Bastet. D'autres civilisations anciennes le domestiquèrent plus tard. Ce furent les marchands phéniciens qui amenèrent les tout premiers chats apprivoisés en Italie, d'où ils se répandirent partout en Europe. Après une période de persécution au Moyen Age, où on les associa au démon, les chats redevinrent populaires dès le XVIIIe siècle dans le monde entier.

LES ORIGINES DU CHAT DOMESTIQUE

Chasseurs de nuisibles
Miniature du XIIIe siècle montrant des chats dans leur rôle traditionnel de chasseurs d'animaux nuisibles. Les premiers chats domestiques protégeaient ainsi les réserves alimentaires.

Déesse chatte
Statue égyptienne en bronze de la déesse chatte Bastet (environ 600 av. J.-C.).

La lutte entre le Bien et le Mal
Fresque égyptienne des environs de 1500 av. J.-C. représentant le dieu du Soleil Râ comme un chat tuant Apep, le serpent des ténèbres.

Félin oriental
Le chat domestique fut sans doute introduit en Inde avant de se répandre en Chine et au Japon. Cette peinture indienne date de 1810 environ.

LES ANCÊTRES DU CHAT DOMESTIQUE

Les félins tels qu'ils sont représentés de nos jours, des lions et tigres aux chats domestiques, descendent de carnivores primitifs, les miacioïdés, qui proviennent eux-mêmes de l'évolution des premiers mammifères carnivores, les créodontes. Un des ancêtres directs de nos petits chats actuels serait le chat sauvage de Martelli (*Felis lunensis*). Ce chat aurait donné naissance au chat sauvage que nous connaissons aujourd'hui (*Felis sylvestris*), lequel a évolué en trois principaux types : le chat sauvage d'Europe, le chat sauvage d'Afrique et le chat du désert asiatique. Le chat domestique (*Felis catus*) serait le descendant du chat sauvage d'Afrique.

Chat sauvage d'Afrique
C'est l'ancêtre le plus probable du chat domestique. Son pelage présente des marques de tigrure.

Chat sauvage d'Europe
Il pourrait avoir transmis certains de ses gènes au chat domestique.

Chat de la jungle *(à gauche)*
Il est sans liens avec les chats actuels.

L'EXPANSION DU CHAT DOMESTIQUE

Années 70 Du Japon, le Bobtail japonais est introduit aux États-Unis.

Fin du XIXᵉ s. Les chats à poil long venant de Grande-Bretagne arrivent aux États-Unis.

Milieu du XIXᵉ s. Les chats à poil long arrivent de Turquie en Grande-Bretagne.

An 4 Les chats à poil court se répandent en Europe depuis l'Italie, atteignant la Grande-Bretagne au début du VIIIᵉ siècle.

XVIᵉ s. De Turquie, les chats à poil long arrivent en Italie.

XVIIᵉ s. Les chats à poil court débarquent sur le Nouveau Monde avec les premiers colons.

IXᵉ s. av. J.-C. environ D'Égypte, les chats à poil court sont amenés en Italie.

Années 30 De Birmanie, le Burmese arrive aux États-Unis.

Fin du XIXᵉ s. Les Abyssins de l'actuelle Éthiopie arrivent en Grande-Bretagne.

Fin du XIXᵉ s. De la Thaïlande, les Siamois sont introduits en Grande-Bretagne.

Années 50 Le Korat arrive aux États-Unis en provenance de Thaïlande.

XVIᵉ s. Apparition des Chats de l'île de Man, venus d'Extrême-Orient.

Années 70 Le Singapura est introduit aux États-Unis.

Processus de domestication
Le chat domestique à poil court s'est répandu dans le monde à partir de l'Égypte. Les chats à poil long sont apparus bien plus tard, en provenance de Turquie, d'Iran et d'Afghanistan.

Les Sens des Félins

Comme chez ses cousins sauvages, les sens du chat domestique sont ceux d'un prédateur ; ils peuvent détecter le moindre mouvement, le son le plus ténu. Son ouïe, sa vue, son toucher et son odorat sont beaucoup plus sensibles que ceux de l'homme et de la plupart des autres mammifères. Il voit dans la pénombre, perçoit des sons très aigus et peut même capter certaines odeurs grâce à l'organe de Jacobson situé dans son palais. Le chat est très sensible à son environnement : il s'épanouit s'il est placé dans de bonnes conditions et ne sera pas à son aise dans une maison où ses besoins ne sont pas satisfaits. Il n'apprécie guère les jeunes enfants, car il n'aime ni le bruit ni les mouvements brusques.

LES CINQ SENS

La bouche et le goût
Le goût du chat est sélectif. Il est parfois difficile de mélanger un médicament dans sa nourriture car, même s'il est broyé ou sous forme liquide, le chat détecte généralement toute adjonction à son repas habituel. Il n'a pas, comme le chien, d'attrait pour le sucré, mais peut y prendre goût (gâteaux, fruits).

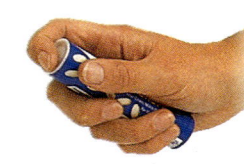

Les oreilles et l'ouïe
Très fine, l'ouïe du chat perçoit des sons à haute fréquence allant jusqu'à deux octaves au-dessus de ce qu'entend l'homme. On peut lui apprendre à reconnaître certains mots et à y répondre (comme son nom), par le ton de voix utilisé.

Les moustaches et le toucher
Les moustaches fonctionnent comme des antennes et l'aident à éviter certains objets dans l'obscurité. Le chat possède un sens tactile très développé et chaque poil de son corps réagit à la moindre vibration.

Le nez et l'odorat

Tous les chats ont l'instinct de propriété et marquent leur territoire avec leur odeur pour écarter les autres félins. L'odorat du chat est renforcé par son organe de Jacobson, dont les cellules sensorielles lui permettent d'analyser les molécules odorantes recueillies sur sa langue. C'est la « réponse de Flehman ».

Les yeux et la vue

Si le chat distingue mal les couleurs, ses yeux captent la moindre source de lumière, ce qui lui permet de voir dans la pénombre. Sa vue est celle d'un chasseur et, grâce à son champ de vision bien plus large que celui de l'homme, il peut détecter les infimes mouvements de ses proies.

L'HERBE-AUX-CHATS

La plupart des chats ne peuvent résister au parfum de l'herbe-aux-chats, ou cataire (*Nepeta cataria*). Ils réagissent en la reniflant, en y plongeant la tête, ou en se roulant sur le dos dans une sorte de transe, en ronronnant bruyamment. Les effets de la plante ne durent pas longtemps et ne semblent pas induire une dépendance ou des effets secondaires indésirables. La valériane attire également le chat.

Une herbe irrésistible

Le chat hume l'herbe séchée pendant quelques secondes avant d'en ressentir les effets. Certains chats ne sont pas sensibles à la plante et ne manifestent aucun signe.

Réaction typique

Plus de 50 % des chats réagissent à l'herbe-aux-chats par un état d'excitation intense, en se roulant sur le sol.

MOUVEMENT ET ÉQUILIBRE

Chasseur et prédateur, le chat a besoin d'être rapide et très agile. Sa morphologie lui permet d'atteindre une vitesse maximale en faisant le moins d'efforts possible. Il sait aussi économiser son énergie et mobiliser ses forces pour une course fulgurante. Le chat est ainsi capable de faire des pointes de 48 km/h sur une courte distance, bondissant sur sa proie avant qu'elle n'ait le temps de s'enfuir. Alors que la plupart des animaux sont condamnés à passer la majeure partie de leur vie à terre, le chat conjugue des talents enviables de grimpeur, sauteur et équilibriste.

LA COORDINATION

Saut
Un chat est capable d'effectuer une gamme étonnante de bonds verticaux, horizontaux ou en vrille. Il peut sauter jusqu'à cinq fois sa hauteur d'un seul bond. Les muscles puissants de ses pattes arrière et la grande flexibilité de sa colonne vertébrale lui permettent de se propulser dans les airs et de retomber sans se blesser. Mais avant de se lancer, le chat évalue toujours soigneusement la distance qu'il lui faut parcourir.

La queue maintient un parfait équilibre.

Les griffes donnent de l'élan en poussant sur l'arbre.

Équilibre
Le chat dispose d'une excellente coordination grâce à un système très efficace de transmission des messages des muscles et des articulations au cerveau. Lorsqu'il avance sur une branche étroite, sa longue queue lui sert de balancier, comme un funambule sur son fil utilise une perche.

Les yeux regardent droit devant.

Les griffes s'accrochent à la branche.

MOUVEMENT ET ÉQUILIBRE

Escalade
Juché sur un arbre ou une clôture, le chat peut surveiller son territoire et observer sa proie sans être vu. Il grimpe grâce aux muscles puissants de ses pattes arrière et aux griffes de ses pattes avant. Redescendre est parfois plus compliqué…

LE BON RÉFLEXE

Le chat surveille le sol.

Les pattes avant sont calées sur une branche étroite.

Les pattes arrière sont soigneusement positionnées.

Rétablissement
L'équilibre et la coordination du chat sont sans pareils : on dit souvent qu'un chat retombe toujours sur ses pattes. Ce n'est pas toujours le cas *(voir page 160)*, mais un chat peut survivre à une chute de 20 mètres. Le réflexe de redressement est rapide et automatique. Les yeux et les organes de l'équilibre situés dans l'oreille interne lui permettent de se localiser dans l'espace et d'atterrir sur ses pattes.

Les Humeurs du Chat

Votre chat fait savoir sa joie, sa colère, sa peur ou sa tristesse. Ses yeux, sa queue, ses moustaches et sa voix sont des indicateurs de son humeur. Chasseurs solitaires, les chats sont aussi des animaux très sociables qui ont développé un langage du corps complexe et toute une gamme de sons pour communiquer avec vous et les autres chats. La face d'un chat est particulièrement révélatrice ; elle exprime nombre d'émotions allant de la satisfaction à la peur et à l'agressivité.

LE LANGAGE DU CORPS

Un chat heureux
La chat salue parfois son maître en dressant la queue, dont l'extrémité est alors légèrement inclinée vers l'avant. Il manifeste ainsi sa joie et sa confiance. Une queue s'agitant latéralement signale une tension. Un chat sur la défensive gonfle son pelage et le poil de sa queue pour avoir l'air plus imposant.

La queue est dressée et raide.

Expression vigilante avec les oreilles tendues vers l'avant.

Premier contact
Généralement, les chats établissent leur hiérarchie sans s'infliger de blessures sérieuses. La fixité du regard et un langage corporel significatif suffisent parfois à dissuader les plus timides. Il arrive que, pour en finir, chaque chat exécute une toilette très appliquée.

Un chat agressif
Lorsqu'un chat se couche sur le dos, cela ne signifie pas nécessairement qu'il se soumet à un autre chat dominant. En montrant ses griffes et ses dents, il déploie son arsenal de combat.

Les oreilles sont rabattues contre la tête.

Sur la défensive
Un chat restant en arrêt dans une position stratégique de retraite peut ainsi demeurer immobile quelques minutes. Son attention est soutenue, son regard fixe, ses oreilles tendues vers l'avant, tout à l'écoute.

LES HUMEURS DU CHAT

De bons amis
Les chats vivant sous le même toit se saluent affectueusement en se frottant le museau et le corps l'un contre l'autre. S'ils sont de la même portée ou bien s'ils ont grandi ensemble, ils se toilettent mutuellement, dorment enroulés l'un dans l'autre et jouent ensemble.

Les cris du chat
Le répertoire vocal du chat est étendu, avec plus de 16 sons différents. Les cris incluent les hurlements de colère, les sifflements et les grognements des mâles qui se battent, ainsi que les appels de la chatte en chaleur. Selon l'intonation, les miaulements expriment diverses humeurs.

Établir le contact
En se frottant contre vos jambes, le chat montre certes son affection, mais il marque également son territoire avec les sécrétions des glandes sébacées de la peau du menton. La queue et les pattes véhiculent aussi son odeur.

Le chat marque son territoire en se frottant contre les objets.

LE RONRONNEMENT

Ronflement à basse fréquence, le ronronnement provient d'une combinaison très complexe de vibrations des cordes vocales et du diaphragme. C'est généralement un signe de plaisir ou de satisfaction. La mère ronronne après avoir mis bas et quand les chatons se mettent à téter. Les petits ronronnent quand ils se sentent en sécurité, au chaud et bien nourris. Toutefois, le ronronnement peut aussi être un signe de nervosité ou de souffrance.

Le ronronnement de plaisir
Le ronronnement est caractéristique des félins ; il signifie généralement que le chat est détendu et content.

LE CHAT, ANIMAL DE COMPAGNIE

Les chats domestiques sont près de 100 millions en Occident *(voir tableau page suivante)* et ce chiffre ne cesse d'augmenter. L'engouement que connaît cet animal de compagnie s'explique assez facilement. Les chats demandent moins de temps que la plupart des autres animaux familiers, et ils sont particulièrement bien adaptés à la vie urbaine. Indépendants, peu coûteux à l'achat et d'entretien, très propres, ils éloignent souris et autres animaux nuisibles de la maison. Ils font des compagnons affectueux et très dévoués, notamment pour une personne âgée ou vivant seule.

Le compagnon idéal
Jouissant d'une grande faculté d'adaptation, un chat est aussi heureux dans un petit appartement que dans une grande maison.

LES BASES D'UNE BONNE RELATION

Fidèle attachement *(à gauche)*
Il faut mériter l'affection et la confiance d'un chat, mais, une fois que le lien est établi, il peut durer toute une vie. Plus vous observerez votre chat, mieux vous comprendrez sa nature, ses goûts et ses aversions.

Premières leçons *(ci-dessous)*
Le chat est le compagnon idéal pour un enfant, une fois que ce dernier est assez grand pour savoir comment le prendre et le manipuler *(voir page 41)*. Un enfant qui vit aux côtés d'animaux familiers apprend à évaluer la responsabilité que représente la prise en charge d'un autre être vivant.

Tendre amitié *(ci-dessus)*
Qu'il soit chaton ou chat adulte, vous devez jouer avec votre compagnon *(voir pages 42-43)*. Il s'amusera avec un bout de ficelle ou une balle qui rebondit. Certains chats apprennent même des tours.

LE CHAT, ANIMAL DE COMPAGNIE

POURQUOI CHOISIR UN CHAT ?

Chats ou chiens *(à gauche)*
Les chats sont d'une nature plus indépendante que les chiens et leur entretien est plus simple. Il faut sortir le chien au moins deux fois par jour ; le chat peut prendre de l'exercice et s'amuser seul, mais il apprécie aussi la compagnie humaine.

Les chiens sont plus exigeants que les chats.

Un attrait particulier *(à droite)*
Caresser un chat peut aider à soulager le stress, et la sensation d'un chat ronronnant sur vos genoux procure une impression de confort et de sécurité. Mais un chat n'est pas sociable sur commande – il a aussi besoin d'intimité, de paix et de tranquillité.

Chats et autres petits animaux de compagnie *(à gauche)*
Les chats sont bien plus propres que les oiseaux, dont il faut nettoyer la cage tous les jours. Les petits rongeurs sont plutôt moins intelligents que les chats et vivent aussi moins vieux.

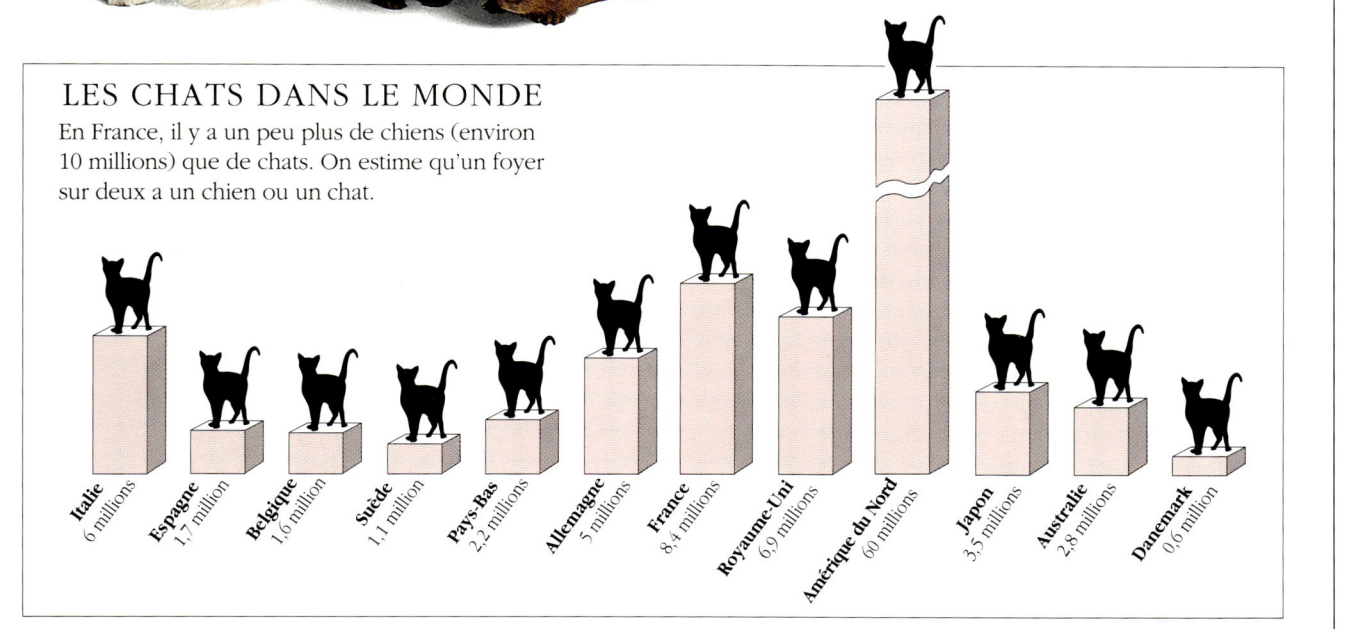

LES CHATS DANS LE MONDE

En France, il y a un peu plus de chiens (environ 10 millions) que de chats. On estime qu'un foyer sur deux a un chien ou un chat.

Pays	Nombre
Italie	6 millions
Espagne	1,7 million
Belgique	1,6 million
Suède	1,1 million
Pays-Bas	2,2 millions
Allemagne	5 millions
France	8,4 millions
Royaume-Uni	6,9 millions
Amérique du Nord	60 millions
Japon	3,5 millions
Australie	2,8 millions
Danemark	0,6 million

Les Principaux Types de Chats

Il existe plus de cent races de chats domestiques reconnues. Les caractères qui varient sont : la forme du corps, la couleur des yeux et du pelage, et la longueur du poil. Certaines races de chats à pedigree sont naturelles, d'autres sont le fruit d'une sélection par les éleveurs. Nos chats de « gouttière » ou « Européens » n'appartiennent pas à une race bien définie mais résultent de plusieurs croisements. Long ou court, leur poil peut revêtir différentes couleurs, les plus fréquentes étant les fourrures tigrées (ou tabbies), écaille-de-tortue, rousses et noires.

Les différentes morphologies

Chat trapu
De nombreux chats de race à poil long (surtout les Persans) ont un corps massif et trapu, des pattes courtes et puissantes et un faciès arrondi. Les autres caractéristiques sont une tête large et des yeux ronds.

Chat musclé
La plupart des chats à poil court ont un corps musclé avec des pattes courtes et puissantes. C'est une des morphologies les plus courantes. Certains chats à pedigree, tels que le British et l'Exotique à poil court, ont un corps plus ramassé.

Étranger à poil long
Quelques races à poil long ont un corps svelte, différent du type trapu habituel. Ce groupe comprend des races orientales telles que le Balinais, l'Angora et le Somali. Ces chats sont longilignes, avec des pattes minces, une tête triangulaire et des yeux en amande.

La fourrure de ce Somali est moins épaisse que celle des races à poil long classiques.

LES PRINCIPAUX TYPES DE CHATS

Étranger à poil court
Les chats de ce groupe ont un corps svelte et gracieux, très différent de la corpulence musclée des autres chats à poil court. Ils ont de longues pattes fines, une tête triangulaire, de grandes oreilles pointues et des yeux légèrement bridés. Les races comme l'Oriental, le Siamois, l'Abyssin, le Tonkinois et le Mau égyptien ont toutes cette morphologie allongée.

La fourrure est très fine et courte.

LA FORME DES YEUX

Il existe trois principales formes d'yeux : ronds, bridés et en amande. Les couleurs de base sont : le vert, le jaune tirant sur le doré (couleur dite « ambrée ») et, plus rare, le bleu. Ces couleurs donnent lieu à une vaste gamme de nuances. La plupart des chats de gouttière (Européens) ont les yeux verts.

British Shorthair fumé

Européen tabby ou tigré

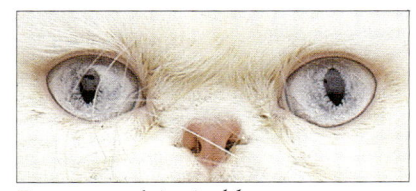

Persan américain blanc

British écaille-de-tortue et blanc

Maine Coon

Birman (Sacré de Birmanie)

British Shorthair bleu

Mau égyptien

Siamois seal point

British Shorthair écaille-de-tortue

Persan chinchilla

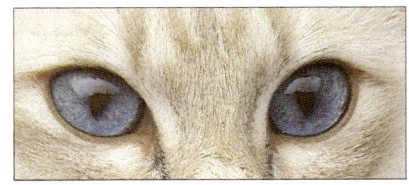

Balinais

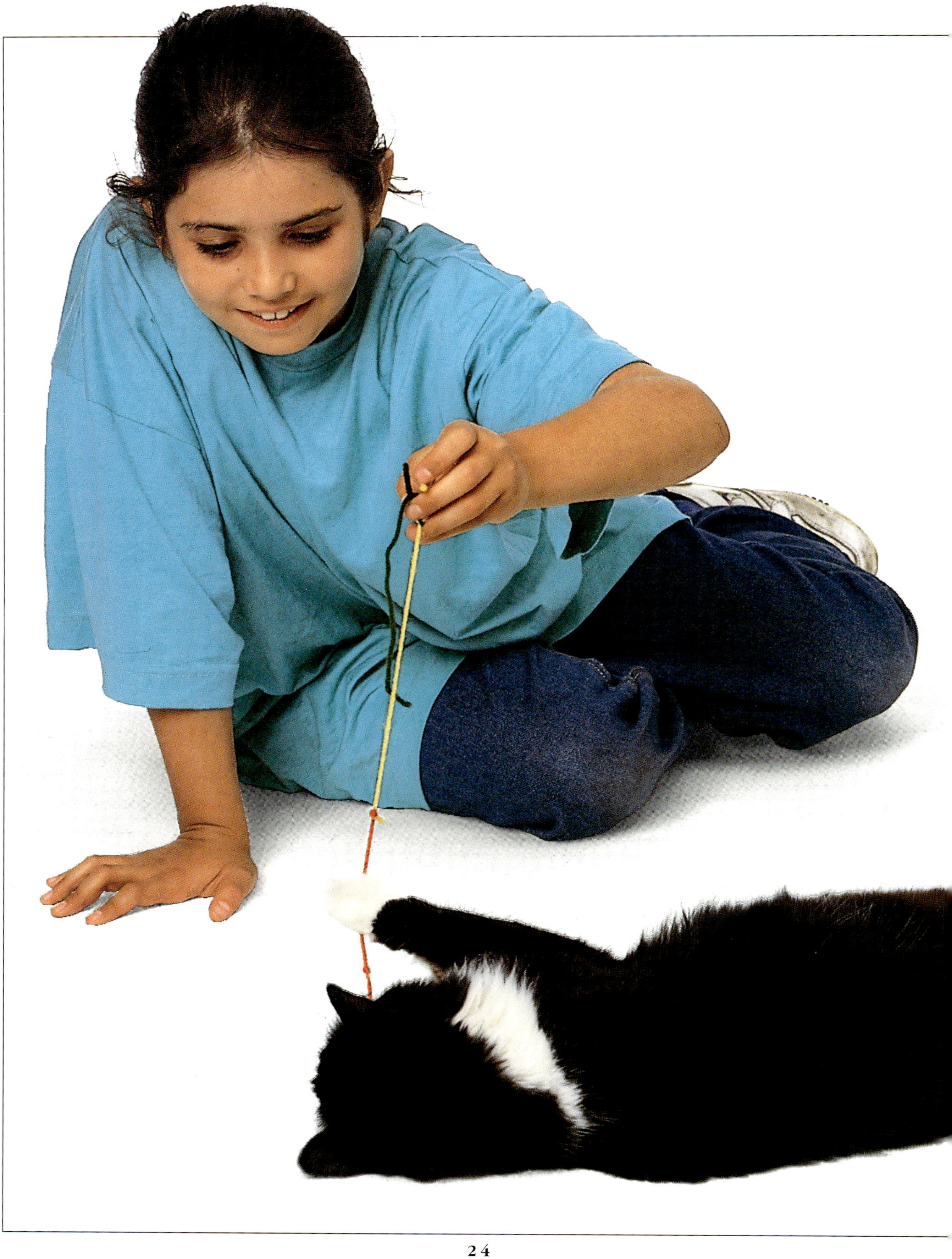

Chapitre 2
Un Chat Heureux

Le chat n'est pas un animal domestique exigeant ; tout ce qu'il lui faut, c'est une nourriture adéquate, un toilettage régulier et des soins vétérinaires appropriés. Il s'épanouira chez un maître qui comprend sa nature, lui accorde de l'attention et joue avec lui. Pour lui assurer une bonne santé, vaccinez-le chaque année et faites-le stériliser afin d'éviter les portées indésirables. Avec du temps et de la tendresse, vous établirez une relation de confiance avec votre chat. Sachez toutefois qu'il est possible qu'il ne s'habitue jamais à certains aspects de sa vie quotidienne tels que les voyages dans son panier ou les visites chez le vétérinaire.

Le Choix d'un Chat

La venue d'un chat bouleverse toujours un peu la vie à la maison. La joie d'avoir un nouveau compagnon s'accompagne nécessairement de quelques contraintes ; aussi, si vous n'êtes pas prêt à lui offrir toute l'attention et les soins dont il a besoin, ne l'accueillez pas chez vous. Une fois la décision prise d'adopter un chat, il vous faut le choisir : chaton ou chat adulte ? Pure race ou chat de « gouttière » ? A poil court ou à poil long ?

UN CHAT ADAPTÉ A VOTRE STYLE DE VIE

Chats de race
Leur caractère est assez prévisible. Choisissez une race dont les caractéristiques conviennent à votre mode de vie.

Chats européens *(à gauche)*
Si l'idée de laisser votre pure race en liberté dans votre jardin vous effraie, un chat commun vous conviendra davantage. Les chats de gouttière choisissent parfois eux-mêmes leur maître en se présentant à leur porte et en réclamant à manger.

Chatons *(ci-dessus)*
Les chatons demandent beaucoup d'attention et doivent être éduqués. Ils s'adaptent mieux à un nouveau foyer qu'un chat adulte, et ils conviennent davantage si vous avez déjà d'autres animaux.

Un seul ou deux ? *(à droite)*
Si vous êtes absent pendant la journée, il est peut-être préférable d'avoir deux chats. Ils joueront ensemble et feront moins de dégâts dans la maison.

LE CHOIX D'UN CHAT

Une mère et ses petits *(ci-dessus)*
Si votre chat n'est pas stérilisé *(voir pages 154-155),* sachez qu'une chatte et ses petits requièrent des soins particuliers.

Chats à poil long *(ci-dessus)*
Le Ragdoll est un chat particulièrement docile, qui a la réputation de relâcher tous ses muscles quand vous le prenez dans vos bras et le bercez. Généralement, les chats à poil long sont faciles à vivre, assez indépendants et doux.

Chats d'exposition *(ci-dessus)*
Présenter son chat dans des salons implique de consacrer du temps à son hygiène et à sa toilette. Un champion représente un investissement important de temps et d'argent.

Orientaux *(à gauche)*
Les Siamois, les Burmeses et autres races orientales sont très sociables. Vifs et curieux, ils aiment la compagnie des hommes. Ils peuvent également être très bavards s'ils estiment qu'on les néglige...

OU SE PROCURER UN CHAT

Il est nettement préférable de se procurer un chat chez un ami, un voisin, dans un refuge pour animaux ou auprès d'un éleveur de bonne réputation plutôt que dans une boutique. Ne prenez jamais un chat sur un coup de cœur : examinez-le bien avant de l'emporter.

Amis
C'est une source fiable, car il est généralement possible de connaître la mère des petits.

Refuges pour animaux
Ils ont toujours un grand nombre de chatons et d'adultes en quête d'un foyer.

Vétérinaires
Le vôtre connaît sans doute un chat ayant besoin d'une maison. Assurez-vous que l'animal est en bonne santé.

Éleveurs
C'est chez eux qu'il faut chercher une pure race. Précisez si vous voulez un chat d'exposition.

UN CHAT HEUREUX

L'Équipement de Base

Avant l'arrivée d'un chat, quelques préparatifs sont nécessaires. Son entretien n'est pas très coûteux, mais il lui faut au moins un bac à litière, une corbeille bien confortable, une gamelle pour la nourriture et une coupelle pour l'eau, un panier pour le voyage, une brosse et un peigne. Un griffoir et une chatière peuvent également être utiles.

Brosse
Elle est indispensable pour les chats à poil long. Prenez la meilleure qualité possible, en soies naturelles.

Peigne en métal
Les dents rapprochées sont utiles pour la toilette des chats à poil court ; les dents écartées sont mieux pour ceux à poil long (après le brossage).

Gamelle pour la nourriture
Votre chat doit avoir ses propres gamelle et ustensiles.

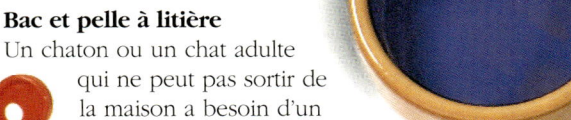

Bac et pelle à litière
Un chaton ou un chat adulte qui ne peut pas sortir de la maison a besoin d'un bac à litière en plastique. Celui-ci doit être nettoyé chaque jour. La pelle en plastique permet de vider la litière souillée sans se salir les mains.

Corbeille en osier
Elle doit être douillette et facile à nettoyer.

Panier de voyage
Il en existe une vaste gamme dans le commerce *(voir page 48)*.

Coupelle
Même si vous lui donnez du lait, votre chat doit disposer en permanence d'un bol d'eau fraîche, qui sera changé tous les jours.

Corbeille en mousse *(à droite)*
On en trouve de toutes sortes, y compris des corbeilles-sacs.

L'Adoption d'un Chaton

Un chat peut partager votre existence pendant quatorze ans, voire plus. Il est donc important de choisir un chaton présentant toutes les qualités requises pour devenir un adulte épanoui et en bonne santé. Ne vous laissez pas attendrir par un chaton maladif et frêle en vous disant que vous le soignerez : en plus des soucis et du chagrin, vous risquez d'avoir des frais vétérinaires importants. Si vous achetez un chaton à pedigree qui tombe malade ou ne s'adapte pas chez vous après une ou deux semaines, vous pourrez peut-être le ramener à l'éleveur. Lisez bien votre contrat de vente et informez-vous sur la législation en vigueur. Au moment de choisir un chaton, prenez en compte son foyer d'origine et l'état de santé de sa mère. Si possible, observez-le jouer pour vérifier qu'il ne boite pas. Il est préférable de ne pas séparer les petits de leur mère avant l'âge de 10 à 12 semaines.

Chaton de 9 semaines (grandeur nature)
Le corps d'un chaton doit être ferme et musclé. Quand vous le prenez, il est plus lourd qu'il n'y paraît.

Le regard est brillant et limpide.

Le museau est velouté et légèrement humide.

L'intérieur de la bouche et les gencives sont d'un rose plutôt clair.

La fourrure est douce et épaisse.

Il tient bien sur ses pattes, ne présente aucune boiterie.

La queue n'est pas enroulée et ne présente aucune déformation.

LES POINTS A EXAMINER POUR CHOISIR UN CHATON

Les oreilles doivent être propres, sans écoulement, et le chat ne doit pas se gratter (gale des oreilles).

Les yeux doivent être clairs, brillants, et ne doivent pas couler. La troisième paupière ne doit pas être apparente.

Le museau doit être frais et humide, sans écoulement nasal ou croûtes autour des narines.

L'intérieur de la bouche et les gencives doivent être rose plutôt clair, et l'haleine inodore.

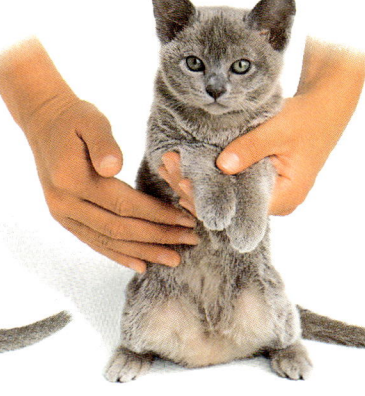

L'abdomen doit être légèrement arrondi sans être trop bombé, signe d'éventuels vers ronds intestinaux.

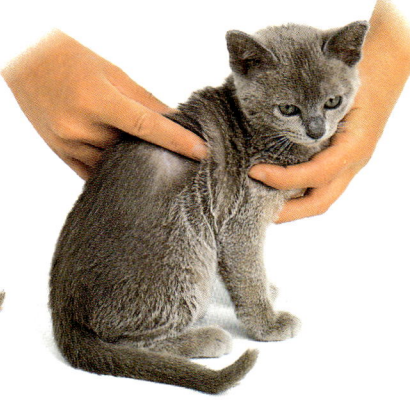

La fourrure est un bon indice de l'état de santé du chaton : elle doit être luisante et sans marques de puces.

L'arrière-train doit être propre, sans traces de diarrhée ou de sécrétions des organes génitaux.

MALE OU FEMELLE ?

Chez la femelle, l'anus et la vulve sont très rapprochés ; chez le chaton mâle, l'anus et le pénis sont plus écartés.

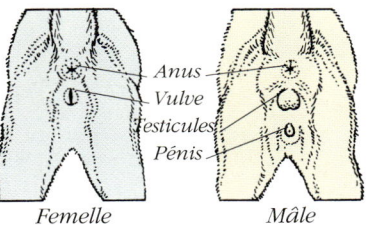

Anus
Vulve
Testicules
Pénis

Femelle   *Mâle*

Les Présentations

Si vous avez déjà un animal chez vous, introduisez le nouvel arrivant avec précaution, car un chat adulte n'apprécie pas du tout qu'un autre félin empiète sur son territoire, et il le défend férocement. Le premier installé doit s'habituer progressivement à la présence du nouveau venu. Nourrissez les animaux séparément et surveillez les rencontres au cours des premières semaines.

L'ACCUEIL D'UN NOUVEAU CHAT

Parc à chatons
A l'abri dans leur parc, ces deux chatons se font à leur nouvelle maison.

PRÉSENTATION AU CHIEN

Ne laissez pas le chien s'approcher trop près.

1 Surveillez le chien (au besoin, tenez-le en laisse) afin qu'il n'aboie pas et n'effraie pas le chat en s'agitant. Attendez qu'ils soient habitués l'un à l'autre avant de laisser le chien approcher ou lécher le chat.

2 Au bout de quelques semaines sous haute surveillance, le chat et le chien devraient s'être mutuellement acceptés et pouvoir rester sagement dans la même pièce. Après un certain temps, il arrive que le chat devienne le partenaire dominant dans la relation.

LES PRÉSENTATIONS

PRÉSENTATION D'UN CHATON A UN CHAT ADULTE

1 Épointez les griffes des deux chats au préalable. Laissez l'adulte renifler le chaton. Au début, il y aura peut-être quelques feulements. Si l'adulte attaque le petit chat, séparez-les. Autrement, n'intervenez pas plus que nécessaire.

Au début, l'adulte restera sur ses gardes.

2 Il leur faudra peut-être un mois pour s'adapter l'un à l'autre. Il est généralement plus facile d'introduire un chaton, plutôt qu'un adulte, dans une maison ayant déjà un chat.

PRÉSENTATION A DE PETITS ANIMAUX FAMILIERS

Lapin
Le chaton risque d'effrayer le lapin en essayant de grimper dessus. Ne laissez pas un chat adulte seul avec un lapin domestique.

Cochon d'Inde
Ne laissez pas un rongeur hors de sa cage si un chat adulte rôde dans les parages.

Heureux ensemble...
C'est possible si chacun dispose d'un espace vital bien délimité. De même, si le chat était bébé lors du premier contact avec le rongeur, il ne lui fera pas de mal une fois adulte.

LA VIE QUOTIDIENNE

Contrairement au chien, on ne peut pas dresser un chat à obéir à des ordres précis ; il doit néanmoins assimiler quelques règles d'hygiène et de « savoir-vivre ». Le chat étant par nature propre et méticuleux, il apprend généralement vite à se servir d'une litière. Peu exigeant, il ne demande que des repas et un toilettage réguliers, un endroit pour faire ses besoins, quelques soins de santé et un coin tranquille pour sa corbeille. Le chat est un animal qui a ses petites habitudes ; il sera malheureux s'il se sent négligé ou bien si l'on oublie de le nourrir. Préparez la venue d'un nouveau chat à l'avance, car il s'adapte d'autant plus facilement à son environnement que l'équipement de base – litière, gamelle et corbeille (voir pages 28-29) – est déjà là pour l'accueillir.

L'APPRENTISSAGE DE LA LITIÈRE

Éducation
Les chats apprennent vite à utiliser une litière. Au début, placez le bac près de la porte pour qu'ils puissent établir facilement un rapprochement avec le fait de sortir.

TYPES DE BAC A LITIÈRE

Bac fermé
Un chat timide appréciera un bac couvert.

Bac ordinaire
Placez-le dans un coin tranquille.

TYPES DE LITIÈRE

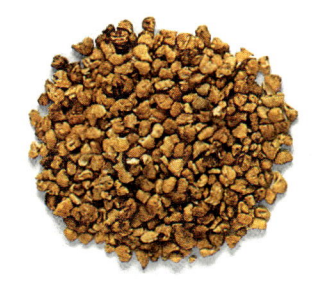

Litière récupérable
Lavable et non absorbante.

Terre à foulon Litière à base d'argile naturelle.

Litière « micro » Très pratique à transporter.

Sciure de bois
Désormais peu utilisée.

LA VIE QUOTIDIENNE

LA VIE DE CHAT

L'heure du jeu
Élément fondamental pour le développement du chaton, le jeu doit être encouragé. Essayez de consacrer dix à quinze minutes par jour à jouer avec votre chaton, et conservez ce rituel quand il est adulte, pour le maintenir en forme *(voir pages 42-43).*

L'heure du repas
Votre chat a besoin de repas nutritifs. Les plats tout préparés sont à la fois sûrs et pratiques. On peut éventuellement les compléter par quelques gâteries fraîches de temps à autre.

L'heure du coucher
Les chats peuvent dormir jusqu'à seize heures par jour et doivent pour cela disposer d'un petit coin tranquille. Ne laissez pas votre chat dehors la nuit, car c'est alors qu'il est le plus exposé aux accidents de la route.

Un toilettage régulier
Pure race ou de gouttière, votre chat a besoin d'être brossé régulièrement. Il est préférable de l'y habituer le plus tôt possible *(voir page 67).*

L'ÉDUCATION

LE GRIFFOIR

Un chat ne fera jamais rien contre son gré ; il faut donc être suffisamment doux pour l'amener à modifier son comportement naturel. Ne pas oublier que, s'il déchiquette votre fauteuil favori, ce n'est pas par pure méchanceté, mais parce qu'il entretient ses griffes en les débarrassant de petites écailles externes et qu'il marque son territoire en l'imprégnant de son odeur. Si vous souhaitez protéger vos meubles, achetez-lui un griffoir. Plus le chat est jeune, plus il est facile de l'habituer à s'en servir. Quand cela est possible, donnez-lui aussi la liberté d'aller et venir à sa guise en équipant la porte d'une chatière, dispositif simple à installer.

GRIFFOIR FAIT MAISON

Une bûche encore pourvue de son écorce constitue un excellent griffoir naturel. Vous pouvez aussi construire un griffoir avec un pan de vieux tapis cloué sur une planche.

Du perchoir, le chat peut surveiller les alentours.

La corde est imprégnée d'herbe-aux-chats.

Les balles attirent le chat et l'incitent à utiliser le perchoir.

Apprentissage

Chaque fois que vous surprenez votre chat s'apprêtant à griffer un meuble, grondez-le et placez doucement ses pattes sur le griffoir. Vous pouvez rendre ce dernier plus attirant en le frottant avec un peu d'herbe-aux-chats. Il existe un large éventail de griffoirs. Celui-ci, « l'arbre à chat », comporte un perchoir et des balles pour jouer.

L'ÉDUCATION

LA CHATIÈRE

La porte en plastique transparent permet au chat de voir à l'extérieur.

1 La chatière doit être placée à une hauteur adéquate pour que votre chat puisse l'emprunter sans se baisser (à environ 15 cm du bas de la porte). Au début, entrouvrez-la avec la main et attirez votre chat en plaçant de la nourriture de l'autre côté.

Le système de verrouillage empêche que d'autres animaux n'entrent.

2 Le chat apprend rapidement à pousser la trappe quand il veut sortir. Les chatières électromagnétiques sont utiles pour empêcher les intrus d'entrer chez vous. Elles fonctionnent avec un aimant placé sur le collier de votre chat.

La trappe s'ouvre grâce à l'aimant placé sur le collier.

15 cm

TYPES DE CHATIÈRE

La plupart des chatières s'ouvrent dans les deux sens et sont munies d'une bande magnétique sur les bords de la trappe pour empêcher les courants d'air. Le chat doit pouvoir l'ouvrir facilement, sans risque de se coincer le cou ou une patte, en poussant de la tête.

Chatière standard
Celle-ci est peu coûteuse et facile à poser, mais elle n'a pas de système de verrouillage.

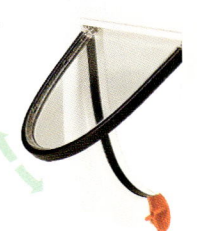

Chatière équipée d'un verrou
Le verrou est utile pour empêcher votre chat de sortir la nuit et éviter que d'autres chats n'entrent chez vous.

COLLIERS ET LAISSES

Le chat n'a pas besoin d'une multitude d'accessoires, mais un collier avec son identité est indispensable si vous comptez le laisser sortir. Habituez-le à son collier dès son plus jeune âge. Commencez par le lui mettre quelque temps chaque jour jusqu'à ce qu'il le supporte en permanence. Une médaille ou un tube avec votre nom, votre adresse et votre numéro de téléphone est utile en cas d'accident et évitera qu'on ne le prenne pour un chat errant s'il s'égare. Ces précautions ne vous dispensent pas de faire tatouer votre chat dès que possible. Si vous habitez en ville ou près d'une route à grande circulation, il vous faudra peut-être lui apprendre à marcher avec un harnais et une laisse en usant de patience.

Le collier doit être bien ajusté.

Collier élastique
Les colliers doivent comporter une partie élastique pour permettre au chat de se dégager s'il reste coincé.

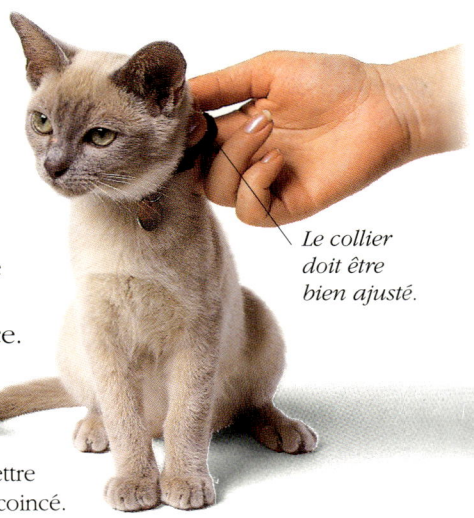

LES TYPES DE COLLIERS ET DE LAISSES

Un collier de couleur vive ou garni de petits miroirs peut aider les conducteurs à éviter les chats la nuit.

Collier
Il existe de nombreux modèles. Pensez à l'enlever avant de toiletter votre chat pour vérifier que sa peau n'est pas irritée.

Il existe des modèles pour toutes les bourses, du plus simple... à celui serti de strass.

Un modèle écossais, idéal pour un chat coquet qui change de collier tous les jours de la semaine...

Le collier peut être muni d'une section élastique et d'une partie intérieure rembourrée. Il doit être facilement réglable, et solide.

Vous pouvez raccourcir un collier pour adulte afin de l'adapter à un chaton.

Le harnais est indispensable, car le chat peut se dégager du collier.

Choisissez une laisse légère en cuir ou en corde.

38

COLLIERS ET LAISSES

MÉDAILLES ET CLOCHETTES

Médaille avec le nom du chat *Médaille d'identité* *Tube d'identité* *Clochette*

Veillez à ce que votre nom, votre adresse et votre numéro de téléphone soient bien lisibles. Si elle ne l'effraie pas, la clochette permet de localiser rapidement votre chat et de prévenir les oiseaux.

Laisse
La laisse ne doit pas mesurer plus de 1 m. Plus longue, il vous serait difficile de contrôler votre chat. Il existe aussi des laisses à enrouleur (dont la longueur est réglable).

L'APPRENTISSAGE DE LA LAISSE

1 Apprenez-lui progressivement à supporter son harnais en le lui mettant sans la laisse, un peu chaque jour.

2 Attachez la laisse au harnais, mais ne commencez pas tout de suite à faire marcher le chat. Laissez la laisse traîner par terre.

3 Une fois que votre chat s'est habitué à la laisse, entraînez-le alors à marcher dans la maison avant de le sortir.

Dans la rue
Commencez par un endroit calme pour l'habituer à la circulation.

Les Contacts Physiques

Le contact physique est déterminant pour instaurer une bonne relation avec votre chat. Quand vous le prenez dans vos bras, laissez-le se mettre lui-même dans la position qui lui paraît la plus confortable et parlez-lui doucement pour le rassurer. Il vous fera vite comprendre quand il en a assez et désire qu'on le laisse en paix. Un chat qui proteste et veut se libérer peut vous donner du fil à retordre ! Repérez où il aime être caressé ; ne le prenez dans vos bras que s'il en a envie et n'utilisez jamais la force ou des mouvements brusques qui pourraient lui faire peur.

POUR PRENDRE UN CHAT DANS SES BRAS

1 D'abord, il faut gagner sa confiance. Une fois qu'il est détendu, soulevez-le lentement, en soutenant son train arrière.

2 Soulevez-le dans une position aussi naturelle que possible.

Soutenez le train et les pattes arrière.

3 D'une main, soutenez son train arrière et, de l'autre, maintenez son corps dans une position stable en le caressant.

Docile... un instant
Les chats aiment bien qu'on les prenne dans les bras pendant de courts moments, mais ils tiennent à rester maîtres de leurs mouvements et ne se sentent vraiment à l'aise qu'avec une personne qu'ils connaissent bien. Certains restent perchés sur l'épaule de leur maître.

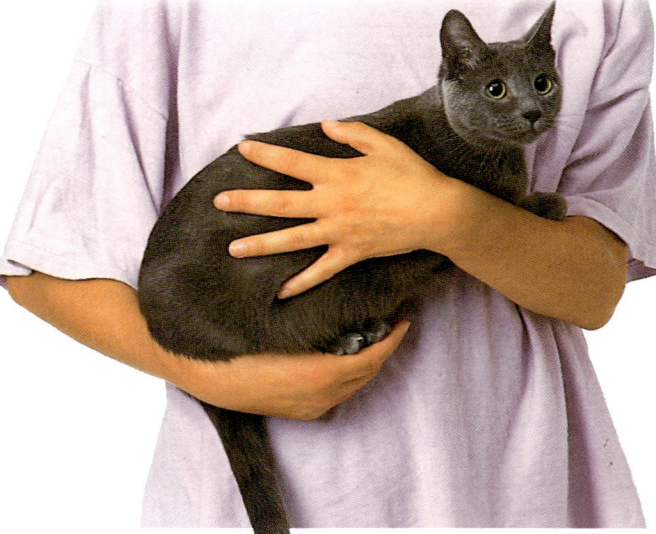

LES CONTACTS PHYSIQUES

LES ENFANTS ET LES CHATS

Meilleurs amis du monde
Certains chats ont peur des enfants, qui doivent donc apprendre à les caresser et à jouer avec eux. Ce chat a une confiance totale en sa jeune amie.

Tenir un chaton
Les enfants adorent les chatons. Il faut néanmoins les dissuader de trop les prendre dans leurs bras.

Présentations
Présentez très progressivement un chat à un jeune enfant. Limitez les premiers contacts à quelques caresses.

Manipulation correcte
Ne retenez pas un chat de force dans vos bras et relâchez-le dès qu'il demande à bouger.

N'essayez pas de le retenir s'il se débat.

CARESSES

Menton, gorge, oreilles
Les chats aiment les caresses autour des oreilles, sur le menton et la gorge.

Cou et dos
Un chat détendu apprécie les caresses sur le cou et le dos.

Ventre
Il faut bien connaître le chat pour caresser le ventre et les pattes arrière.

LE JEU

L'apprentissage du jeu est un élément tout à fait indispensable au développement du chaton. Il acquiert ainsi certaines compétences dont il aura besoin adulte. Après l'âge de 6 mois environ, il s'intéresse un peu moins aux jeux et préfère consacrer son énergie à des activités plus « sérieuses » telles que la chasse.

Les jeux seront beaucoup plus attrayants pour votre chat si vous y participez. Toutefois, le meilleur compagnon de jeu est encore un autre chat. Deux individus élevés sous le même toit peuvent ainsi s'amuser ensemble toute leur vie.

Souris imprégnées d'herbe-aux-chats

Balles

Jouets
Parmi les favoris, on compte les souris ou les sachets imprégnés d'herbe-aux-chats (cataire), les balles et les plumes.

Sachet de cataire

Plume duveteuse

Plume attachée à une ficelle

LES JEUX SOLITAIRES

Balle de ping-pong
Une petite balle qui rebondit est un jouet idéal, le chat s'amuse à la pousser et à la frapper avec ses pattes. Soyez prêt à aller la chercher derrière les portes et sous les fauteuils.

Souris imprégnée d'herbe-aux-chats
Si votre chat aime l'herbe-aux-chats, ce jouet le fera ronronner d'extase. A remplacer au bout d'un certain temps.

Pelote de laine
C'est un jouet irrésistible. Le chat adore la traîner autour des pieds de chaise et de table. Ne le laissez jamais sans surveillance avec une balle de laine ou de coton, car il pourrait l'avaler.

LES JEUX PARTAGÉS

Cache-cache
Une boîte en carton est l'objet idéal pour jouer à cache-cache. Après en avoir reniflé les moindres recoins, le chat aime s'y dissimuler. Une fois à l'intérieur, il sera probablement débusqué par son partenaire.

Souris au bout d'un fil
Le chat est fasciné par les objets qui pendillent sous son nez. Un morceau de ficelle au bout d'un bâton l'occupera un bon moment.

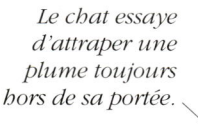

Le chat essaye d'attraper une plume toujours hors de sa portée.

Plumes
Un moyen efficace pour chatouiller votre chat et jouer avec lui. Attention toutefois à ses griffes : si vous ne retirez pas votre main à temps, vous risquez de vous faire égratigner.

Pêche au chat
Traînez une plume au bout d'un fil ou d'une ficelle pour attirer son attention. Promenez-la lentement devant ses pattes et attendez qu'il bondisse dessus, puis retirez-la tout doucement.

Exercice de guet
Un tube en carton intriguera votre chat, qui se postera à une extrémité en espérant que quelque chose d'intéressant en sorte enfin. Récompensez-le de sa patience avec un jouet imprégné d'herbe-aux-chats ou une friandise.

Le Chat a l'Extérieur

EXERCICE ET TERRITOIRE

A l'extérieur, seigneur chat délimite un territoire qu'il inspecte et défend, même s'il ne s'agit que d'un petit jardin en ville. Le territoire que garde un chat entier est plus étendu que celui d'un mâle castré ou d'une chatte. Il marque sa « propriété » en griffant les arbres et en se frottant vivement contre la clôture. Le jet d'urine est aussi un moyen de dissuader les autres chats de s'aventurer sur son terrain, surtout s'il s'agit d'un mâle entier. Tous ces « avertissements » félins sont renouvelés régulièrement : plus l'odeur est fraîche, mieux les autres chats la détectent.

Escalade dans les arbres
Si tous les chats aiment grimper aux arbres pour faire de l'exercice et surveiller leur territoire, les chatons sont parfois effrayés par l'altitude et ne peuvent redescendre sans notre aide. Mais, dans l'ensemble, les chats adultes n'ont pas de mal à emprunter le chemin inverse jusqu'au sol.

Position stratégique
Un toit, une clôture ou un mur offrent au chat une position stratégique pour inspecter son territoire et veiller à ce qu'aucun intrus ne transgresse ses limites. De là, le chat peut aussi localiser un endroit idéal pour chasser ou faire sa sieste. Tous les chats ont leur coin favori pour dormir ou observer.

La queue dressée signale qu'il se tient sur le qui-vive.

Ronde
Le chat effectue une ronde régulière pour défendre son territoire contre d'autres chats qui chercheraient éventuellement à s'y imposer. Il renifle également les odeurs de ses rivaux pour éviter d'empiéter sur leur territoire et de se retrouver en mauvaise posture.

Son odorat très fin analyse toutes les odeurs.

LE CHAT A L'EXTÉRIEUR

LES DANGERS LES PLUS COURANTS DANS LE JARDIN

Étant donné le grand nombre de plantes toxiques pour les animaux, il n'y a pour ainsi dire pas de jardin qui soit sans dangers *(voir page 167)*. Les chats ne mangent normalement pas les plantes de jardin, mais il vaut mieux limiter au maximum les espèces toxiques au moment de faire vos plantations. Si vous habitez près d'une route à grande circulation, il vous faudra sans doute installer une clôture haute avec un rebord incliné vers l'intérieur : vous empêcherez votre chat de sortir et écarterez les intrus.

Ne laissez jamais traîner de produits toxiques dans le jardin, ou veillez à les ranger hors de portée des animaux : tablettes et granulés tue-limaces, mort-aux-rats, produits d'entretien du bois, insecticides et pesticides. Si votre chat s'introduit dans un garage ou une remise de jardin, les pots de peinture, bidons d'huile, essence et émanations d'oxyde de carbone sont d'autres dangers.

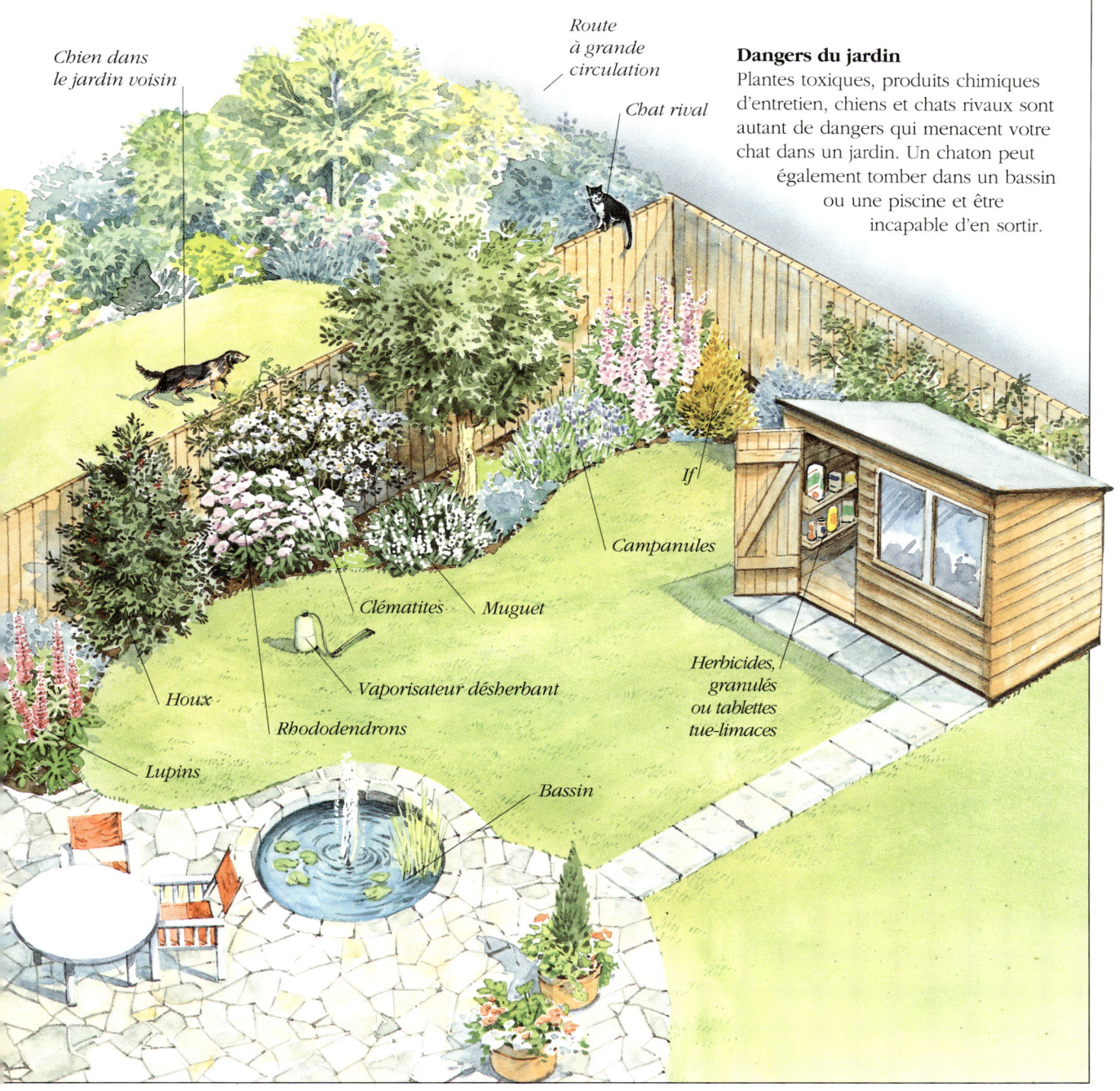

Dangers du jardin
Plantes toxiques, produits chimiques d'entretien, chiens et chats rivaux sont autant de dangers qui menacent votre chat dans un jardin. Un chaton peut également tomber dans un bassin ou une piscine et être incapable d'en sortir.

Chien dans le jardin voisin
Route à grande circulation
Chat rival
If
Campanules
Clématites
Muguet
Vaporisateur désherbant
Houx
Rhododendrons
Herbicides, granulés ou tablettes tue-limaces
Lupins
Bassin

Le Chat d'Intérieur

Les chats aiment aller et venir à leur guise, mais, en ville ou dans les grands immeubles, il est parfois impossible ou encore trop dangereux de les laisser sortir de l'appartement. La plupart des chats s'en accommodent, l'essentiel étant que leurs besoins ludiques et physiques soient satisfaits. Le mieux est d'habituer votre chat à rester à l'intérieur dès son plus jeune âge. Veillez à changer sa litière et à nettoyer son bac tous les jours. Donnez-lui des jouets ou, mieux encore, un compagnon. Vous pourrez peut-être lui apprendre à marcher en laisse pour l'emmener faire de petites promenades en plein air *(voir page 39)*.

Inséparables
En donnant un compagnon de jeu à votre chat, vous éviterez qu'il ne s'ennuie quand il est seul à la maison.

L'ENCLOS DE JARDIN

Enclos extérieur
Si vous souhaitez que votre chat ait accès à l'extérieur tout en restant bien protégé, vous pouvez lui construire un enclos. Outre une charpente solide et un grillage métallique, celui-ci doit comporter un abri couvert pour les intempéries. Votre chat appréciera aussi un tronc d'arbre ou un poteau pour y grimper et y faire ses griffes.

LA PELOUSE D'APPARTEMENT

La plupart des chats aiment mâcher de l'herbe. Si le vôtre vit exclusivement à l'intérieur, offrez-lui un pot d'herbes fraîches : motte de gazon, cataire, thym, sauge ou persil.

Herbe en pot
Pour un apport régulier, semez quelques graines dans un pot.

LES DANGERS LES PLUS COURANTS DANS LA MAISON

Une maison recèle de nombreux dangers pour un animal aussi curieux que le chat, notamment pour un chaton ou un nouveau venu. Veillez à toujours refermer la porte de la machine à laver, du réfrigérateur, ou du four... Ne laissez jamais sans surveillance un fer à repasser ou une bouilloire électrique branchés, une casserole d'eau qui bout... Les chats risquent de mâchonner les fils électriques ; certains chats mangent les plantes ou cassent les tiges des fleurs par ennui. Des plantes telles que le philodendron ou le lierre peuvent être très toxiques *(voir page 167)*. La cheminée, allumée ou non, doit être protégée par un pare-feu. Autres dangers : les détergents et les produits d'entretien, les aiguilles, les épingles ou les sacs en plastique. Si vous habitez à l'étage, votre chat peut également tomber d'une fenêtre ouverte et se blesser.

Risques dans la maison
Toute maison comporte des dangers potentiels pour un chat, surtout un chaton ou un nouveau venu. Cela va des feux dans la cheminée et des plantes toxiques aux appareils électriques et aux ustensiles de cuisine.

Nourriture
Fenêtre ouverte
Liquide en ébullition
Couteau tranchant
Bouilloire électrique
Plante toxique
Bibelots fragiles
Poubelle
Machine à laver ouverte
Fer à repasser branché
Sacs en plastique
Détergent
Feu non protégé
Aiguilles et épingles
Fil électrique

Voyages et Déménagements

Le chat supporte moins bien les transports que le chien et doit rester enfermé pendant toute la durée du trajet. Habituez-le à son panier avant le départ et, si possible, faites-le voyager en voiture tant qu'il est encore jeune. Les paniers les plus fiables sont en fil métallique, en plastique, ou en osier, à condition d'avoir une fermeture solide. Placez une couverture à l'intérieur pour préserver du froid. S'il fait très chaud, vous pouvez recouvrir le panier de serviettes humides.

N'abandonnez jamais votre chat dans une voiture exposée au soleil, car il est sensible aux coups de chaleur. Ne le laissez pas non plus en liberté dans le véhicule : il risque de s'agiter et de gêner le conducteur.

LE TRANSPORT

En fil métallique
Aéré, sûr et facile à nettoyer, fabriqué en fil de métal gainé de plastique, c'est le panier de transport idéal. Tapissez-le avec une serviette ou du papier journal pour les petits « accidents ».

TYPES DE PANIER

En carton
Il ne convient qu'en cas d'urgence ou pour un trajet court avec un chat tranquille.

En osier
Ces paniers traditionnels offrent un peu d'intimité au chat tout en lui permettant de voir à l'extérieur. Mais ils ne sont pas d'un entretien facile et certains chats parviennent à détruire la fermeture.

En plastique *(à droite)*
Tout comme ceux en fil métallique, les paniers en plastique sont faciles à désinfecter et à laver. Les plus grands peuvent accueillir deux chats s'ils ont l'habitude de voyager ensemble.

VOYAGES ET DÉMÉNAGEMENTS

COMMENT METTRE LE CHAT DANS SON PANIER

1 Fermez d'abord portes et fenêtres. Laissez-le utiliser sa litière au préalable. Prenez-le dans vos bras, doucement mais très résolument. Il risque de se débattre en apercevant le panier.

LE MAL DE VOITURE

On peut parfois donner des sédatifs aux chats qui supportent très mal de voyager ou qui ont un long voyage à faire. Ils sont fournis exclusivement par les vétérinaires.

2 Faites-le entrer dans le panier en soutenant ses pattes arrière. Le panier doit toujours être tapissé de papier journal ou d'une serviette, même pour un trajet court.

Le fond doit être protégé pour limiter les dégâts en cas d'« accidents ».

Assurez-vous que la porte est bien fermée.

3 Tenez-le fermement jusqu'à ce que vous soyez prêt à fermer la porte, car il profitera de la moindre occasion pour s'échapper.

LE DÉMÉNAGEMENT

Pour éviter que votre chat ne prenne peur et ne s'enfuie, enfermez-le dans une pièce calme de la maison pendant que vous déménagez les meubles. Ne lui donnez rien à manger avant de partir, car il pourrait être malade s'il ne supporte pas le voyage. Une fois le déménagement terminé, mettez-le dans son panier et transportez-le jusqu'au nouveau domicile. A son arrivée, laissez-le s'habituer à son nouvel environnement. Donnez-lui à manger et à boire, son bac à litière, et gardez-le à l'intérieur pendant au moins cinq jours. Ensuite, laissez-le sortir de courts moments, si possible en le surveillant toujours attentivement.

En voiture
Le chat doit toujours rester enfermé.

Voyages a l'Étranger et Pensions

Les vacances et les voyages à l'étranger demandent une planification minutieuse. En avion, en car, en train ou en bateau, le chat doit toujours être dans un panier agréé par la compagnie de transport. Pour les longs trajets, il lui faut de la nourriture, de l'eau et une litière. Il n'est pas conseillé d'endormir un chat qui voyage, mais, si votre chat est nerveux, le vétérinaire peut lui prescrire un sédatif. Les chatons et les chattes gestantes ou allaitant des petits ne doivent pas être emmenés pour de longs parcours.

Si vous confiez votre chat, veillez à ce qu'on s'occupe bien de lui : amis, voisins ou pension de bonne réputation et bien tenue.

L'AVION

Poignée

Structure rigide empêchant le chat de s'échapper

La porte grillagée principale source d'aération

Rebord évitant l'obstruction des trous d'aération

Verrou pour éviter que la porte ne s'ouvre accidentellement

Trous d'aération sur chaque côté

Transport des chats
Les chats voyageant en avion doivent être gardés dans des paniers tels que celui présenté ci-dessus. Solide et léger, il est aussi bien aéré, ce qui est important pour un long vol. Il faut joindre des instructions concernant l'alimentation du chat, ainsi que vos nom et adresse.

LE RÈGLEMENT

Tout chat entrant en France doit avoir plus de 3 mois et être vacciné contre la rage (depuis plus d'un mois et moins d'un an). Si vous devez vous rendre à l'étranger, renseignez-vous suffisamment à l'avance sur les lois concernant l'importation d'animaux. Par exemple, tout chat entrant en Grande-Bretagne doit être mis en quarantaine pendant six mois dans une pension agréée. Dans certains pays (Australie), il est interdit d'importer un chat. Votre vétérinaire pourra certainement vous informer sur les réglementations en vigueur et saura vous indiquer les administrations à contacter.

Quarantaine
La quarantaine est une mesure habituelle à la douane de certains pays (pays du Commonwealth, Scandinavie...).

LA PENSION

Choisissez la pension longtemps avant votre départ. Inspectez les lieux et faites les arrangements nécessaires en temps voulu car de nombreux établissements affichent « complet » plusieurs mois à l'avance. La pension doit être d'une propreté et d'un ordre irréprochables, et les chats bien soignés. Il faut que ces derniers puissent voir l'extérieur et les autres chats tout en étant séparés pour éviter la propagation des infections. Les gamelles pour la nourriture et l'eau doivent être propres et stérilisées, les lits jetables ou faits dans un matériau facile à désinfecter à fond avant l'arrivée de chaque nouvel occupant. Si votre chat doit avoir un régime alimentaire particulier, informez-en le personnel. De même, assurez-vous que ses vaccinations sont à jour. Demandez à laisser quelques objets à votre chat, comme son jouet préféré, pour lui rappeler sa maison. La sécurité doit être efficace, avec deux grillages au moins pour empêcher que les petits pensionnaires ne fassent le mur ou que d'autres chats ne leur rendent inopinément visite.

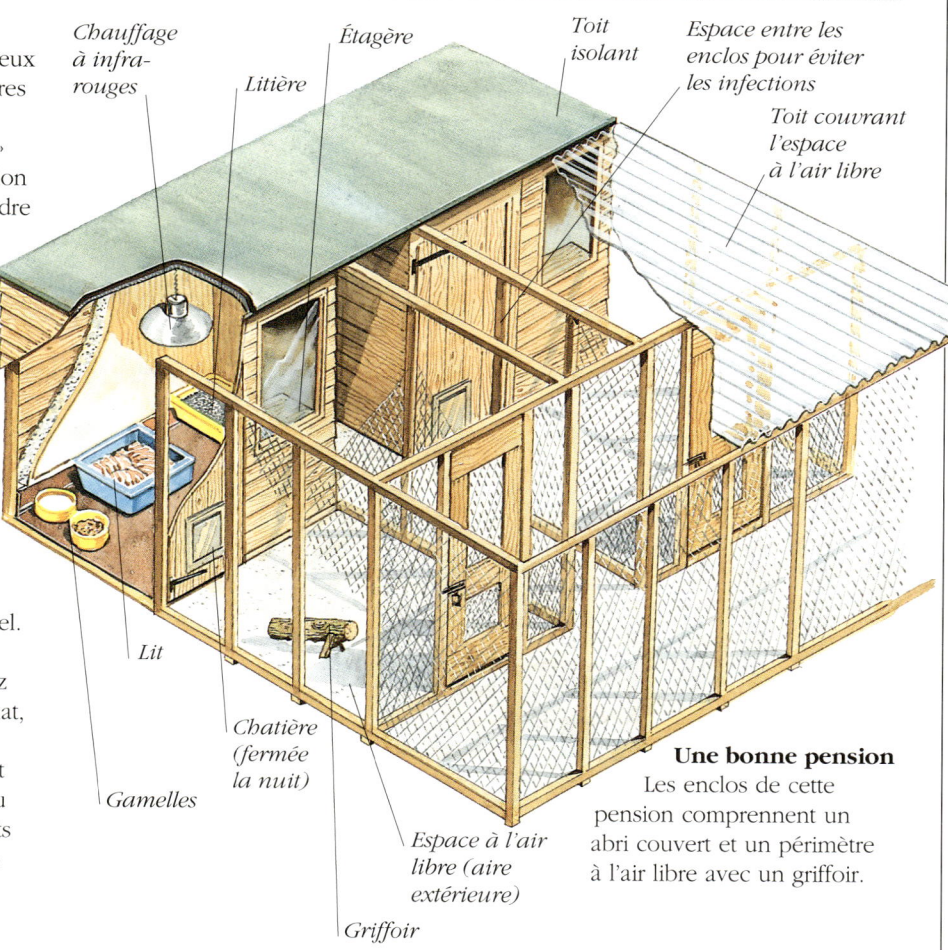

Chauffage à infra-rouges
Litière
Étagère
Toit isolant
Espace entre les enclos pour éviter les infections
Toit couvrant l'espace à l'air libre
Lit
Chatière (fermée la nuit)
Gamelles
Espace à l'air libre (aire extérieure)
Griffoir

Une bonne pension
Les enclos de cette pension comprennent un abri couvert et un périmètre à l'air libre avec un griffoir.

Enclos collectifs
Certaines pensions ont des maisonnettes plus grandes, pouvant accueillir une mère et ses chatons ou plusieurs chats adultes provenant d'une même maison (les chats ne vivant pas habituellement ensemble ne devraient pas partager le même espace clos). De nombreuses pensions proposent des services conçus pour de longs séjours, par exemple pour les chats dont les maîtres sont à l'étranger. Les prix varient selon les services offerts.

Un Chat en Forme

Avoir un chat signifie également l'emmener très régulièrement chez le vétérinaire pour un check-up, des vaccinations, et des piqûres de rappel, et cela dès que vous le prenez chez vous jusqu'à la fin de ses jours. Choisissez un cabinet de consultation près de chez vous. Si les honoraires du vétérinaire vous posent quelque problème, sachez qu'il existe un certain nombre de dispensaires pour animaux qui s'occupent de couvrir les frais.

LE CHOIX DU VÉTÉRINAIRE

Comment trouver un vétérinaire
Demandez autour de vous à des amis qui possèdent un chat de vous recommander un vétérinaire dans les environs. Informez-vous sur les services offerts, les frais, les horaires de consultation et les arrangements possibles en cas d'urgence.

LA CONSULTATION

Emmenez votre chat chez un vétérinaire dès son arrivée chez vous et demandez un check-up complet pour vous assurer qu'il est en bonne santé. Si vous avez l'impression que votre chat ne va pas bien, n'hésitez pas à consulter le vétérinaire dès que possible. N'essayez jamais de soigner vous-même votre chat sans avoir d'abord demandé conseil à un praticien. L'état du chat risque d'empirer si vous retardez la mise en place des soins.

L'ASSURANCE SANTÉ

Il vous sera peut-être utile de prendre une assurance maladie pour votre chat. Contre une prime annuelle, celle-ci remboursera la plupart des frais de santé, à l'exception des traitements dits « de convenance » tels que les stérilisations. Les vaccinations ne sont remboursées qu'en partie. De nombreuses compagnies d'assurance versent une indemnité non négligeable si le chat est tué dans un accident, s'il se perd ou est volé. Cela fait souvent l'objet de contrats spéciaux.

Vous et votre vétérinaire
Le vétérinaire est votre meilleur conseiller.

LES EXAMENS DE SANTÉ

Des check-up réguliers permettent de s'assurer que dents et gencives sont en bon état.

Check-up réguliers
Soyez attentif aux comportements inhabituels et soumettez votre chat à des contrôles vétérinaires réguliers.

CHECK-LIST DE SANTÉ
Quand vous contactez un vétérinaire, il est souvent utile de pouvoir lui fournir quelques informations de base concernant votre chat. Voici une liste de questions que l'on vous posera :
- Est-il alerte et actif ?
- Mange-t-il et boit-il normalement ?
- Vomit-il ou essaie-t-il de vomir ?
- Urine-t-il et défèque-t-il normalement ?
- Tousse-t-il, éternue-t-il ?
- Se gratte-t-il ?
- Semble-t-il avoir mal quelque part ?

Vaccinations
Le chaton doit être vacciné à partir de l'âge de 7 semaines.

Prévention des maladies
Un chat doit être vacciné contre des maladies telles que le typhus félin.

CHAT PERDU
Si votre chat a disparu, commencez par fouiller la maison et le jardin de fond en comble. Il se peut qu'il soit simplement enfermé dans un placard. S'il est introuvable, demandez de l'aide à vos voisins. Mettez des avis de recherche avec une description et une photographie de votre chat dans les vitrines des magasins du quartier et offrez une récompense à celui qui le ramènera. Contactez la S.P.A. locale, les commissariats de police les plus proches pour vous assurer qu'il n'a pas été ramassé par la fourrière, ainsi que les vétérinaires des environs au cas où il aurait été accidenté. Ne perdez pas espoir : un chat sait survivre et retrouver le chemin de la maison.

Un chat en liberté doit porter un collier avec une médaille d'identification portant votre nom et votre numéro de téléphone. Il doit également porter à l'oreille un numéro d'identification tatoué par un vétérinaire.

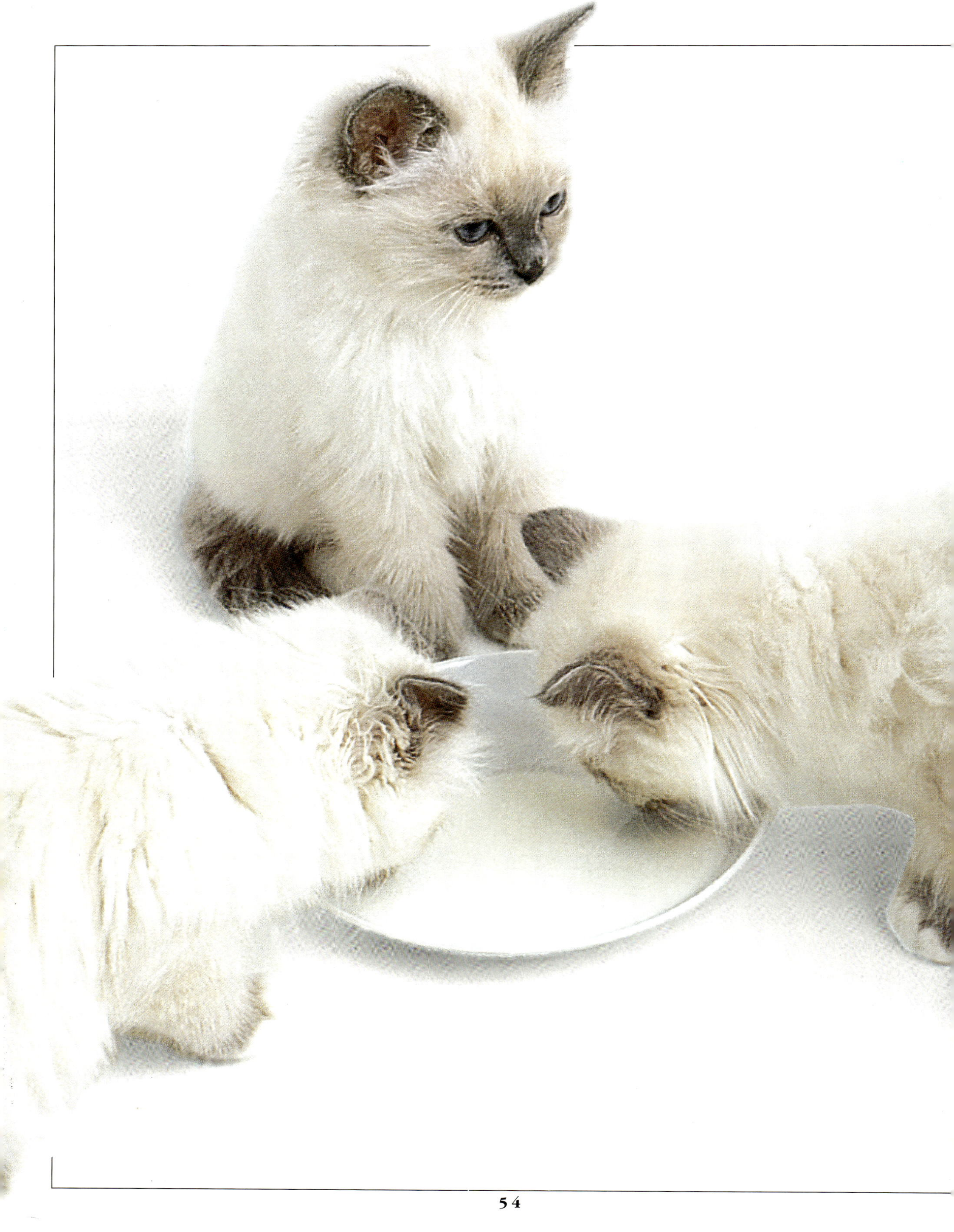

Chapitre 3
L'Alimentation

Le chat est un carnivore aux besoins nutritionnels très particuliers. Il est plus exigeant que d'autres animaux familiers. Il a besoin de repas réguliers, d'une nourriture saine et riche en protéines, et il doit disposer en permanence d'eau fraîche. Mangeurs difficiles, les chats apprécient des repas frais, servis dans une gamelle propre. Ils dédaigneront les mets avariés et même parfois ceux qui sortent directement du réfrigérateur. On reconnaît qu'un chat est en bonne santé et nourri correctement à son aspect : il a le poil brillant, le regard vif, la démarche alerte et un bon tonus musculaire.

UNE BONNE ALIMENTATION

Du fait de ses besoins alimentaires particuliers, le chat est un animal difficile à nourrir *(voir pages 58-59)*. Prudent, il repousse tout ce qui n'a pas l'odeur et la température qui lui conviennent. Grâce à son goût et son odorat très sensibles, il sait immédiatement déceler si un aliment n'est pas parfaitement frais. Veillez à le nourrir tous les jours à la même heure et au même endroit.

Il arrive qu'un chat complète son alimentation en dévorant un petit animal tombé entre ses griffes. Cela ne signifie pas pour autant qu'il a faim ou que vous pouvez l'en dissuader en augmentant sa ration. Il chasse par instinct et, même bien nourri, il attrapera une souris si l'occasion se présente.

Les protéines sont indispensables à la croissance, aux tissus et à la régulation du métabolisme.

Les acides gras essentiels favorisent un poil luisant.

La vitamine A est essentielle pour la bonne santé des yeux.

Le calcium et la vitamine D sont nécessaires à la solidité des os et des dents.

Les glucides donnent un surplus d'énergie, les légumes verts apportent des fibres.

En parfaite santé
Un chat nourri correctement est vif. Son regard est clair et son poil brillant.

USTENSILES

Si vous avez plusieurs chats, chacun doit avoir son bol à eau et sa gamelle. Ayez également un ouvre-boîte, une fourchette, une cuillère et un couteau destinés exclusivement à leur usage. Tous les ustensiles de cuisine doivent être lavés après avoir servi. Rangez-les à part, dans une boîte en plastique. Les couvercles en plastique sont utiles pour refermer hermétiquement les conserves. Il existe des distributeurs automatiques équipés d'une minuterie qui s'ouvrent à heure fixe. Ils sont utiles si vous laissez vos chats seuls pendant plus de vingt-quatre heures.

Fourchette

Ouvre-boîte

Cuillère

Couteau

Gamelle en céramique

Gamelle en plastique

Couvercles en plastique

Boîte en plastique

Distributeur programmable

Double gamelle

QUELQUES RÈGLES

Dix principes de base
1 Choisissez des aliments industriels de marque réputée.
2 Ne lui donnez pas de nourriture pour chiens (ou autres animaux familiers).
3 Les gamelles et les ustensiles de cuisine doivent toujours être propres.
4 Évitez de donner des aliments altérés (même légèrement).
5 Évitez la nourriture réchauffée.
6 Otez soigneusement les arêtes de poisson et les os de poulet.
7 Servez à température ambiante.
8 Jetez les restes une fois que le chat a fini de manger.
9 Surveillez le poids de votre chat et ne le laissez pas trop manger.
10 Consultez un vétérinaire s'il refuse de manger pendant plus de vingt-quatre heures.

Suralimentation
Ne donnez à votre chat que deux ou trois petits repas par jour, en suivant les instructions du fabricant. Évitez les en-cas entre les repas.

Ne donnez pas trop de restes à votre chat.

Vertus de la concurrence
Un peu de compétition ouvre l'appétit. Vous ne verrez pas de chipoteur dans une maison où il y a plusieurs chats.

L'EAU ET LE LAIT

Comme ils trouvent l'essentiel de leurs besoins en eau dans les aliments, les chats semblent boire assez peu. Toutefois, assurez-vous que votre chat a toujours de l'eau fraîche à disposition. S'il est nourri avec des aliments déshydratés ou semi-déshydratés (type croquettes), vous devrez accroître son apport en eau. Bien que le lait contienne de nombreux éléments nutritifs, il faut savoir qu'il n'est pas indispensable au régime du chat. Si votre chat tolère mal le lait de vache, vous pouvez lui donner des laits pauvres en lactose, que vous trouverez dans le commerce.

Certains chats ne digèrent pas le lait.

Ration de lait
Ne donnez pas de lait de vache à un chat qui souffre de troubles intestinaux : il aura du mal à le digérer.

LES BESOINS ALIMENTAIRES

Le chat a besoin d'éléments nutritifs que l'on ne trouve que dans les aliments d'origine animale. Il observe un régime alimentaire carnivore. Il est néanmoins bon que votre chat ait de temps en temps de l'herbe à disposition. La plupart aiment la mâcher et il semble qu'elle leur apporte des vitamines supplémentaires, comme l'acide folique. Il arrive qu'ils vomissent ensuite, ce qui les aide à régurgiter les boules de poils qui leur encombrent l'estomac. Veillez à ce que les engrais et autres produits chimiques que vous utilisez pour votre pelouse ne soient pas toxiques.

Manger de l'herbe
Le chat ne peut digérer de trop grandes quantités de matière végétale.

LE POIDS

Un chat adulte de taille moyenne doit peser environ 4 à 5 kg. Si la corpulence ne varie pas beaucoup, le poids diffère selon la race. Certains chats de petite taille ne pèsent pas plus de 2,5 kg, alors qu'un grand chat peut atteindre 5,5 kg. La femelle est en général plus légère que le mâle. Voici une liste des poids moyens :

CHATONS

Age	Poids
1 jour	70-135 g
1 semaine	110-250 g
3 semaines	215-420 g
4 semaines	250-500 g
5 semaines	290-620 g
6 semaines	315-700 g
7 semaines	400-900 g

ADULTES

Moyen	2,5-5,5 kg
Chatte gestante	3,5-5,5 kg
Chatte allaitant	2,5-4,5 kg

Chez les chats, l'obésité est généralement due à des excès alimentaires conjugués à un manque d'exercice. Les chats castrés et âgés sont les plus concernés. Il arrive qu'un chat grossisse du fait d'un trouble hormonal, mais le plus souvent c'est simplement qu'il mange plus que ses besoins ne l'exigent. Le chat obèse a un gros ventre qui pend. Sa respiration est laborieuse et il devient vite paresseux. Son poids excessif fatigue son cœur et l'expose à l'arthrose et à d'autres troubles associés au grand âge. Si votre chat présente une surcharge pondérale, évaluez la quantité de nourriture qu'il consomme habituellement. Il se peut qu'il chasse, ou alors qu'on lui donne à manger ailleurs.

RÉGIME AMAIGRISSANT

Consultez votre vétérinaire pour vous assurer que l'obésité de votre chat n'est pas due à une pathologie (trouble hormonal en particulier). Réduisez l'apport calorique de son alimentation en suivant les conseils du praticien. Il vous indiquera des régimes hypocaloriques conçus pour les chats (diminution des graisses et augmentation des fibres – légumes verts).

Obésité
Un chat obèse a une espérance de vie plus courte que celle des autres chats.

LES BESOINS ALIMENTAIRES D'UN CHAT ADULTE

Éléments nutritifs	Besoins	Aliments	Observations
Protéines	28 % du repas au moins Le double pour un chaton	Repas complets industriels, viande, poisson, œufs, lait et fromage.	Besoins supérieurs de 20 % à ceux du chien.
Graisses (lipides)	9 % du repas au moins	Huiles, graisses animales et végétales.	Graisses indispensables présentes dans la viande et le poisson.
Glucides	40 % du repas au plus	Céréales du petit déjeuner, riz, pâtes, semoule.	Représentent un apport énergétique important.
Calcium Phosphore Sodium Potassium Magnésium Fer Cuivre Manganèse Zinc Iode	1 g par jour 0,8 g par jour 0,2 g par jour 0,4 g par jour 0,05 g par jour 10 mg par jour 0,5 mg par jour 1 mg par jour 4 mg par jour 0,1 mg par jour	Un régime équilibré contient tous les minéraux essentiels. On trouve les deux plus importants, le calcium et le phosphore, dans les substances animales comme le lait.	Si son régime est équilibré, il est peu probable que votre chat souffre d'une carence en minéraux. Un excès de minéraux peut être dangereux.
Vitamine A Vitamine B_1 (thiamine) Vitamine B_2 (riboflavine) Vitamine B_6 Acide pantothénique Niacine Acide folique Vitamine B_{12} Choline Taurine Vitamine C Vitamine D Vitamine E Vitamine K	550 unités internationales par jour 0,5 mg par jour 0,5 mg par jour 0,4 mg par jour 1 mg par jour 4,5 mg par jour 0,1 mg par jour 0,02 mg par jour 200 mg par jour 100 mg par jour Aucun besoin alimentaire 100 unités internationales par jour 8 mg par jour Aucun besoin alimentaire	Un régime équilibré contient toutes les vitamines essentielles. On trouve la vitamine A dans le foie, le jaune d'œuf et le beurre. La vitamine B_1 est présente dans les œufs, le foie, les céréales et le lait. La vitamine C n'est pas nécessaire puisque le corps du chat la fabrique directement. Les huiles de foie de poisson et les graisses animales sont une bonne source de vitamine D. Sous l'effet des rayons solaires, la peau du chat produit de la vitamine D.	Les vitamines sont indispensables à la régulation des processus métaboliques. Une carence ou un excès peuvent donc entraîner des maladies. Si un chat mange trop de foie (il est conseillé de ne pas lui en donner plus d'une fois par semaine), il risque une intoxication à la vitamine A. Un régime à base de poissons gras, comme le thon, provoque parfois une déficience en vitamine E.
Eau	50-70 ml par kilo de poids	Elle est fournie par un régime équilibré.	Le chat doit toujours avoir de l'eau à disposition.

VITAMINES ET COMPLÉMENTS MINÉRAUX

Un grand nombre de vitamines et de minéraux sont essentiels à la bonne santé de votre chat et au maintien de ses fonctions vitales. Si vous lui donnez un régime équilibré et varié, il n'aura pas besoin de vitamines supplémentaires car il trouvera tous les éléments nutritifs nécessaires dans sa nourriture. Les compléments vitaminiques et minéraux sont parfois dangereux. Un excès de vitamines A, D ou E, ou de phosphore, peut entraîner des troubles graves, tandis qu'un abus d'huile de foie de morue provoque parfois des maladies osseuses. Demandez toujours conseil à un vétérinaire avant d'administrer des compléments ; ils peuvent être utiles au chat souffrant de troubles métaboliques, au chat âgé, à la chatte gestante ou aux chatons.

Comprimés de levure, source de vitamines B.

Poudre vitaminée à mélanger à la nourriture.

Bonbons pour chats contenant des vitamines.

L'ALIMENTATION

Les Aliments Préparés

Les chats ont besoin d'un régime riche en protéines et en graisses. Pour un régime entièrement « fait maison », demandez conseil à un vétérinaire. On trouve aussi sur le marché des « repas complets », à savoir des préparations contenant tous les éléments nutritifs nécessaires dans de justes proportions *(voir page 59)*. Tenez compte des conseils donnés et prenez le temps de lire la composition nutritionnelle des ingrédients. Sachez reconnaître les boîtes « repas complet » et les boîtes « tout-viandes ». Et ne gavez pas votre chat.

LES TYPES DE REPAS

Poisson sans arêtes

Miettes de thon

Agneau

Volaille

Conserves
Elles contiennent de la viande, du poisson, de la gelée, de la graisse, de l'eau, des vitamines et des céréales.

Croquettes déshydratées goût saumon

Croquettes déshydratées goût poulet

Croquettes déshydratées goût bœuf

Croquettes déshydratées goût fruits de mer

Croquettes déshydratées goût poulet-poisson

Aliments déshydratés
N'oubliez jamais de fournir de l'eau.

LES ALIMENTS PRÉPARÉS

LES BESOINS CALORIQUES QUOTIDIENS

Age	Type de repas complet	Énergie	Quantité	Nombre de repas
Du sevrage à la 8ᵉ semaine	Voir page 153	–	–	–
2-4 mois	Conserve pour chatons	250-425 calories	200-400 g	3-4
4-5 mois	Conserve pour chatons	425-500 calories	env. 400 g	3-4
5-6 mois	Conserve pour chatons	500-600 calories	400-500 g	2-3
6-8 mois	Conserve pour chatons	600-700 calories	500-600 g	2-3
Adulte*	Conserve	300-550 calories	300 g	2
	Aliments semi-humides	300-550 calories	200-300 g	2
	Croquettes déshydratées	Elles apportent 300 à 550 calories. Donnez-en 50 à 80 g par jour.		2
Troisième tiers de gestation	Conserve	Donnez un tiers de plus qu'en temps normal, surtout à la fin de la gestation (voir page 146).		2-4
Lactation	Conserve	Donnez au moins trois fois la ration normale. Pensez à un complément calcique et vitaminique.		2-4
Vieillesse**	Conserve	Augmentez la ration en cas d'absorption faible, mais réduisez-la si le chat est inactif (voir page 139).		2

* La ration varie selon l'activité physique du chat. ** Les chats soumis à des restrictions diététiques doivent être suivis par un vétérinaire.

Aliments semi-humides
On peut les donner en alternance avec les conserves et les produits frais.

Croquettes déshydratées goût foie

Croquettes déshydratées goût thon

Croquettes déshydratées goût poulet-foie

Croquettes semi-humides goût bœuf

Croquettes semi-humides goût foie

Croquettes semi-humides goût poulet

Bonbons
Ces bonbons au lait sont une petite gâterie.

Biscuits à mâcher
Ils entretiennent les dents et les gencives.

L'ALIMENTATION

Les Aliments Frais

Vous pouvez préparer à votre chat un repas avec des produits frais pour varier sa nourriture et entretenir sa curiosité. Rien de tel que l'odeur du poisson pour mettre un chat en appétit et le faire saliver, ou plutôt ronronner de plaisir...

LA PRÉPARATION D'ALIMENTS FRAIS

Alimentation maison
Votre chat aime le goût et la texture des produits frais. S'il est nourri principalement avec des conserves, il appréciera un changement de menu.

Viande cuite
Faites un petit plaisir à votre chat en lui cuisinant du bœuf, de l'agneau, ou du porc. La viande peut être cuite au four, grillée ou bouillie. Laissez-la refroidir puis coupez-la en petits morceaux.

Viande et légumes
Les carottes, les petits pois et les légumes verts apportent des vitamines.

Viandes et pâtes
Ajoutez un peu de riz ou de pâtes dans la gamelle pour accompagner la viande ou le poisson. Les légumes et les glucides ne doivent constituer qu'une faible proportion du régime de votre chat.

Viande hachée
De temps en temps, régalez votre chat avec de la viande de bœuf hachée.

LES ALIMENTS FRAIS

Poisson cuit
Les poissons à chair blanche tels que le colin, le cabillaud et l'aiglefin redonnent goût au chat malade ou à petit appétit. Ne les servez jamais crus, mais légèrement pochés ou bouilli, et ôtez les arêtes.

Volaille cuite
Vous pouvez donner toutes les parties du poulet, sauf la peau (trop grasse) et les abats. Coupez-le en petits morceaux et prenez soin d'enlever tous les os.

Sardines en boîte
Sardines, maquereau, hareng... des gâteries très nourrissantes.

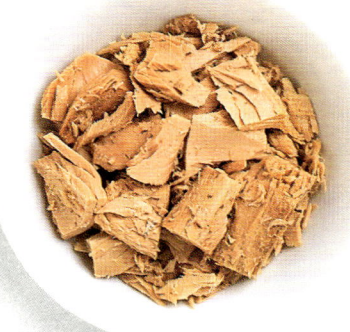

Thon en boîte
Le thon et le saumon en boîte font de bons repas vite prêts. Otez les arêtes au préalable.

Œufs brouillés
Un œuf brouillé est un excellent repas léger. Ne donnez jamais à votre chat du blanc d'œuf cru.

Bouillie
Les chatons adorent la bouillie et les céréales pour bébé mélangées avec du lait chaud. N'ajoutez pas de sucre.

Un chat rassasié
Après un repas savoureux, le chat se met sur son arrière-train et se nettoie le museau avec la patte.

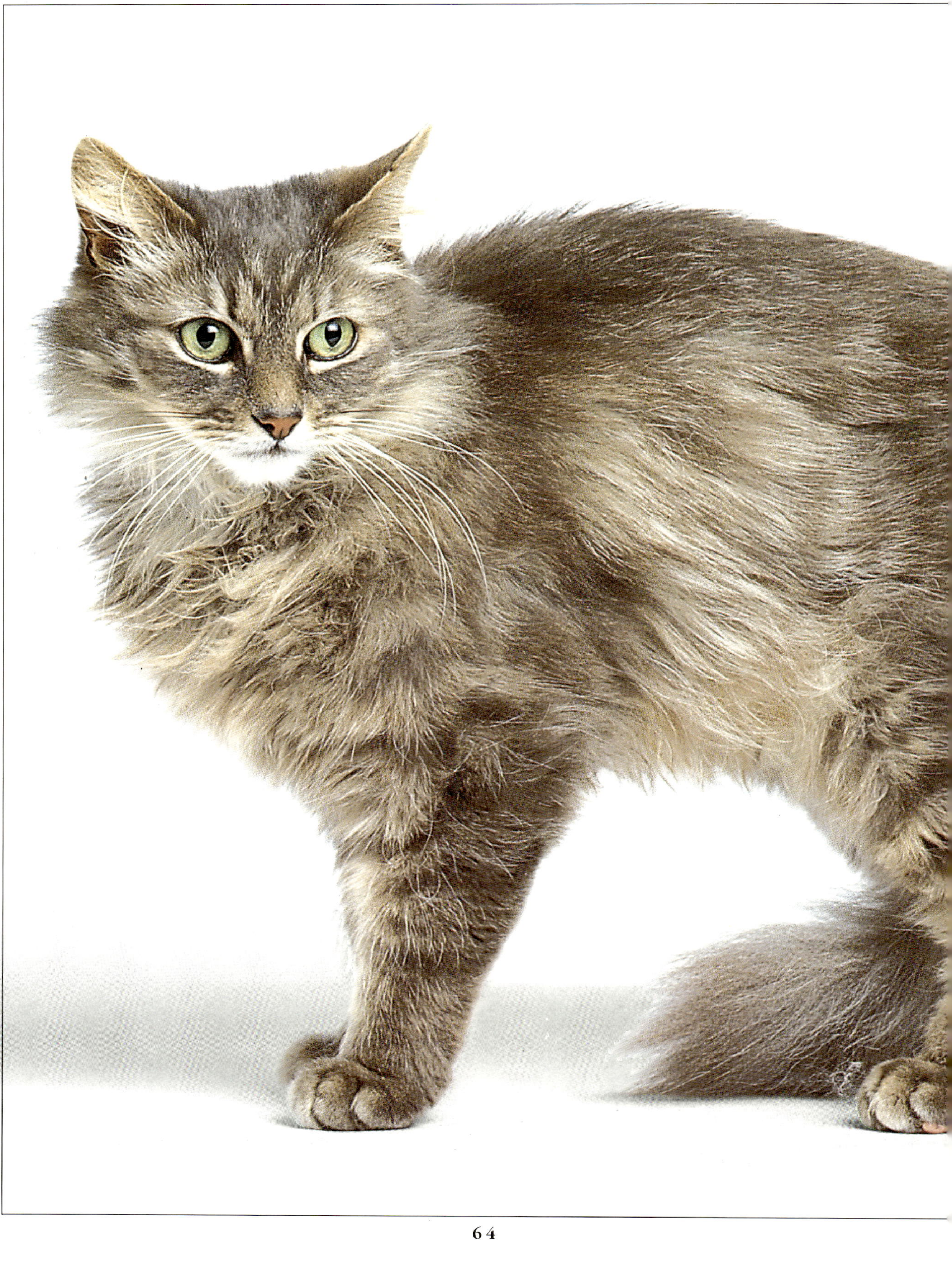

Chapitre 4
LA TOILETTE

Très propres, les chats prennent grand soin de leur toilette. On voit rarement un chat en bonne santé le poil sale et en bataille. Ils ne se négligent que lorsqu'ils sont malades ou affaiblis par l'âge. Si vous avez un chat à poil long, il vous faudra l'aider à entretenir sa fourrure tous les jours. Les Persans ont généralement un caractère calme et facile, et aiment que l'on s'occupe d'eux. Si vous habituez votre compagnon à des soins d'hygiène réguliers dès son plus jeune âge, il les acceptera d'autant mieux plus tard. Un régime équilibré et un bon toilettage sont garants d'un beau poil.

INITIATION AU TOILETTAGE

Les soins d'hygiène doivent être effectués régulièrement et fréquemment, dès le plus jeune âge. Cela ne devrait pas vous prendre beaucoup de temps, à moins que vous ne prépariez votre chat pour une exposition. N'encouragez pas le chaton à jouer avec les peignes et les brosses car, s'il y prend goût, il vous griffera et vous rendra la tâche difficile.

Un chat qui vit la plupart du temps à l'intérieur a besoin qu'on lui coupe régulièrement les griffes pour éviter qu'elles ne poussent trop et le gênent. L'onychectomie (ablation chirurgicale des griffes avec la dernière phalange) prive le chat d'un moyen naturel de défense, et cela engendre parfois des troubles du comportement. C'est donc une pratique fortement déconseillée.

LA COUPE DES GRIFFES

1 Appuyez tout doucement sur la patte du chat pour faire sortir ses griffes. Une griffe qui a poussé anormalement peut s'incarner dans le coussinet et s'infecter, nécessitant alors un traitement vétérinaire.

2 Avec un coupe-ongles, sectionnez l'extrémité translucide de la corne. Veillez à ne pas entailler la partie sensible.

ACCESSOIRES DE TOILETTE

Coupe-ongles   Peigne   Brosse   Brosse à dents

Munissez-vous d'un coupe-ongles ou d'une pince à guillotine, d'une brosse en soies naturelles ou à poils de métal souples, d'un peigne pour défaire les nœuds dans le poil et d'une petite brosse à dents. Réservez l'usage des accessoires à un seul chat.

TAILLE DES GRIFFES

Mieux vaut pécher par excès de prudence et ne pas en couper assez plutôt que trop. Une entaille de la partie rose est douloureuse et provoque un saignement. Un vétérinaire peut vous montrer comment procéder.

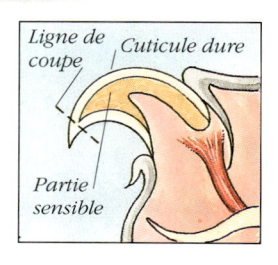

Ligne de coupe — Cuticule dure — Partie sensible

LE TOILETTAGE DU CHATON

Utilisez un peigne pour les nœuds.

Tenez le chaton fermement tout en le caressant.

1. Pour calmer le chaton et l'habituer progressivement au toilettage, caressez-le tendrement avant de commencer.

2. En peignant le poil de la tête à la queue, vérifiez qu'il n'y a pas de traces de puces ou autres parasites *(voir page 103)*.

3. Brossez la fourrure pour enlever tous les poils morts. Attachez un soin particulier aux pattes et à la région des orteils, qui sont facilement salies.

4. Brossez doucement les dents et les gencives pour habituer le chaton à des soins dentaires réguliers dès son plus jeune âge *(voir page 69)*.

Un chaton heureux
Si vous commencez tôt, le toilettage renforcera les liens entre vous et votre chat, et vous pouvez être sûr qu'il prendra goût à vos attentions.

La Toilette de la Tête

Avant de brosser votre chat, vérifiez l'état de ses yeux, ses oreilles et ses dents, et nettoyez-les si nécessaire. Généralement, il suffit de passer un coton humide dans les oreilles et sur les yeux. Chez certains Persans notamment, une obstruction des canaux lacrymaux provoque parfois un jaunissement de la fourrure autour des yeux, qu'il faut nettoyer. Consultez votre vétérinaire si cela se répète. Les dents devraient être brossées une fois par semaine.

Il ne doit pas y avoir d'écoulement dans le coin des yeux.

L'intérieur des oreilles doit être propre et sans traces de cérumen brunâtre ou d'autres sécrétions.

Les dents devraient être brossées une fois par semaine.

Des soins réguliers
Les yeux, les oreilles et les dents ont besoin d'un entretien régulier. Examinez votre chat une fois par semaine avant de le toiletter.

LES YEUX

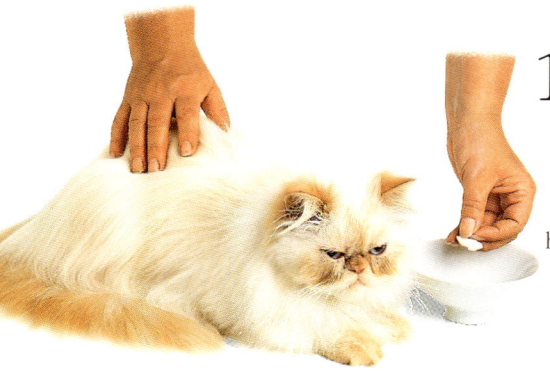

1. En cas d'écoulement des yeux, consultez un vétérinaire. Trempez un bout de coton dans un nettoyant oculaire ou une huile pour bébé.

2. Frottez délicatement le pourtour des yeux, en changeant de coton pour chaque œil. Veillez à ne pas toucher le globe oculaire.

3. Séchez la fourrure autour des yeux avec du coton ou une serviette en papier. Pour les Persans surtout, il vous faudra peut-être nettoyer les salissures dans les coins des yeux.

Enlevez les salissures aux coins des yeux.

TROUSSE DE TOILETTE

Coton   Huile pour bébé   Coupelle

Utilisez du coton avec un nettoyant oculaire ou une huile pour bébé.

LA TOILETTE DE LA TÊTE

LES OREILLES

1 Recherchez tout signe d'inflammation. Du cérumen brunâtre indique parfois la présence de gale des oreilles, nécessitant alors un traitement *(voir page 107)*.

2 Imprégnez un morceau de coton d'un peu d'huile pour bébé et nettoyez bien les impuretés à l'intérieur de l'oreille.

3 Nettoyez très délicatement le pavillon auriculaire d'un mouvement circulaire.

OREILLES FRAGILES

C'est une structure très délicate. Si le vétérinaire vous a prescrit des soins avec des Cotons-tiges, utilisez-les avec douceur.

LES DENTS

ACCESSOIRES

Brosse à dents

Dentifrice   *Coton-tige*

Il vous faut des Cotons-tiges, une petite brosse à dents et un tube de dentifrice.

Examinez les gencives et les dents.

1 Ouvrez doucement la bouche du chat pour vérifier que ses dents sont intactes et ses gencives en bonne santé. Celles-ci doivent être fermes et roses.

2 Habituez le chat au brossage des dents en massant délicatement ses gencives avec un Coton-tige. Mettez un peu de dentifrice pour chats sur ses lèvres pour qu'il se fasse à son goût.

3 Après quelques semaines, essayez de lui brosser les dents avec une petite brosse soyeuse. Utilisez du dentifrice pour chats.

LES TYPES DE PELAGE

On distingue le poil long, le poil court, le poil frisé, le poil dur, le poil bouclé et le Chat Nu ou Sphynx. La fourrure est constituée d'une couche supérieure de « poils de couverture », longs, protégeant des intempéries, et d'un sous-poil plus dru dit « duvet » ou « bourre ». Selon leur pelage, les chats nécessitent ainsi un toilettage différent.

Sphynx
Presque nu, le Sphynx a quelques poils sur la face, les oreilles, les pattes et la queue. Sa peau doit être lavée avec une éponge et protégée en été par une crème écran total.

COULEURS ET MARQUAGES

Le chat européen a souvent une fourrure tigrée (« tabby »). Tous les autres marquages sont le fruit de croisements. Il existe une grande variété de couleurs de robe : noir, blanc, chocolat, bleu, gris fumé, lilas, roux, crème et écaille-de-tortue. Les motifs et les nuances de couleur sont également très nombreux.

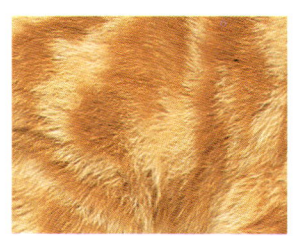

Tabby roux British Shorthair Tabby

Silver spotted British Shorthair tacheté

Écaille-et-blanc British Shorthair écaille-et-blanc

Gris British Shorthair bleu

Gris et blanc British Shorthair bicolore

Écaille-de-tortue British Shorthair écaille-de-tortue

Blanc Persan blanc

Tabby classique Européen

Écaille de tortue chocolat Cornish Rex

Gris pâle Étranger lilas

Noir British Shorthair noir

Lièvre Abyssin

LA TOILETTE DES DIFFÉRENTS TYPES DE PELAGE

Poil court
Le chat à poil court fait généralement sa toilette tout seul. Toutefois, si vous le brossez une fois par semaine, il gardera un pelage brillant.

Poil long
Les chats à poil long doivent être toilettés tous les jours. Il ne doit pas y avoir de nœuds sur le ventre et les pattes.

Angora *(à droite)*
La fourrure de l'Angora est fine et soyeuse, avec une tendance à onduler. Le toilettage est particulièrement important au printemps, quand le chat perd son épais manteau d'hiver.

Rex *(à droite)*
La fourrure frisée du Rex est très facile à entretenir. Son poil est court, soyeux et très bouclé au niveau du dos et de la queue. Utilisez une peau de chamois pour lustrer sa robe.

Exotique à poil court
La fourrure de l'Exotique à poil court est très épaisse et légèrement plus longue que celle des autres chats à poil court. Il faut la brosser ou la peigner tous les jours.

Maine Coon
La robe du Maine Coon est épaisse, mais son sous-poil est très fin, ce qui facilite le toilettage. Il suffit d'un léger brossage quotidien.

La Toilette du Chat a Poil Court

Toiletter son chat demande de la patience, mais vos efforts seront récompensés si vous parvenez à effectuer des séances régulières. Les chats se nettoient soigneusement tous les jours, mais la plupart apprécient et prennent goût à quelques soins de beauté.

Commencez à toiletter votre chat dès son plus jeune âge *(voir page 67)*. Un chat adulte ayant déjà ses habitudes se laissera moins facilement faire. Établissez un rituel à heures fixes, de préférence à un moment où votre chat est détendu, par exemple après un repas. Une ou deux séances par semaine suffisent pour la plupart des chats à poil court.

En vieillissant, ou s'ils sont malades, les chats ont plus de mal ou sont moins enclins à se toiletter correctement et ont parfois besoin qu'on les aide à rester propres.

LA TECHNIQUE

1 Passez un peigne en métal de la tête à la queue afin d'enlever les souillures prises dans les poils. Cherchez des traces éventuelles de puces *(voir page 103)*.

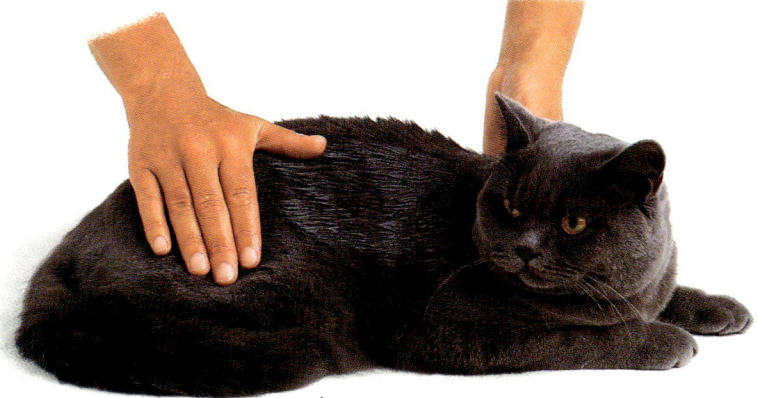

4 Pour la beauté et le brillant du poil, donnez tous les jours une cuillerée à café d'huile de tournesol ou de maïs.

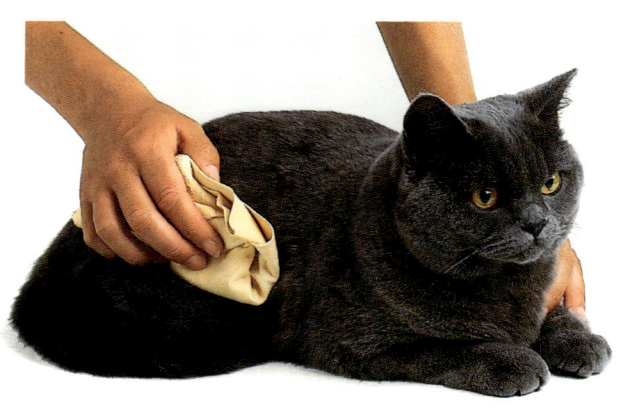

5 Frictionnez la fourrure avec une peau de chamois pour faire ressortir l'éclat naturel du poil.

ACCESSOIRES DE TOILETTE

Peigne en métal

Brosses en soies ou en caoutchouc

Peau de chamois

Ces accessoires doivent être nettoyés régulièrement. La brosse peut être en soies naturelles ou en métal souple.

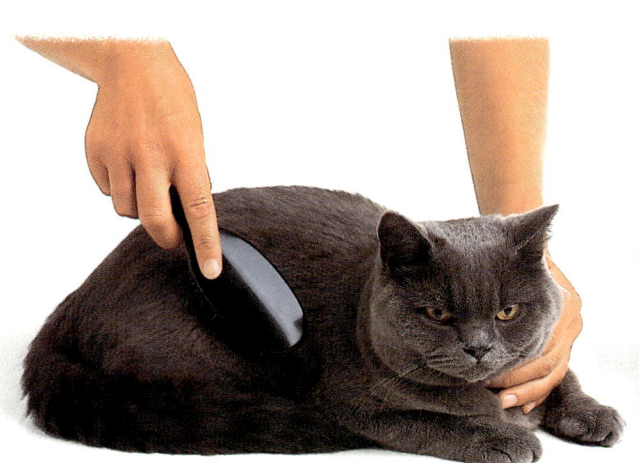

LA TOILETTE DU CHAT A POIL COURT

2 Passez une brosse en soies naturelles ou en métal souple, dans le sens du poil, sur tout le corps, y compris le poitrail et le ventre.

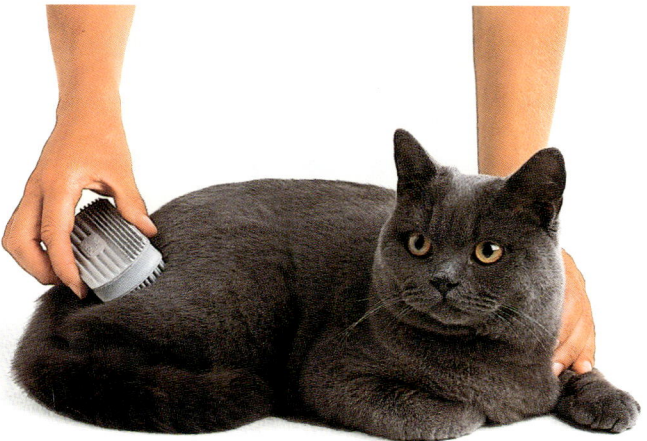

3 La brosse en caoutchouc est idéale pour enlever les poils morts, notamment chez les chats de type oriental, à la fourrure fine et courte.

PUCES ET PARASITES

Tout en toilettant votre chat, inspectez sa fourrure. Les puces sont assez difficiles à voir, mais on repère aisément leurs déjections (grains noirs).

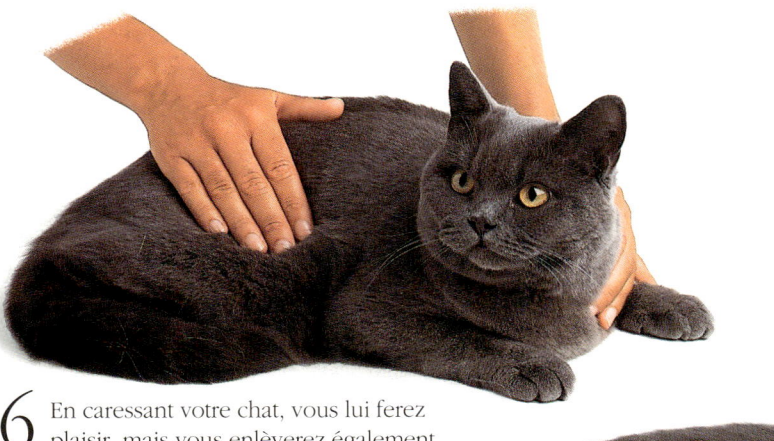

6 En caressant votre chat, vous lui ferez plaisir, mais vous enlèverez également ses poils morts et entretiendrez la douceur de sa fourrure.

British bleu
Avec un régime équilibré et des soins quotidiens attentifs, le chat aura toujours une fourrure saine et lustrée.

73

LA TOILETTE DU CHAT A POIL LONG

A l'état sauvage, les chats à poil long ne muent qu'une seule fois, au printemps, mais les chats domestiques qui vivent dans des maisons chauffées et éclairées en permanence perdent leurs poils tout au long de l'année.

Les Persans doivent être brossés tous les jours pour que leur fourrure ne s'emmêle pas. Outre le fait de garder le pelage propre, net et lustré, le toilettage permet d'ôter les peaux et les poils morts et de revigorer les muscles et la circulation sanguine. Il est important d'habituer le chaton à poil long au brossage *(voir page 67)*, cela pour éviter la détérioration de la robe, avec la formation de gros nœuds, impossibles ou douloureux à démêler par la suite, et l'accumulation de boules de poils dans l'estomac. Si votre chat n'aime pas être toiletté, brossez-le très délicatement.

ACCESSOIRES DE TOILETTE

Peigne à dents écartées   *Talc*   *Brosse*

Il vous faut un peigne à dents écartées, du talc et une brosse (soies naturelles ou métal souple).

LA TECHNIQUE

1 Commencez par peigner l'abdomen et les pattes pour démêler les nœuds.

2 Autour de la tête, peignez la fourrure à rebrousse-poil, touffe par touffe, pour ôter tous les poils morts.

5 Passez le peigne à rebrousse-poil au niveau du cou, en formant une collerette.

6 Brossez vigoureusement la fourrure à rebrousse-poil, de la tête à la queue. Il ne doit rester aucune trace de talc avant une exposition.

LA TOILETTE DU CHAT A POIL LONG

3 Saupoudrez un peu de talc sur la longue fourrure une fois par semaine, pour enlever graisse et impuretés.

4 Pour défaire les nœuds, saupoudrez d'abord un peu de talc, puis démêlez-les à la main.

FOURRURE EMMÊLÉE

Tous les nœuds doivent être défaits à la main ou avec une aiguille à tricoter. Si vous attendez trop, il vous faudra peut-être recourir à un vétérinaire.

N'oubliez pas de brosser la queue.

7 Enfin, faites une raie à partir du milieu de la queue et brossez les poils de chaque côté.

Persan fumée
La fourrure d'un chat à poil long doit être dense et soyeuse.

LA TOILETTE

LE BAIN

Un bain peut se révéler nécessaire, notamment quand la fourrure de votre chat est toute souillée de graisse ou d'huile. Les chats d'exposition sont baignés régulièrement, généralement quelques jours avant leur présentation *(voir page 182)*. Préparez tous les accessoires à l'avance : shampooing, serviettes, peigne, brosse et broc pour le rinçage. Demandez éventuellement à quelqu'un de vous aider à garder le chat calme pendant que vous le baignez.

Utilisez un shampooing pour chats et veillez à ne pas lui en mettre dans les yeux ou dans les oreilles. Si vous avez un chat à poil court, vous préférerez sans doute un shampooing sec : frictionnez-le, puis brossez-le énergiquement.

LA TECHNIQUE

1 Faites couler un peu d'eau chaude dans la baignoire ou dans une bassine. Vérifiez la température et posez le chat dans l'eau d'un geste sûr.

4 Rincez-le abondamment à l'eau chaude jusqu'à ce qu'il ne reste plus de shampooing du tout.

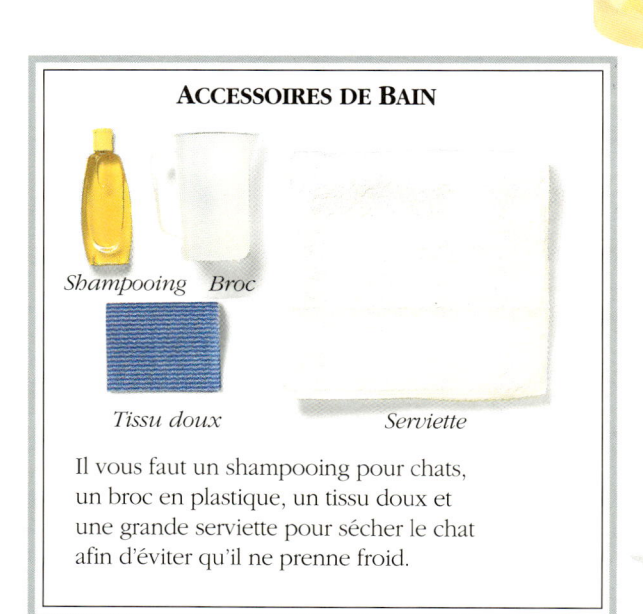

5 Sortez-le de l'eau, enveloppez-le dans une serviette bien chaude et frictionnez-le.

ACCESSOIRES DE BAIN

Shampooing   *Broc*

Tissu doux   *Serviette*

Il vous faut un shampooing pour chats, un broc en plastique, un tissu doux et une grande serviette pour sécher le chat afin d'éviter qu'il ne prenne froid.

LE BAIN

2 Versez sur le dos du chat un peu de shampooing dilué dans de l'eau chaude avec un broc.

3 Massez doucement pour faire pénétrer le shampooing dans la fourrure, sans en mettre dans les yeux ou les oreilles.

N'appliquez jamais de shampooing non dilué sur la fourrure.

POUR BIEN LE TENIR

Ayez la main ferme mais douce. Le chat n'aime pas se sentir mouillé et se débat parfois en griffant et en mordant. Parlez-lui pour le rassurer.

7 S'il n'a pas peur, utilisez un sèche-cheveux. Tenez-le à distance, tout en brossant doucement sa fourrure.

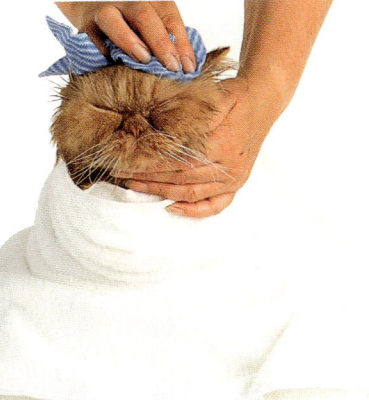

6 Essuyez soigneusement ses yeux, ses oreilles et son museau à l'aide d'un tissu humide *(voir page 68)*.

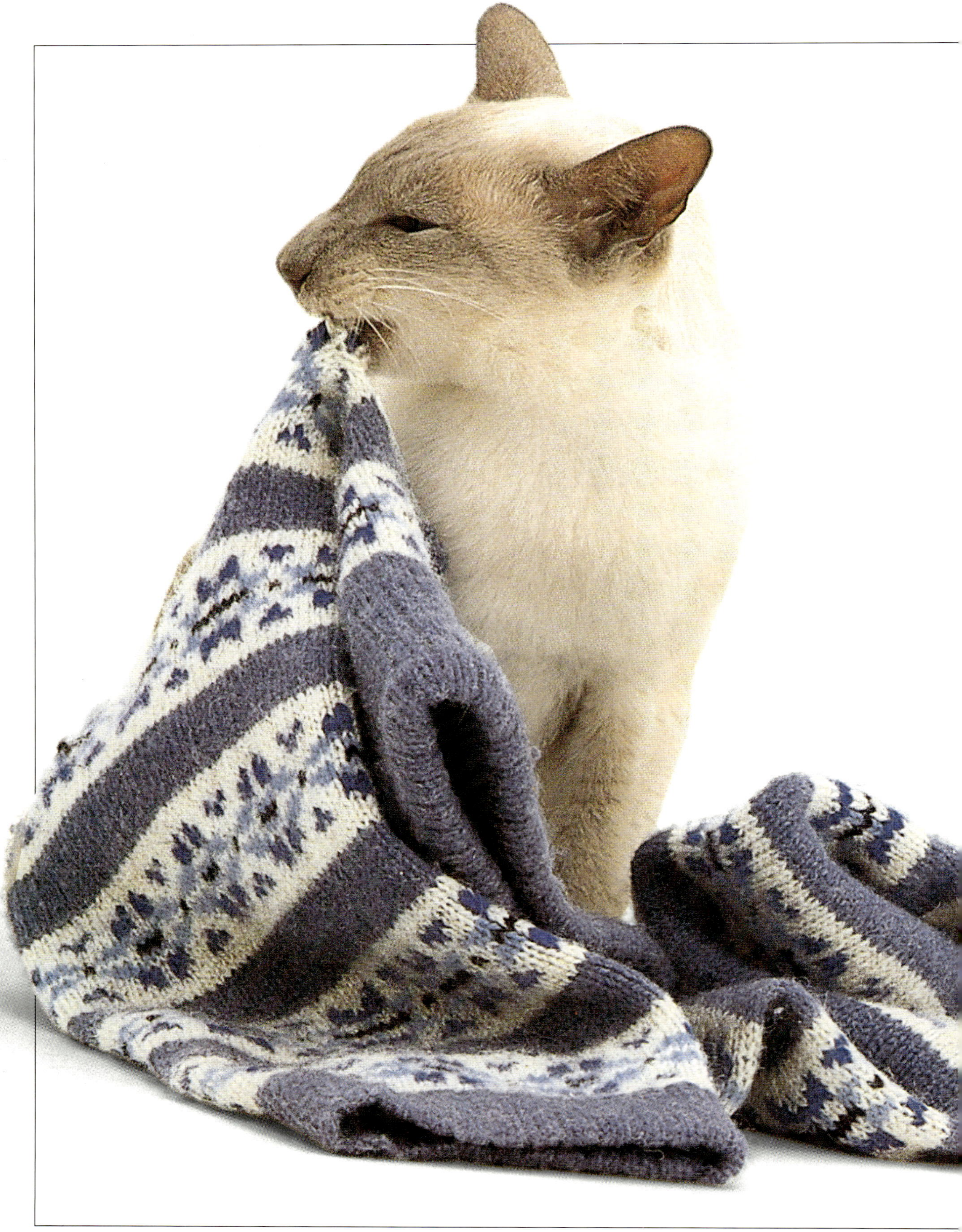

Chapitre 5

LES CHATS DIFFICILES

MAL ÉDUQUÉ, le chat devient difficile à vivre. Certains comportements naturels des félins sont parfois délicats à corriger. En revanche, il arrive que des réactions anormales – agressivité ou fait de souiller et de marquer son territoire dans la maison – soient liées à des problèmes de stress que l'on peut soigner si l'on parvient à identifier l'origine du trouble. En outre, vous vous apercevrez peut-être que votre chat est introverti ou extraverti. Dans tous les cas, compréhension et patience sont essentielles.

LES SYMPTOMES DE STRESS

Exposé à certains stimuli ou lorsque ses besoins ne sont pas pris en compte, un animal familier peut souffrir de stress. Un chat anxieux a parfois des réactions étranges : il souffle ou marque son territoire dans la maison, mâche de la laine, mord, griffe ou se toilette d'une façon obsessionnelle. Il existe de multiples motifs de stress : maladie, douleur, peur ou simple changement des habitudes de vie du fait, par exemple, de la venue d'un bébé ou d'un animal. Un chat peut également être stressé par la perte de son maître.

LE COMPORTEMENT ANXIEUX

Signes d'anxiété
Le chat semble nerveux, se tapit au sol. Parmi d'autres réactions au stress, on observe parfois des difficultés respiratoires ou une chute des poils.

Le corps est tendu.

La pupille est dilatée.

Agressivité *(à gauche)*
Un chat habituellement calme et affectueux peut devenir soudain agressif, mordant et griffant son maître. Ce type de comportement peut généralement s'expliquer. Il est possible qu'il soit malade, auquel cas il faut l'emmener chez le vétérinaire. Un chat peut aussi devenir menaçant ou destructeur parce qu'il s'ennuie *(voir page 86)*.

Le chat dresse la queue et arrose le pied de chaise.

Marquage du territoire dans la maison *(à droite)*
Il peut être dû à un changement dans ses habitudes ou à la venue d'un nouveau chat dans la maison. L'endroit marqué doit être lavé avec un désinfectant ammoniaqué dilué pour effacer l'odeur et le dissuader de recommencer. Ne jamais utiliser d'eau de Javel (elle attire les chats).

LES SYMPTOMES DE STRESS

Malpropreté
S'il se met soudain à souiller le sol ou les meubles, c'est peut-être qu'il souffre de troubles urinaires nécessitant un traitement vétérinaire. S'il est en bonne santé, il peut alors s'agir d'un symptôme de stress. Évitez de le gronder ou de le frapper et offrez-lui une litière propre jusqu'à ce que le problème soit résolu. Couvrez l'endroit souillé de papier aluminium ou de plastique pour le dissuader de recommencer.

Le chat anxieux se lèche et se mordille.

Toilettage obsessionnel *(ci-dessus)*
Certains chats réagissent au stress en se toilettant d'une manière exagérée. A force de se lécher ou se mordiller toujours au même endroit, ils risquent de développer une dermatite ou de perdre leurs poils. Le vétérinaire peut leur prescrire des tranquillisants.

CHERCHER LES RAISONS
Si vous ne pouvez pas vous expliquer le trouble de votre chat, consultez votre vétérinaire ou un spécialiste du comportement animal.

Le chat « mangeur de laine »
Il arrive que certaines races orientales, notamment le Siamois et le Burmese, se mettent à mâcher sans arrêt de la laine ou d'autres types de tissu. Il peut s'agir d'une régression due au stress.

LES COMPORTEMENTS INDÉSIRABLES

Il ne faut pas confondre une réaction naturelle mais indésirable de votre chat et un trouble plus grave, tel qu'une phobie ou un tic obsessionnel. Certains aspects de son comportement normal mettent parfois à rude épreuve sa relation avec vous. N'oubliez surtout pas qu'il ne fait que suivre ses instincts quand il choisit votre plante préférée pour litière ou qu'il griffe votre plus beau fauteuil. Si vous éduquez votre chat dès son plus jeune âge, il sera moins enclin à développer de mauvaises habitudes une fois adulte.

Ne criez jamais après un chat et ne le frappez pas. Généralement un « non ! » ferme l'arrête net. En dernier recours, un petit jet avec un pistolet à eau le dissuadera.

QUELQUES MAUVAISES HABITUDES

Le chat jardinier
La manie de creuser la terre autour d'une plante (à l'intérieur comme à l'extérieur) pour faire ses besoins horripile de nombreux jardiniers. Si votre chat choisit le jardin du voisin comme litière, vous risquez de vous attirer quelques ennuis.

Le chat est gêné par le gravier.

Solution
Vous pouvez entourer les plantes de jardin d'un grillage ou d'un filet. Certaines odeurs, comme celle des boules de naphtaline enfouies dans la terre, ont également un effet dissuasif. Toutefois, le moyen le plus efficace est encore de placer des gravillons pointus autour de vos précieuses plantes.

Le chat bagarreur
Il faut savoir qu'un chat entier se bat volontiers avec les chats rivaux, car son instinct le pousse à défendre son territoire contre les autres mâles à la recherche de femelles. Si votre chat n'est pas castré et que vous le laissiez en liberté, attendez-vous à ce qu'il rentre souvent couvert de blessures de guerre. Veillez à ce que les plaies ne s'infectent pas.

Remède *(ci-dessus)*
Un chat castré est moins agressif à l'égard des autres chats. Il aura sans doute un territoire plus petit à protéger, traînera moins et deviendra plus affectueux *(voir page 154)*.

LES COMPORTEMENTS INDÉSIRABLES

Le chat amateur de plantes vertes

Très nombreux sont les chats qui grignotent les feuilles des plantes d'appartement. Pour un chat d'intérieur, elles remplacent l'herbe, que tous les chats apprécient. Ne mettez pas de plantes toxiques chez vous *(voir page 167)*.

> **SON PETIT COIN**
>
> Quelques détails peuvent enrichir la vie du chat et améliorer son comportement. Tous les chats ont besoin d'un endroit calme où dormir.

Privé d'herbe, un chat d'appartement risque de s'en prendre à vos plantes.

Remède *(à droite)*

Vous pouvez protéger vos plantes en vaporisant du jus de citron dilué. Si cela ne marche pas, essayez de projeter de l'eau (pure) sur votre chat à l'aide d'un vaporisateur ou d'un pistolet chaque fois que vous le surprenez à l'œuvre.

Le chat griffeur de meubles

Un chat qui érafle les meubles ne se contente pas de se manucurer les griffes, il circonscrit ainsi son territoire à l'intention des autres félins. Plus le chat se sent enfermé, menacé, plus il aura tendance à marquer son domaine.

Remède *(à droite)*

Réfléchissez bien avant de choisir vos rideaux, tapis et fauteuils. Certains tissus comme la toile de jute présentent un attrait irrésistible pour les chats. Apprenez-leur à utiliser un griffoir *(voir page 36)*.

Rien de tel qu'un griffoir pour se faire les ongles.

LE CHAT INTROVERTI

Les chats sont des animaux réputés pour leur caractère indépendant, mais certains sont très timides et réservés. Généralement, leur éducation est à l'origine du problème. Un chaton doit être élevé dans un environnement stimulant aussi bien que rassurant. Il faut encourager sa curiosité et ses jeux avec d'autres chats. Un chaton qui n'a pas encore l'habitude d'être pris dans les bras ou qui est négligé par ses maîtres sera méfiant et craintif à l'âge adulte.

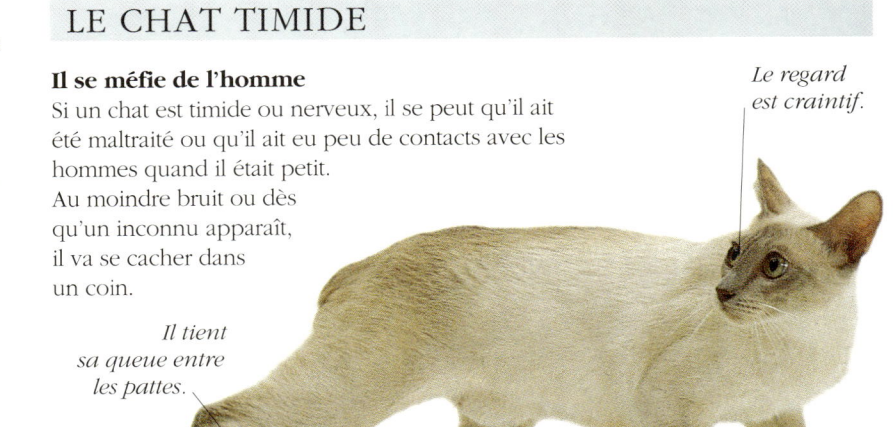

LE CHAT TIMIDE

Il se méfie de l'homme
Si un chat est timide ou nerveux, il se peut qu'il ait été maltraité ou qu'il ait eu peu de contacts avec les hommes quand il était petit. Au moindre bruit ou dès qu'un inconnu apparaît, il va se cacher dans un coin.

Le regard est craintif.

Il tient sa queue entre les pattes.

Il a besoin d'être rassuré *(ci-dessous)*
N'essayez jamais d'attraper un chat contre son gré, laissez-le venir à vous quand il en a envie. Il perçoit toute approche non désirée comme une agression. Rassurez-le en lui parlant tout doucement et, s'il se laisse faire, caressez-le délicatement. Il se sentira peut-être plus à l'aise sur une table et sera intimidé si vous restez debout. Évitez les gestes brusques ou les bruits forts. Ne laissez pas des personnes étrangères à la maison s'approcher tant qu'il n'est pas en confiance.

Un refuge sûr
Le chat timide a besoin d'un endroit calme où il peut s'isoler quand il est stressé. Une corbeille fermée l'aide parfois à surmonter sa nervosité.

LE CHAT DÉPENDANT

Les oreilles sont tendues vers l'avant et à l'écoute.

La bouche est ouverte. Ce chat est très bavard.

En mal d'affection
Il existe un autre introverti entièrement dépendant de son maître, qu'il suit partout en demandant à être rassuré. Un chat trop dépendant réclame constamment votre amour et votre attention. Il se met à gémir dès qu'il veut être pris dans vos bras ou qu'il a faim, ou parfois simplement pour vous rappeler qu'il est là.

Le corps est bien droit, cherchant à attirer l'attention.

Les amis sont bienvenus...
Un chat très dépendant peut souffrir de la solitude quand son maître n'est pas là. Donnez-lui un compagnon et encouragez-le à devenir autonome en le laissant sortir souvent. Il pourra ainsi explorer les alentours et voir d'autres chats.

... la compagnie aussi
La venue d'un chaton encouragera le chat dépendant à se montrer plus entreprenant et à moins attendre de ses maîtres qu'ils le divertissent. Le chaton est toujours un compagnon idéal pour un chat adulte qui passe beaucoup de temps seul à la maison. Il oubliera vite ennui et solitude. Plus le chaton sera jeune, mieux il sera accepté par l'adulte *(voir page 33)*.

Le Chat Extraverti

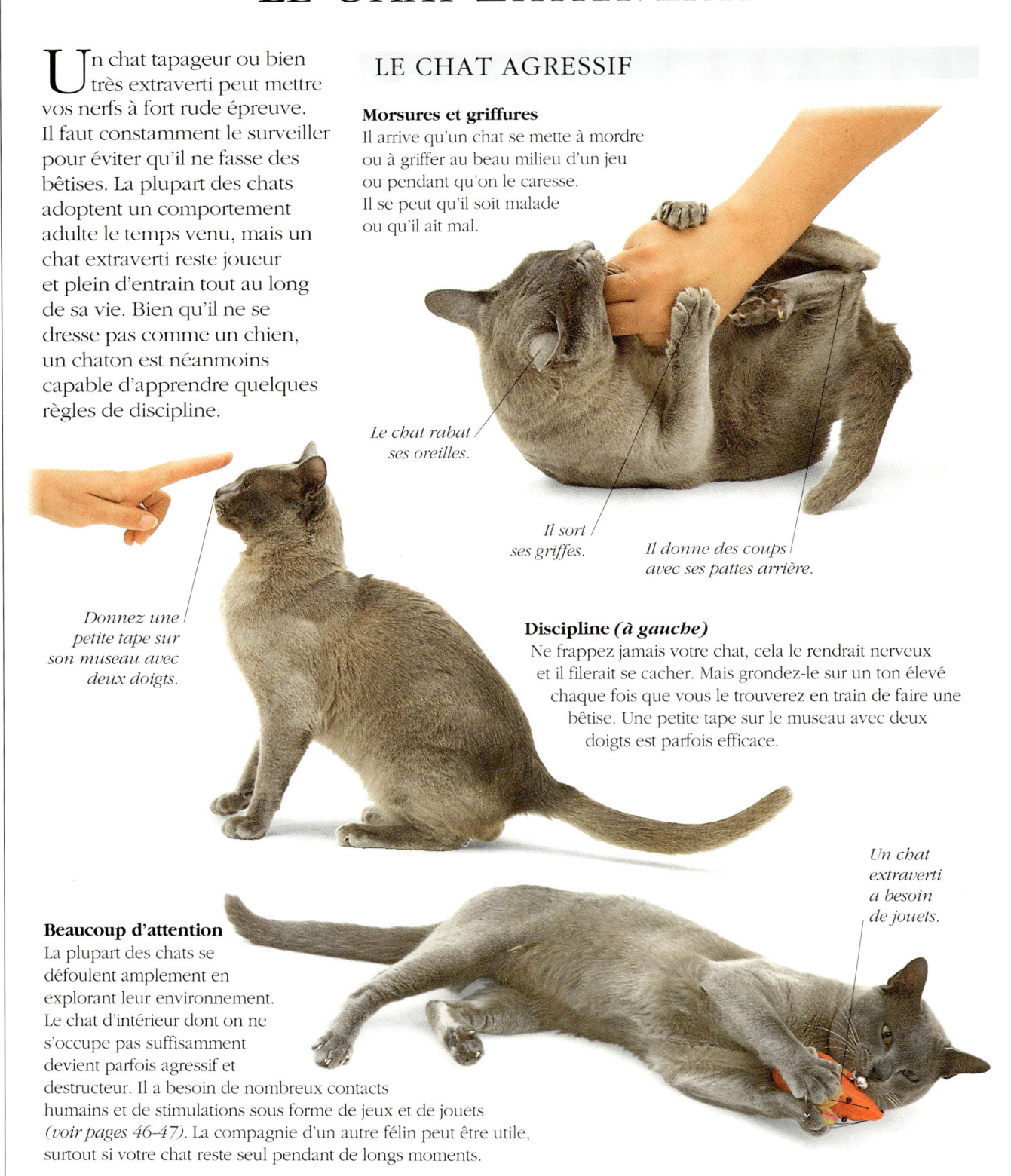

Un chat tapageur ou bien très extraverti peut mettre vos nerfs à fort rude épreuve. Il faut constamment le surveiller pour éviter qu'il ne fasse des bêtises. La plupart des chats adoptent un comportement adulte le temps venu, mais un chat extraverti reste joueur et plein d'entrain tout au long de sa vie. Bien qu'il ne se dresse pas comme un chien, un chaton est néanmoins capable d'apprendre quelques règles de discipline.

LE CHAT AGRESSIF

Morsures et griffures
Il arrive qu'un chat se mette à mordre ou à griffer au beau milieu d'un jeu ou pendant qu'on le caresse. Il se peut qu'il soit malade ou qu'il ait mal.

Le chat rabat ses oreilles.

Il sort ses griffes.

Il donne des coups avec ses pattes arrière.

Donnez une petite tape sur son museau avec deux doigts.

Discipline *(à gauche)*
Ne frappez jamais votre chat, cela le rendrait nerveux et il filerait se cacher. Mais grondez-le sur un ton élevé chaque fois que vous le trouverez en train de faire une bêtise. Une petite tape sur le museau avec deux doigts est parfois efficace.

Un chat extraverti a besoin de jouets.

Beaucoup d'attention
La plupart des chats se défoulent amplement en explorant leur environnement. Le chat d'intérieur dont on ne s'occupe pas suffisamment devient parfois agressif et destructeur. Il a besoin de nombreux contacts humains et de stimulations sous forme de jeux et de jouets *(voir pages 46-47)*. La compagnie d'un autre félin peut être utile, surtout si votre chat reste seul pendant de longs moments.

LE CHAT VAGABOND

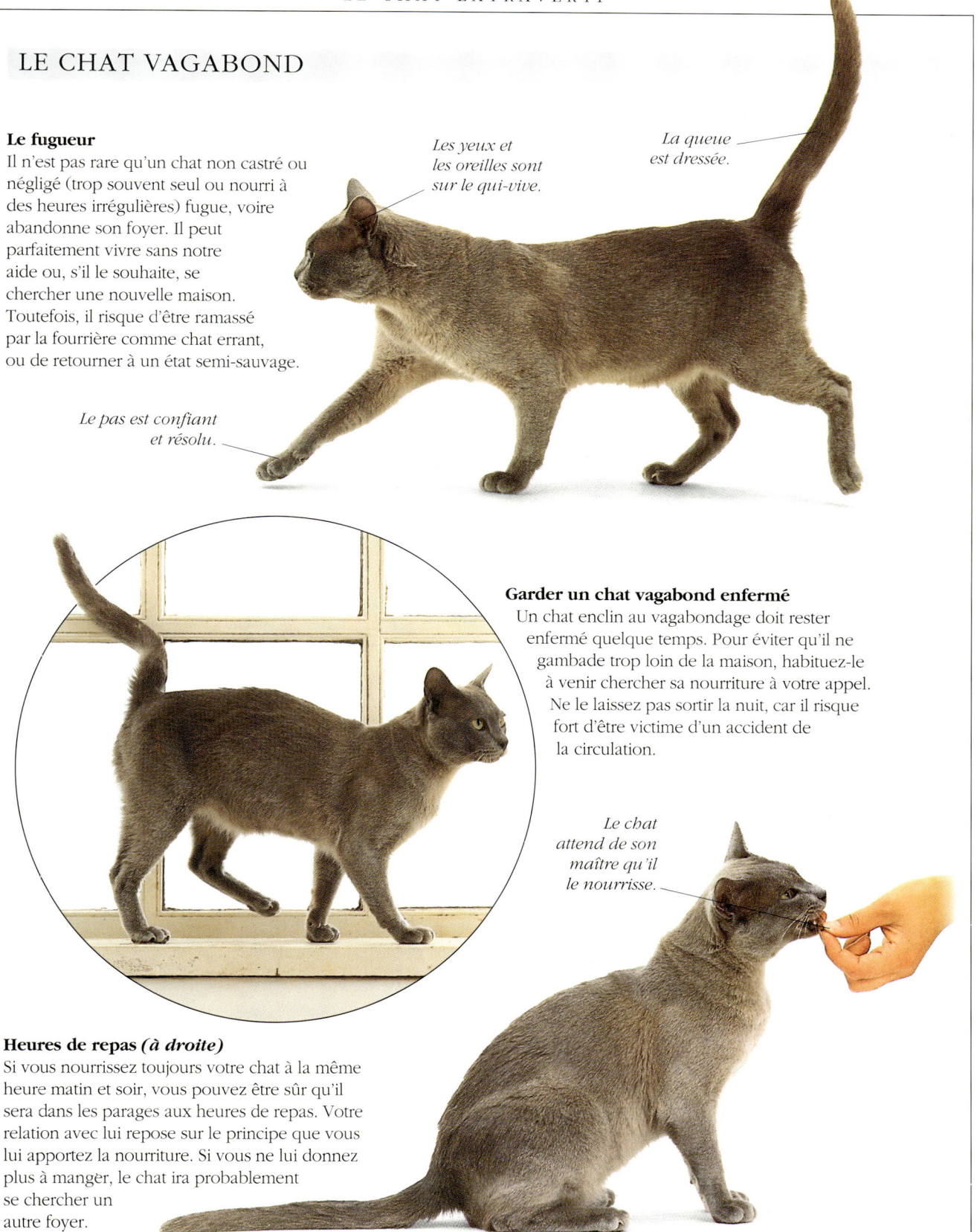

Le fugueur

Il n'est pas rare qu'un chat non castré ou négligé (trop souvent seul ou nourri à des heures irrégulières) fugue, voire abandonne son foyer. Il peut parfaitement vivre sans notre aide ou, s'il le souhaite, se chercher une nouvelle maison. Toutefois, il risque d'être ramassé par la fourrière comme chat errant, ou de retourner à un état semi-sauvage.

Les yeux et les oreilles sont sur le qui-vive.

La queue est dressée.

Le pas est confiant et résolu.

Garder un chat vagabond enfermé

Un chat enclin au vagabondage doit rester enfermé quelque temps. Pour éviter qu'il ne gambade trop loin de la maison, habituez-le à venir chercher sa nourriture à votre appel. Ne le laissez pas sortir la nuit, car il risque fort d'être victime d'un accident de la circulation.

Le chat attend de son maître qu'il le nourrisse.

Heures de repas *(à droite)*

Si vous nourrissez toujours votre chat à la même heure matin et soir, vous pouvez être sûr qu'il sera dans les parages aux heures de repas. Votre relation avec lui repose sur le principe que vous lui apportez la nourriture. Si vous ne lui donnez plus à manger, le chat ira probablement se chercher un autre foyer.

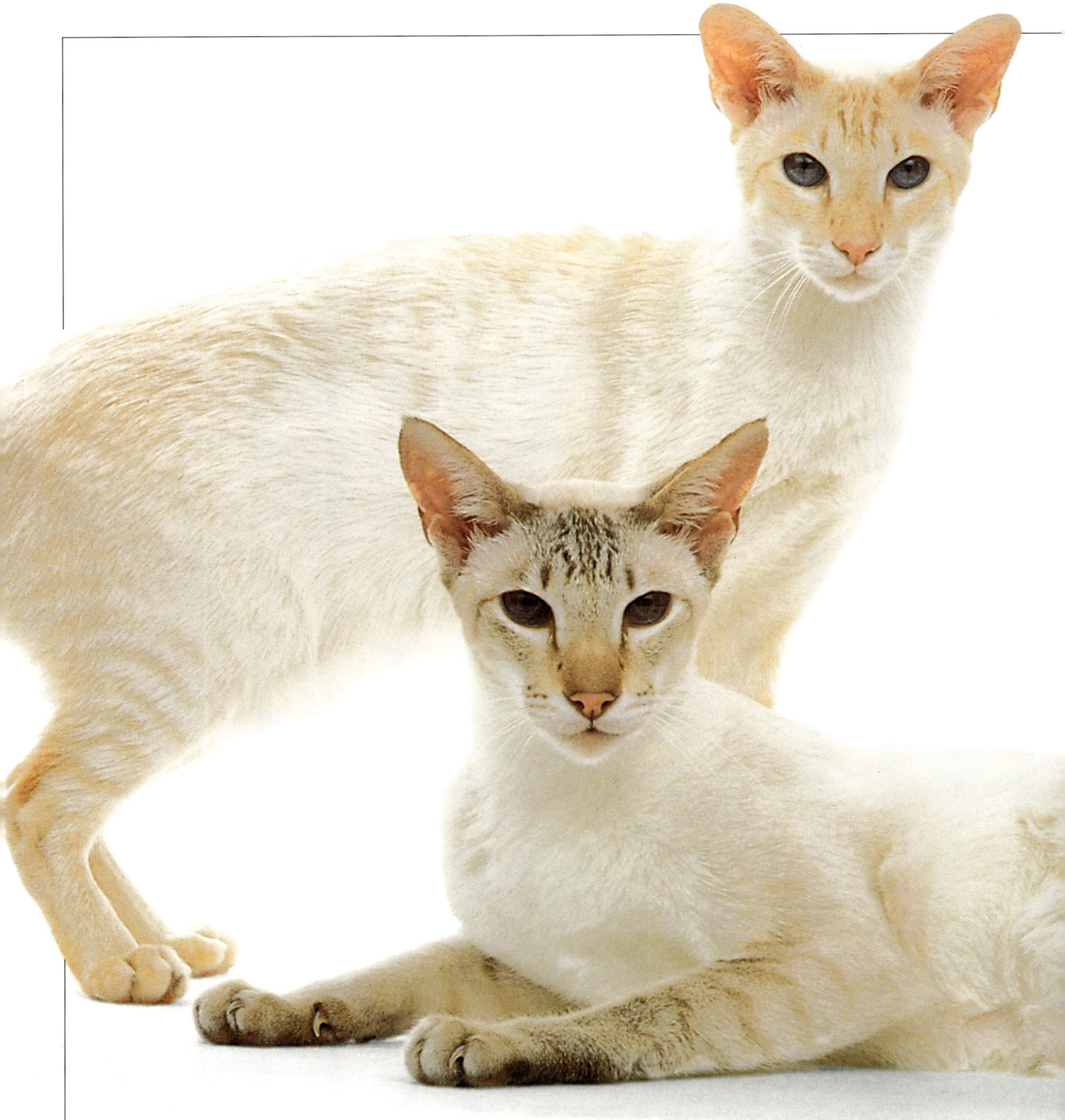

Chapitre 6
LA SANTÉ

En accueillant un chat chez vous, vous devenez responsable de sa santé. Il vous faut apprendre à surveiller attentivement son état de santé, afin d'être en mesure de reconnaître les premiers signes de maladie. En général, les troubles des yeux, des oreilles et de la peau sont assez faciles à détecter. Votre vétérinaire, pour sa part, est là pour le vacciner, faire des contrôles réguliers et prescrire des traitements appropriés en cas de maladie. Si vous observez des changements dans l'aspect physique ou le comportement de votre animal, contactez votre praticien sans tarder.

LA SANTÉ

Un Chat en Bonne Santé

Un chat en pleine forme se reconnaît. Confiant, alerte, il réagit promptement à tout ce qui se passe autour de lui, et cela même quand il semble somnoler tranquillement. On peut essayer d'évaluer certains aspects de son état de santé en l'examinant régulièrement *(voir pages 96-97)* et en observant attentivement son comportement. Cette vigilance constante vous permettra de relever de façon précoce tout signe ou symptôme important.

Il vaut mieux examiner votre chat quand il est détendu et, si possible, sans qu'il s'en rende compte. Si vous connaissez bien les éléments à passer en revue, une rapide inspection au moment de sa toilette ou quand il est sur vos genoux devrait vous permettre de vous faire une idée de son état de santé.

Le comportement d'un chat est un bon indicateur de sa forme. Si vous remarquez des changements tels qu'une perte d'appétit, une réduction trop importante de son activité ou encore une certaine apathie, n'hésitez pas à consulter votre vétérinaire. Si un point bien particulier vous tracasse ou si votre chat semble se conduire d'une façon inhabituelle, vous pouvez d'abord téléphoner au cabinet du praticien pour voir si vos soupçons justifient une consultation.

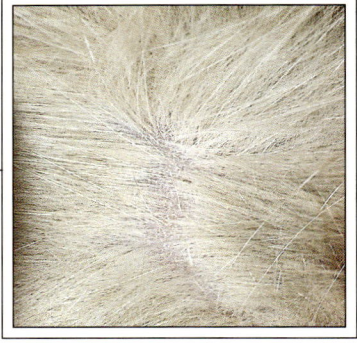

Peau et fourrure
La fourrure du chat doit être lisse, brillante et souple au toucher. La peau ne doit pas comporter de griffures ni de plaies. Il ne doit pas y avoir de traces de puces ni de régions dépilées.

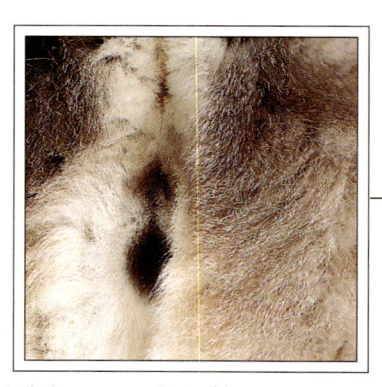

Région ano-génitale
Le chat la garde soigneusement propre. Il ne doit pas y avoir de traces d'irritation ou de diarrhée.

Un chat en pleine forme
Un chat bien portant a bon appétit et peut se montrer très actif par moments, se déplaçant avec grâce et agilité. Il se toilette régulièrement et accepte volontiers d'être caressé et pris dans les bras.

UN CHAT EN BONNE SANTÉ

Oreilles
Si l'intérieur du pavillon se salit facilement, il convient de le nettoyer délicatement une fois par semaine *(voir page 69)*. Il doit être bien rose, sans traces d'écoulement ni accumulation de cérumen brunâtre. Si le vétérinaire a prescrit des nettoyages avec des Cotons-tiges, faites-les avec douceur.

Yeux
Les yeux du chat doivent être clairs et propres, sans écoulement. Si la troisième paupière est visible, parlez-en à votre vétérinaire.

Narines
Le museau du chat doit être doux, velouté et légèrement humide au toucher. Il ne doit pas y avoir de traces de sécrétions, ni de croûtes dans les narines. Consultez un vétérinaire si votre chat éternue sans arrêt, car cela révèle parfois la présence d'un virus respiratoire.

Bouche et dents
Grâce à un brossage régulier, votre chat gardera des dents propres et une haleine inodore. Vérifiez qu'il n'a pas de dents cassées. Ses gencives doivent être rose clair et ne présenter aucune inflammation.

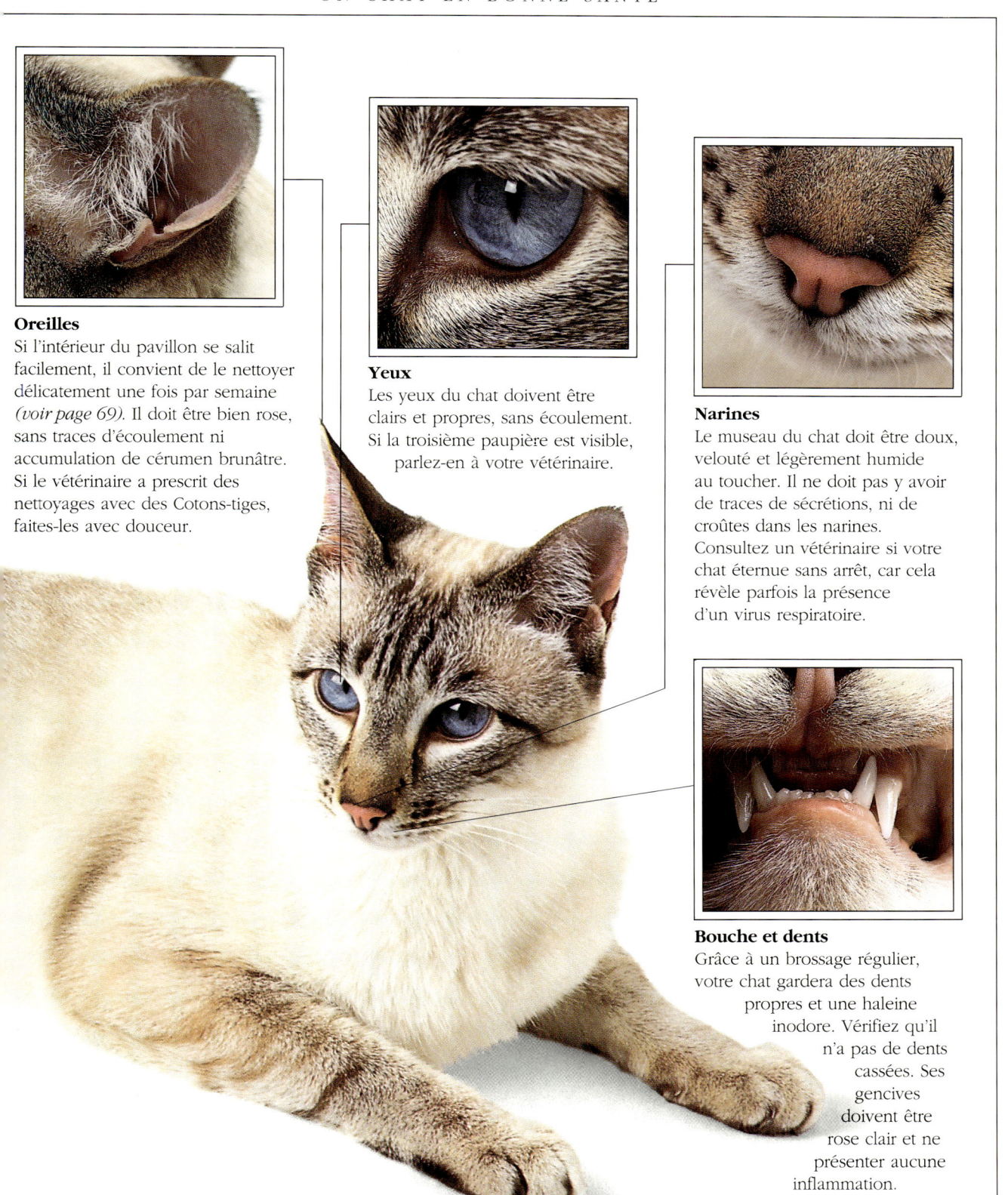

LES SIGNES DE MAUVAISE SANTÉ

Les symptômes décrits ici s'accompagnent parfois de très nets changements du comportement, signes souvent révélateurs d'un trouble. Votre chat peut dormir sans arrêt, boire plus qu'à l'accoutumée, rechigner à sortir ou manquer d'appétit. S'il souffre, il peut se montrer très agité, crier ou chercher à se cacher. Vous aiderez le vétérinaire à établir son diagnostic en lui précisant à quel moment les premiers signes de mauvaise santé sont apparus.

TROUBLES OCULAIRES
(voir page 105)
- Écoulement des yeux
- Inflammation de la paupière
- Changement de couleur de l'œil
- Grande sensibilité à la lumière
- Troisième paupière visible
- Problèmes de vision

TROUBLES AURICULAIRES
(voir page 107)
- Écoulement de l'oreille
- Cérumen brunâtre dans l'oreille
- Grattage ou frottement incessant des oreilles
- Le chat secoue la tête sans arrêt ou la penche sur le côté
- Gonflement du pavillon
- Problèmes d'audition

TROUBLES RESPIRATOIRES
(voir page 109)
- Respiration difficile
- Éternuements répétés
- Toux persistante
- Écoulement des yeux et des narines
- Fièvre

TROUBLES BUCCAUX ET DENTAIRES
(voir page 115)
- Bave et coups de patte sur la bouche
- Inflammation des gencives
- Dent manquante, branlante ou cassée
- Mauvaise haleine
- Difficultés pour s'alimenter
- Perte d'appétit

Quand appeler un vétérinaire
Si votre chat semble souffrir ou est manifestement blessé, appelez immédiatement un vétérinaire. Conservez son numéro de téléphone dans un endroit bien en vue, cela vous sera très utile en cas d'urgence.

PARASITES DE LA PEAU
(voir page 103)
- Grattement continu
- Perte de poils
- Toilettage excessif
- Mordillement de la peau et de la fourrure
- Traces de parasites dans la fourrure

TROUBLES DIGESTIFS
(voir page 111)
- Vomissements répétés
- Diarrhée persistante
- Perte d'appétit
- Sang dans les fèces ou les vomissures
- Constipation persistante

LES SIGNES DE MAUVAISE SANTÉ

TROUBLES NERVEUX
(voir page 121)
- Convulsions, crises d'épilepsie
- Spasmes musculaires et tremblements
- Paralysie partielle ou complète
- Titubation
- Irritation aiguë de la peau

TROUBLES DE LA PEAU ET DU POIL *(voir page 101)*
- Prurit persistant
- Léchage et toilettage excessifs
- Mordillement de la peau et de la fourrure
- Gonflement sous la peau
- Zones dépilées sur le corps
- Perte excessive de poils

TROUBLES DE LA CIRCULATION ET DU CŒUR *(voir page 123)*
- Évanouissements
- Coloration bleuâtre des gencives
- Difficultés respiratoires
- Abattement
- Toux

TROUBLES DE LA REPRODUCTION
(voir page 117)
- Échecs d'accouplement et accouplements inféconds
- Saignement des organes génitaux
- Écoulement anormal de la vulve
- Gonflement des testicules
- Glandes mammaires gonflées (en dehors de la gestation)

PARASITES INTERNES
(voir page 113)
- Vers apparaissant dans les selles
- Diarrhée persistante
- « Grains » blancs visibles autour de l'anus
- Léchage et frottement de l'arrière-train
- Abdomen gonflé
- Amaigrissement

TROUBLES URINAIRES
(voir page 119)
- Miction difficile
- Miction anormale ou incontinence
- Urines troubles ou avec traces de sang
- Soif excessive
- Léchage persistant des organes génitaux

TROUBLES OSSEUX, MUSCULAIRES ET ARTICULAIRES
(voir page 99)
- Boiterie
- Gonflement autour de la région atteinte
- Région atteinte molle au toucher
- Refus de marcher ou de sauter
- Démarche anormale

TABLEAU DIAGNOSTIQUE

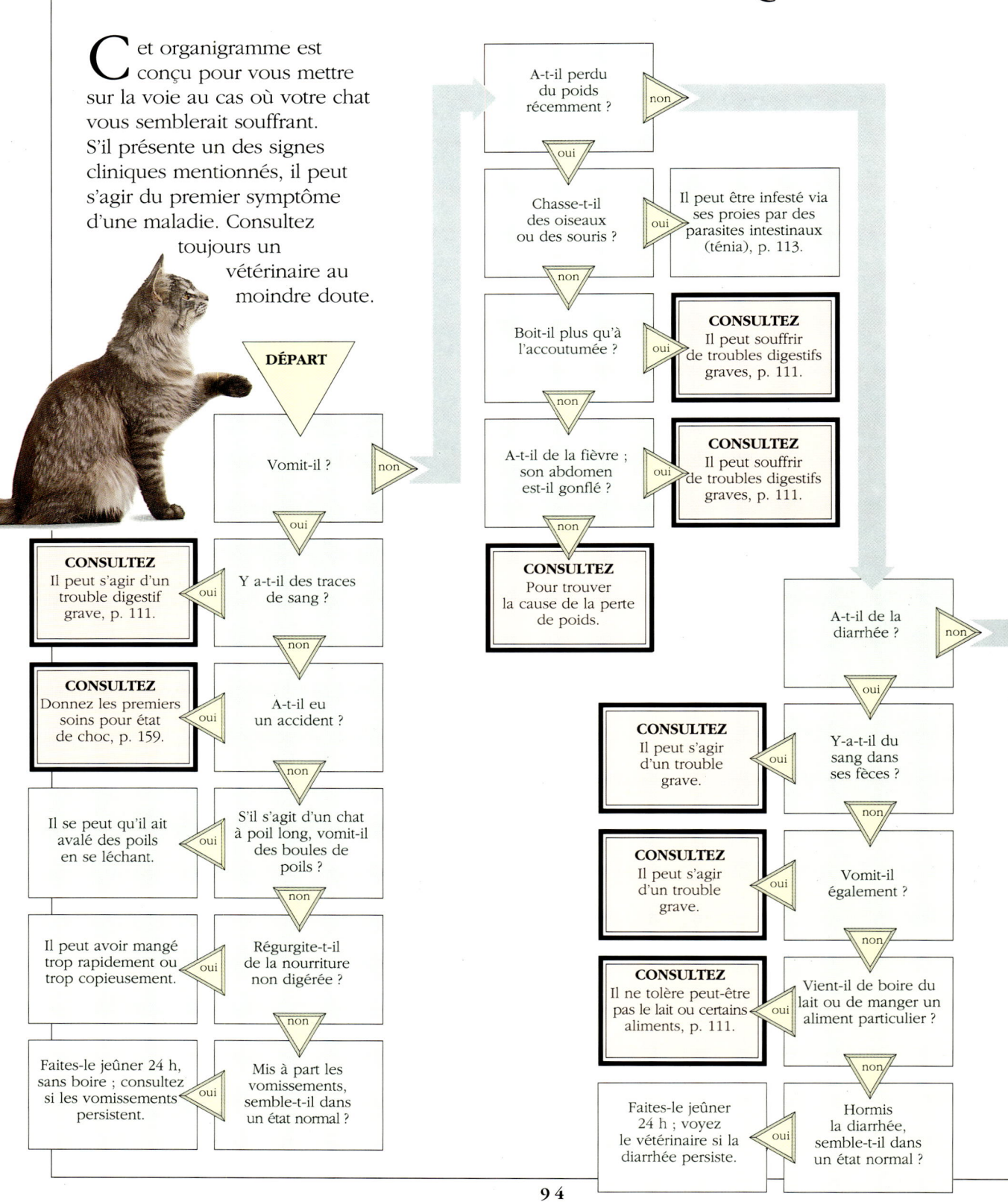

Cet organigramme est conçu pour vous mettre sur la voie au cas où votre chat vous semblerait souffrant. S'il présente un des signes cliniques mentionnés, il peut s'agir du premier symptôme d'une maladie. Consultez toujours un vétérinaire au moindre doute.

DÉPART

Vomit-il ?
- **non** → **A-t-il perdu du poids récemment ?**
  - **non** → **A-t-il de la diarrhée ?**
    - **non** → (suite)
    - **oui** → **Y-a-t-il du sang dans ses fèces ?**
      - **oui** → **CONSULTEZ** Il peut s'agir d'un trouble grave.
      - **non** → **Vomit-il également ?**
        - **oui** → **CONSULTEZ** Il peut s'agir d'un trouble grave.
        - **non** → **Vient-il de boire du lait ou de manger un aliment particulier ?**
          - **oui** → **CONSULTEZ** Il ne tolère peut-être pas le lait ou certains aliments, p. 111.
          - **non** → **Hormis la diarrhée, semble-t-il dans un état normal ?**
            - **oui** → Faites-le jeûner 24 h ; voyez le vétérinaire si la diarrhée persiste.
  - **oui** → **Chasse-t-il des oiseaux ou des souris ?**
    - **oui** → Il peut être infesté via ses proies par des parasites intestinaux (ténia), p. 113.
    - **non** → **Boit-il plus qu'à l'accoutumée ?**
      - **oui** → **CONSULTEZ** Il peut souffrir de troubles digestifs graves, p. 111.
      - **non** → **A-t-il de la fièvre ; son abdomen est-il gonflé ?**
        - **oui** → **CONSULTEZ** Il peut souffrir de troubles digestifs graves, p. 111.
        - **non** → **CONSULTEZ** Pour trouver la cause de la perte de poids.
- **oui** → **Y a-t-il des traces de sang ?**
  - **oui** → **CONSULTEZ** Il peut s'agir d'un trouble digestif grave, p. 111.
  - **non** → **A-t-il eu un accident ?**
    - **oui** → **CONSULTEZ** Donnez les premiers soins pour état de choc, p. 159.
    - **non** → **S'il s'agit d'un chat à poil long, vomit-il des boules de poils ?**
      - **oui** → Il se peut qu'il ait avalé des poils en se léchant.
      - **non** → **Régurgite-t-il de la nourriture non digérée ?**
        - **oui** → Il peut avoir mangé trop rapidement ou trop copieusement.
        - **non** → **Mis à part les vomissements, semble-t-il dans un état normal ?**
          - **oui** → Faites-le jeûner 24 h, sans boire ; consultez si les vomissements persistent.

TABLEAU DIAGNOSTIQUE

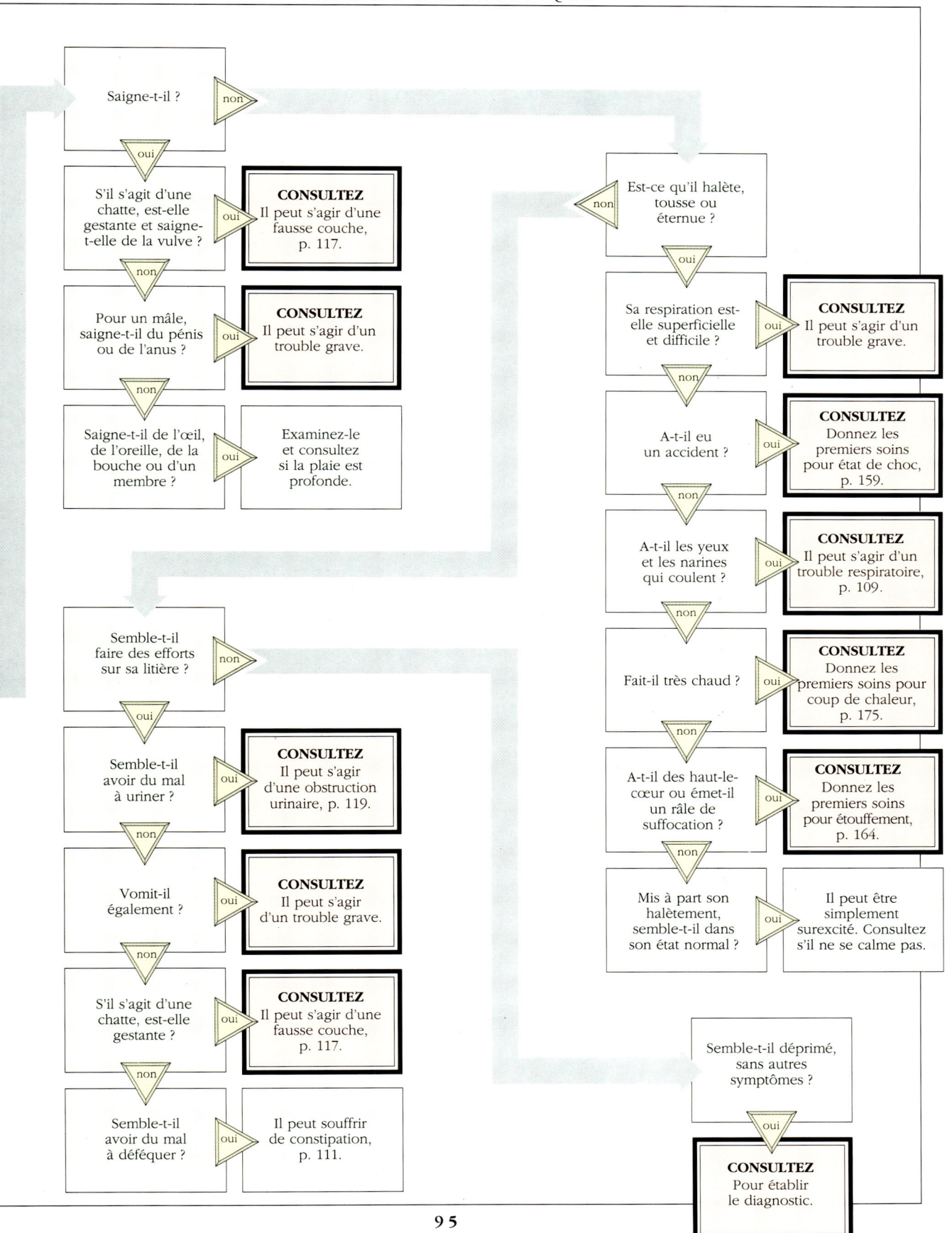

Saigne-t-il ?
- non → (continue vers la droite)
- oui → **S'il s'agit d'une chatte, est-elle gestante et saigne-t-elle de la vulve ?**
  - oui → **CONSULTEZ** Il peut s'agir d'une fausse couche, p. 117.
  - non → **Pour un mâle, saigne-t-il du pénis ou de l'anus ?**
    - oui → **CONSULTEZ** Il peut s'agir d'un trouble grave.
    - non → **Saigne-t-il de l'œil, de l'oreille, de la bouche ou d'un membre ?**
      - oui → Examinez-le et consultez si la plaie est profonde.

Semble-t-il faire des efforts sur sa litière ?
- non → (continue)
- oui → **Semble-t-il avoir du mal à uriner ?**
  - oui → **CONSULTEZ** Il peut s'agir d'une obstruction urinaire, p. 119.
  - non → **Vomit-il également ?**
    - oui → **CONSULTEZ** Il peut s'agir d'un trouble grave.
    - non → **S'il s'agit d'une chatte, est-elle gestante ?**
      - oui → **CONSULTEZ** Il peut s'agir d'une fausse couche, p. 117.
      - non → **Semble-t-il avoir du mal à déféquer ?**
        - oui → Il peut souffrir de constipation, p. 111.

Est-ce qu'il halète, tousse ou éternue ?
- non → (continue)
- oui → **Sa respiration est-elle superficielle et difficile ?**
  - oui → **CONSULTEZ** Il peut s'agir d'un trouble grave.
  - non → **A-t-il eu un accident ?**
    - oui → **CONSULTEZ** Donnez les premiers soins pour état de choc, p. 159.
    - non → **A-t-il les yeux et les narines qui coulent ?**
      - oui → **CONSULTEZ** Il peut s'agir d'un trouble respiratoire, p. 109.
      - non → **Fait-il très chaud ?**
        - oui → **CONSULTEZ** Donnez les premiers soins pour coup de chaleur, p. 175.
        - non → **A-t-il des haut-le-cœur ou émet-il un râle de suffocation ?**
          - oui → **CONSULTEZ** Donnez les premiers soins pour étouffement, p. 164.
          - non → **Mis à part son halètement, semble-t-il dans son état normal ?**
            - oui → Il peut être simplement surexcité. Consultez s'il ne se calme pas.

Semble-t-il déprimé, sans autres symptômes ?
- oui → **CONSULTEZ** Pour établir le diagnostic.

95

L'Examen du Chat

Si votre chat vous semble mal en point, une petite inspection de routine de ses fonctions organiques vous aidera à évaluer son état. Habituez-le dès son plus jeune âge à être manipulé de la sorte, car cet examen vous permet, d'une part, de donner à votre vétérinaire des informations détaillées sur tous les signes inhabituels que vous aurez remarqués et, d'autre part, de détecter précocement un éventuel trouble. Et puis, cela renforce les liens entre vous et votre animal.

Pendant l'examen, montrez-vous doux et ferme à la fois. Parlez-lui pour le rassurer. Les techniques présentées ne sont pas difficiles mais requièrent une certaine compréhension du comportement félin et un peu de pratique.

POUR PRENDRE LE POULS

1 Placez le chat sur une table ou sur une surface surélevée. Aidez-le à se calmer et à se détendre en lui parlant doucement.

2 Le pouls est particulièrement perceptible à l'intérieur du haut de la cuisse. Comptez les battements pendant une minute. Répétez l'opération au moins une fois.

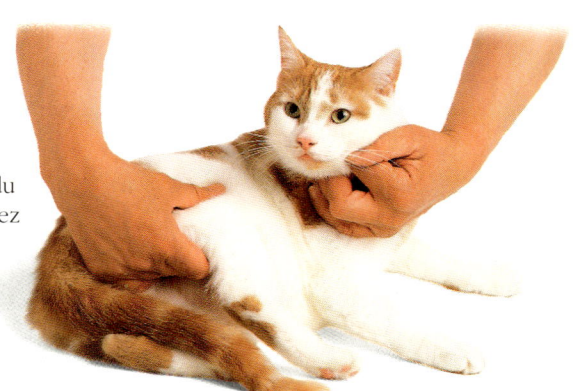

POUR PRENDRE LA TEMPÉRATURE

1 Secouez le thermomètre et lubrifiez-le avec de la vaseline. Relevez la queue du chat et introduisez le thermomètre.

2 Maintenez le thermomètre dans le rectum pendant une minute au moins. Retirez-le, puis essuyez-le avant de le lire.

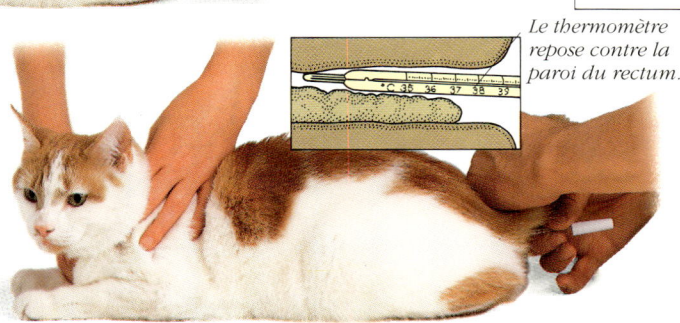

Le thermomètre repose contre la paroi du rectum.

COMMENT LIRE UN THERMOMÈTRE

38-39 °C
La température d'un chat en bonne santé varie entre 38 et 39 °C.

VALEURS NORMALES

Voici les valeurs normales du pouls, de la température et de la respiration :
pouls : 160-240 par minute ;
température : 38-39 °C ;
respiration : 20-30 par minute.

L'EXAMEN DES FONCTIONS ORGANIQUES

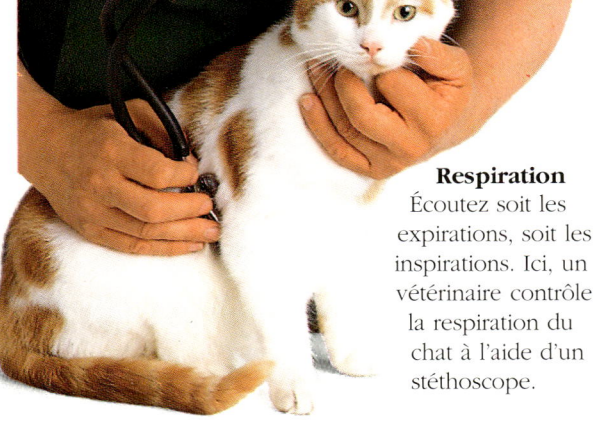

Respiration
Écoutez soit les expirations, soit les inspirations. Ici, un vétérinaire contrôle la respiration du chat à l'aide d'un stéthoscope.

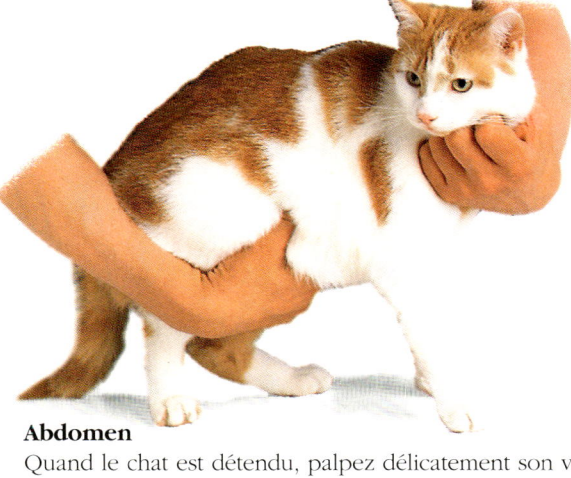

Abdomen
Quand le chat est détendu, palpez délicatement son ventre à la recherche de régions douloureuses. Procédez très doucement car, s'il a mal, le chat peut se débattre.

Oreilles
Inspectez l'intérieur sans rien y introduire. Examinez le pavillon à la recherche de griffures, d'inflammation ou de cérumen brunâtre, qui peut être un signe de gale des oreilles.

Yeux
Cherchez toute trace d'écoulement, d'inflammation ou de blessures. N'administrez jamais des gouttes sans avoir préalablement demandé l'avis d'un vétérinaire. Ne touchez pas au globe oculaire.

Bouche
Ouvrez la bouche du chat et vérifiez qu'il n'a pas de dents cassées, de gencives enflammées ou de dépôts dentaires nécessitant un détartrage.

Griffes
Une légère pression sur la patte lui fera sortir ses griffes. Vérifiez qu'il n'y en a pas de cassées ou de manquantes et que la fine couche de peau entre les coussinets n'est pas écorchée.

OS, MUSCLES ET ARTICULATIONS

Le chat doit son agilité et son élégance innée à la conformation de son squelette, à la qualité de ses articulations et de ses muscles. Il est très rarement victime de troubles musculaires ; cependant, certains sujets âgés peuvent souffrir d'usure des articulations et boiter. Les problèmes les plus sérieux sont les fractures, les luxations et les plaies dues aux bagarres. Consultez un vétérinaire en cas de blessure sévère, car il se peut que votre chat ait subi un choc grave.

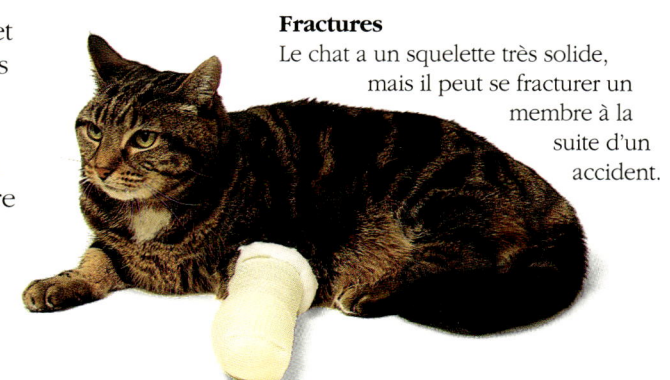

Fractures
Le chat a un squelette très solide, mais il peut se fracturer un membre à la suite d'un accident.

LE SQUELETTE FÉLIN

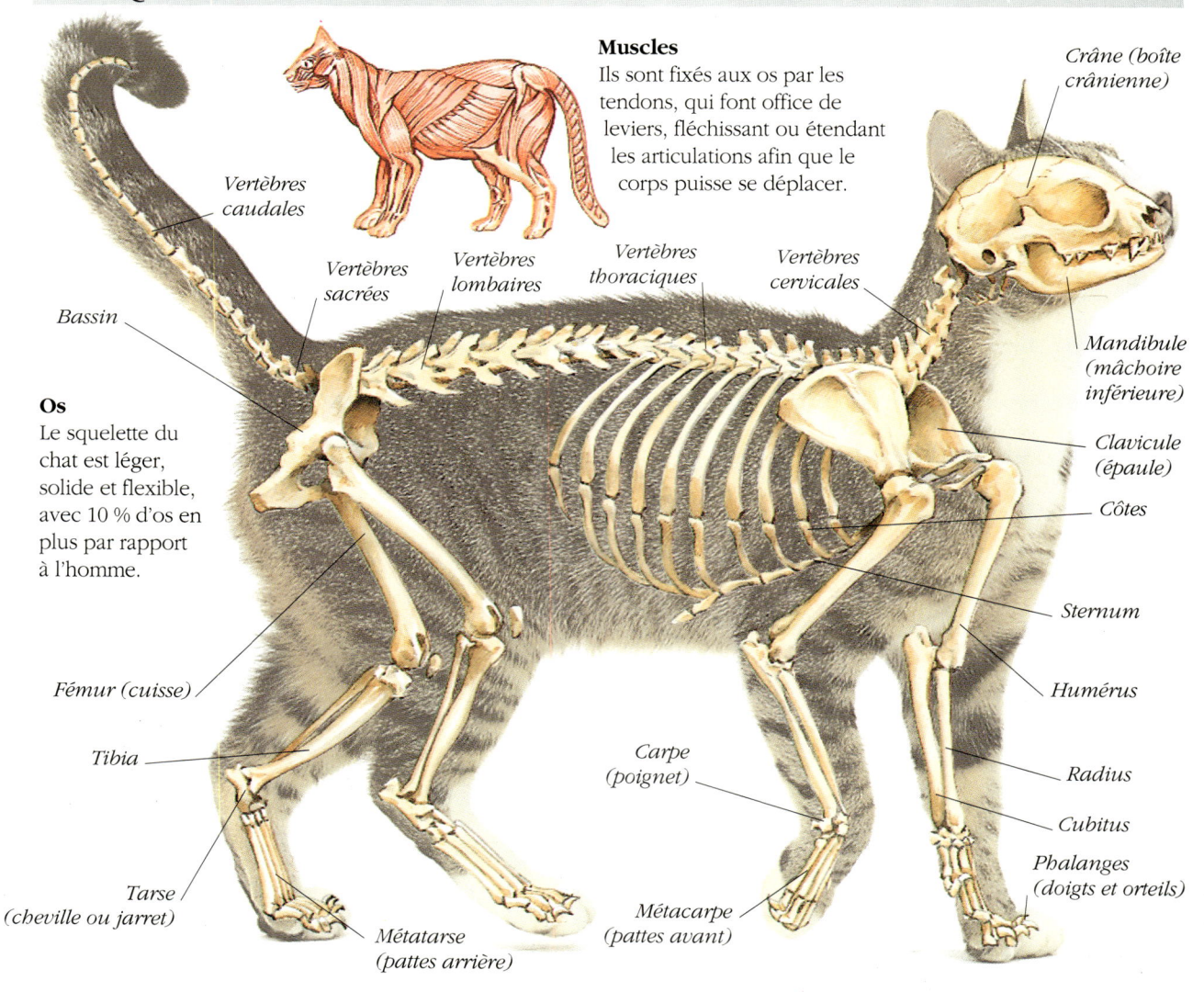

Muscles
Ils sont fixés aux os par les tendons, qui font office de leviers, fléchissant ou étendant les articulations afin que le corps puisse se déplacer.

Vertèbres caudales

Vertèbres sacrées

Vertèbres lombaires

Vertèbres thoraciques

Vertèbres cervicales

Crâne (boîte crânienne)

Mandibule (mâchoire inférieure)

Clavicule (épaule)

Côtes

Sternum

Humérus

Radius

Cubitus

Phalanges (doigts et orteils)

Bassin

Os
Le squelette du chat est léger, solide et flexible, avec 10 % d'os en plus par rapport à l'homme.

Fémur (cuisse)

Tibia

Tarse (cheville ou jarret)

Métatarse (pattes arrière)

Carpe (poignet)

Métacarpe (pattes avant)

AFFECTIONS OSSEUSES, MUSCULAIRES ET ARTICULAIRES

Affection	Description et symptômes	Que faire ?
Fractures	La plupart sont dues à des accidents de la circulation ou à de mauvaises chutes. On les classe selon leur gravité. Dans les fractures « simples », l'os ne déchire pas la peau, alors que dans les fractures « ouvertes », l'os ressort. Elles s'associent à un état de choc, des pertes de sang et des blessures internes.	Consultez immédiatement un vétérinaire, qui immobilisera l'os brisé. Ne tentez pas de poser vous-même une attelle (*voir page 161*).
Luxation	Elle peut être due, par exemple, à une chute. La hanche est l'articulation la plus concernée. Il y a une douleur soudaine, avec difficulté de porter le poids du corps du côté luxé.	Le vétérinaire doit opérer d'urgence : il remet l'articulation en place sous anesthésie générale.
Infection osseuse	Une blessure profonde, de type morsure, peut s'infecter, et l'infection s'étendre à l'os. Les symptômes sont : boiterie, fièvre, gonflement et, parfois, suppuration.	S'il s'agit d'une morsure grave, le vétérinaire prescrit des antibiotiques pour prévenir toute infection.
Hypominéralisation	On la constate chez les chatons nourris exclusivement de viande (développement osseux insuffisant, donc arrêt de la croissance) et chez certains chats âgés.	Il faut revoir le menu du chat. Un complément minéral peut être nécessaire.
Excès de vitamines	Un régime trop riche en vitamine A ou D ainsi qu'un abus de complément vitaminique entraînent parfois des déformations de la colonne vertébrale.	Le régime doit être corrigé au plus tôt. Ne donnez pas de complément vitaminique sans l'avis d'un vétérinaire.
Fente palatine	Cette malformation congénitale est due à l'absence de soudure des os durs du palais (*voir page 115*).	On peut parfois corriger ce défaut par la chirurgie.
Arthrite et arthrose	L'arthrite apparaît à la suite d'une infection articulaire, d'une luxation ou d'un traumatisme. L'arthrose est due à une dégénérescence du cartilage liée au vieillissement. Dans les deux cas, il y a douleurs, raideur des articulations et boiterie.	Consultez un vétérinaire dès que vous remarquez que votre chat boite. Il prescrira peut-être des anti-inflammatoires.
Entorses	Bien que les troubles musculaires soient rares, les entorses se produisent parfois quand un tendon ou un ligament est trop étiré. Il y a gonflement et boiterie passagère.	Si le membre enfle, consultez immédiatement un vétérinaire. Appliquez des compresses froides.

FRACTURES

Quand un os se brise, les tissus environnants risquent d'être endommagés. Le chat peut alors être dans un état de choc grave. Le membre fracturé est enflé et très douloureux, du fait du saignement interne et de l'œdème. L'os doit alors être immobilisé jusqu'à complète guérison.

Les chats ne sont pas difficiles à soigner car ils tolèrent relativement bien de rester dans une cage-hôpital et supportent bien les plâtres et les broches. Même quand un membre doit être amputé, le chat apprend assez vite à se déplacer sur trois pattes.

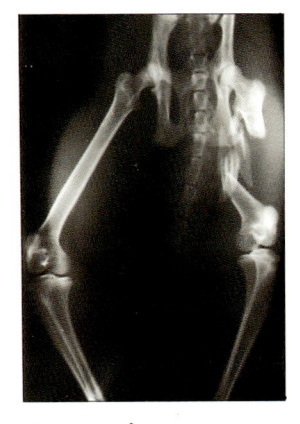

Avant traitement
La radiographie ci-dessus montre une fracture du fémur. On peut réparer l'os, bien qu'il soit en plusieurs morceaux.

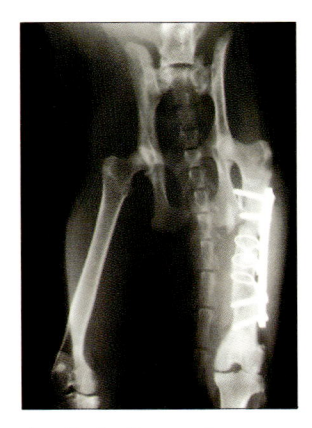

Après traitement
Grâce à la chirurgie, les fragments osseux ont été réalignés et immobilisés. Il faut, cependant, compter plusieurs semaines de convalescence.

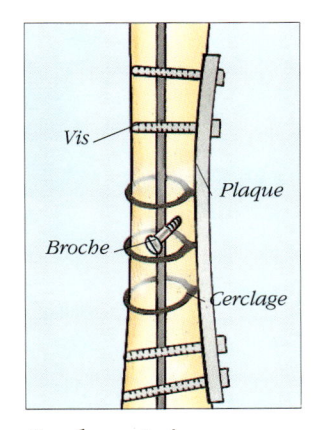

Cerclage et vis
Les fragments osseux sont remis en place puis sont immobilisés à l'aide d'un cerclage, d'une plaque et de quelques vis ou broches (en métal).

LA SANTÉ

Peau et Pelage

Il existe deux types de ces affections : parasitaires et non parasitaires. Les parasites externes – teigne, puces, poux et tiques – sont très fréquents *(voir pages 102-103)*. Parmi les pathologies non parasitaires, on compte les dermatites, l'acné féline, les tumeurs et les abcès consécutifs à des plaies. La plupart de ces affections ne sont pas contagieuses, sauf la teigne, transmissible aux chats et à l'homme. Les signes les plus fréquents des maladies cutanées sont l'inflammation, l'irritation et la chute brutale de poils. Les altérations de la peau et de la fourrure peuvent, dans certains cas, indiquer une maladie grave. Si le chat cesse de se toiletter, cela peut être un signe avant-coureur de mauvaise santé.

Toilette soigneuse
Une toilette méticuleuse réduit les problèmes de peau et de poil.

L'ANATOMIE DE LA PEAU

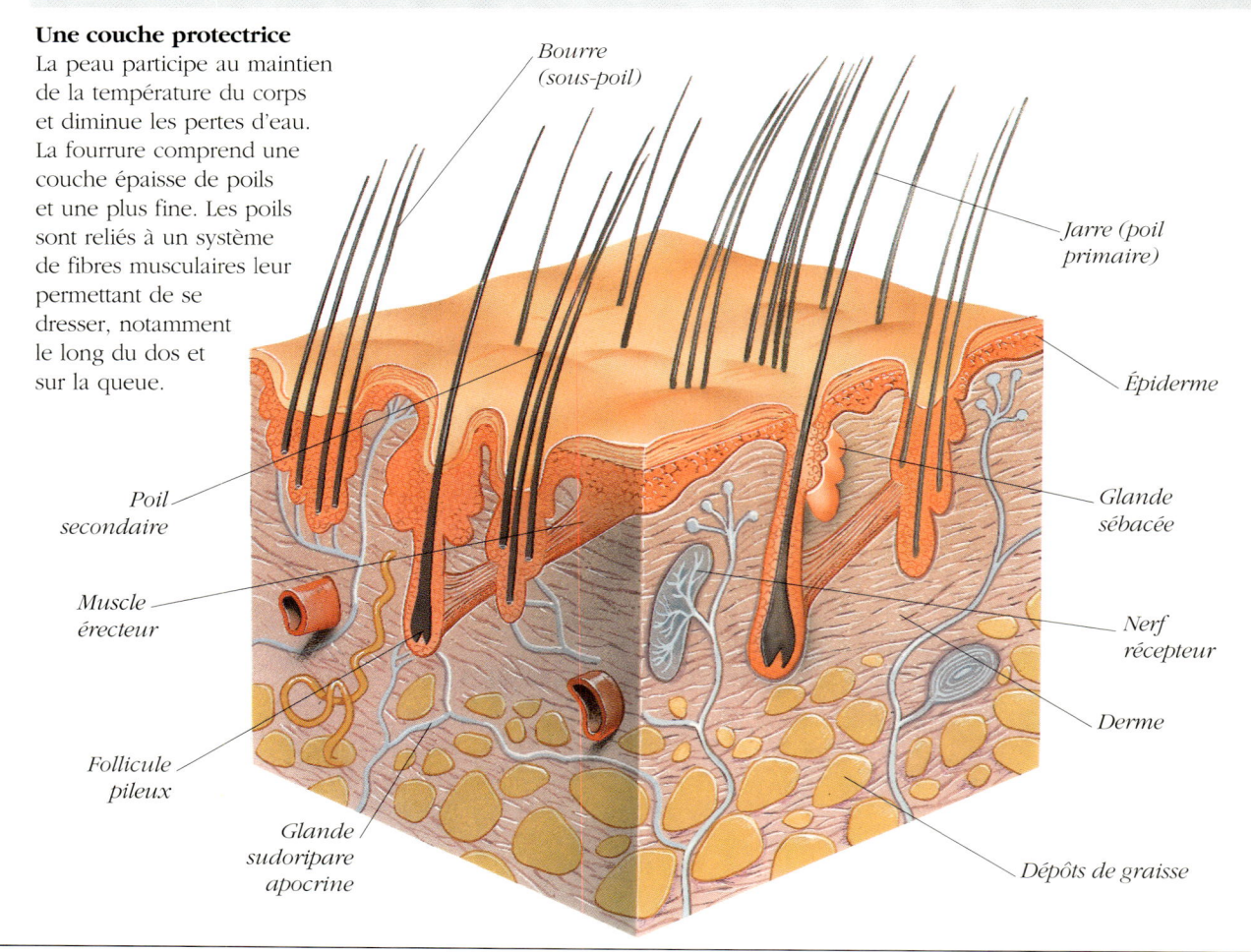

Une couche protectrice
La peau participe au maintien de la température du corps et diminue les pertes d'eau. La fourrure comprend une couche épaisse de poils et une plus fine. Les poils sont reliés à un système de fibres musculaires leur permettant de se dresser, notamment le long du dos et sur la queue.

Bourre (sous-poil)

Jarre (poil primaire)

Épiderme

Glande sébacée

Poil secondaire

Muscle érecteur

Nerf récepteur

Derme

Follicule pileux

Glande sudoripare apocrine

Dépôts de graisse

AFFECTIONS DE LA PEAU ET DU PELAGE

Affection	Description et symptômes	Que faire ?
Abcès	Gonflement douloureux qui s'infecte et se remplit de pus. Il est généralement consécutif à une blessure (voir page 169). Les régions les plus souvent atteintes sont la face et la base de la queue.	Consultez un vétérinaire si votre chat a été mordu. La plaie peut s'infecter et nécessiter un traitement.
Dermatites non parasitaires	Ce sont plusieurs maladies de la peau pouvant entraîner une inflammation et une infection. Les dermatoses allergiques sont déclenchées, entre autres, par certains aliments ou par la salive de puce et provoquent parfois une perte de poils. Les allergies aux colliers antipuces sont une réaction aux insecticides contenus dans ces colliers. Dans les pays chauds, la dermatite solaire atteint parfois la peau des oreilles des chats blancs (voir page 107).	Consultez un vétérinaire. Le traitement comporte des antibiotiques, des anti-inflammatoires ou des agents hormonaux. On peut contrôler la dermatite solaire en enduisant les oreilles du chat d'une crème « écran total ». Ôtez les colliers antipuces dès les premiers signes d'irritation.
Teigne	Affection de la peau due à un champignon. Les symptômes sont parfois difficilement perceptibles : quelques poils cassés sur la face et les oreilles, de petites taches rondes et squameuses sur la tête, les oreilles, les pattes et le dos. Un chat peut être porteur asymptomatique de la maladie.	La teigne se traite avec des crèmes antiseptiques et, dans les cas graves, des médicaments antifongiques. Désinfectez l'endroit où dort le chat, car la teigne se transmet à l'homme.
Tumeur	Une tumeur peut être bénigne ou maligne (cancéreuse) ; cette dernière se développe rapidement et provoque parfois des saignements et des ulcérations.	Examinez toute excroissance ou protubérance apparaissant sur la peau de votre chat. Si cela vous semble suspect, consultez votre vétérinaire.
Toilette obsessionnelle	Un chat qui se lèche et se toilette de façon obsessionnelle peut perdre ses poils et développer un eczéma. Cela est parfois dû à l'ennui ou à l'anxiété (voir page 81).	Il faut d'abord identifier le motif du stress. Le vétérinaire prescrit parfois des tranquillisants.
Acné féline	L'acné apparaît sur le menton et la lèvre inférieure. Elle est due à une obstruction de canaux, entraînant points noirs, boutons et petits abcès.	Il existe des produits antiacnéiques. Les antibiotiques sont prescrits en cas de surinfection.
Séborrhée de la glande caudale	C'est un excès de sécrétions grasses par les glandes sébacées situées à la base de la queue, surtout chez les mâles non castrés, formant parfois des taches sur les fourrures claires.	Lavez la fourrure avec un shampooing adapté et consultez un vétérinaire en cas d'infection ou d'irritation.
Alopécie (chute de poils)	Un chat castré peut perdre ses poils des pattes arrière et de l'abdomen. Il peut s'agir d'un déséquilibre hormonal.	Consultez un vétérinaire pour identifier la cause de la chute des poils.

TEIGNE

Cette affection cutanée est due à un champignon parasite. Elle se développe dans les couches superficielles de la peau. On peut la reconnaître aux petites plaques squameuses dépilées apparaissant sur la tête, les oreilles, les pattes et le dos de l'animal.

Certains chats ne présentent pas de symptôme, si ce n'est quelques poils cassés. On établit le diagnostic à l'aide d'une lampe à rayons ultraviolets et en examinant les poils atteints, au microscope.

La teigne peut se transmettre à d'autres animaux comme aux hommes (zoonose). En cas d'épidémie, il faut désinfecter la literie, les paniers et les gamelles.

Traitement de la teigne
On rase parfois la fourrure autour de la région atteinte avant traitement.

DERMATITES

Ces inflammations cutanées peuvent être dues à plusieurs facteurs, mais très souvent, elles sont le résultat d'une réaction allergique à la salive de puce (dans 90 % des cas) et se manifestent alors par une lésion prurigineuse se développant sur la peau. Si le chat se lèche, se gratte ou se mord, elles peuvent s'infecter. Toutes les maladies de peau requièrent un examen soigneux par un vétérinaire afin d'établir un diagnostic précis. Cela peut impliquer des analyses en laboratoire, pour lesquelles des échantillons de peau sont prélevés et examinés au microscope.

LES AFFECTIONS PARASITAIRES

La fourrure du chat peut abriter divers parasites. Les puces sont parmi les plus courants. On détecte facilement leurs déjections, qui ressemblent à de petits grains ou filaments noirs. L'irritation peut provenir des puces elles-mêmes, ou d'une hypersensibilité à leur salive. Les puces entrent dans le cycle de vie de certains petits ténias.

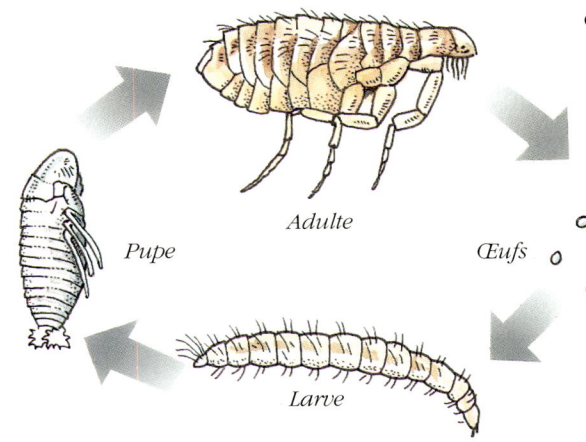

Cycle de vie de la puce
Les puces prospèrent dans un milieu chaud et humide. Les œufs sont déposés sur la peau du chat ou les tapis. La larve éclot et se transforme en pupe en 7 à 10 jours. La puce adulte apparaît 14 jours plus tard.

Adulte *Œufs* *Larve* *Pupe*

LES ARTHROPODES PARASITES

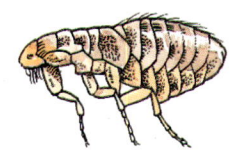

Puce Insecte brun rougeâtre, de la taille d'une tête d'épingle. On le trouve souvent autour du cou et à la base de la queue.

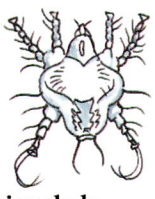

Acarien de la cheyletiellose Très contagieux. On le repère sur le dos du chat (pellicules).

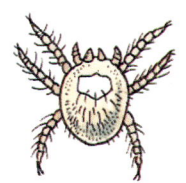

Août Il forme des petits points rouges sur les pattes des chats à l'automne. Parfois très irritant.

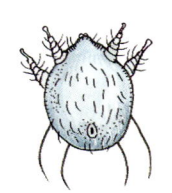

Signes d'infestation
Un chat qui se gratte sans arrêt présente les premiers signes d'une infestation parasitaire. Examinez tout son pelage, puis prenez les mesures qui s'imposent.

Acarien de la gale des oreilles C'est une infestation très courante, qui produit un cérumen brun rougeâtre.

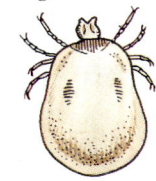

Tique Parasite de forme ronde, suceur de sang. Il doit être enlevé délicatement.

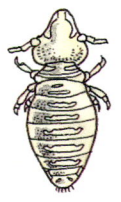

Pou Insecte de la taille d'une tête d'épingle, qui se nourrit sur la peau. Ses lentes blanches sont parfois visibles.

CONTAGION A L'HOMME
Seule la cheyletiellose se transmet à l'homme. Généralement, une hygiène normale permet d'éliminer les arthropodes parasites des vêtements ou de la peau.

LES AFFECTIONS PARASITAIRES

ARTHROPODES PARASITES DE LA PEAU

Parasite	Description et symptômes	Que faire ?
Puces	Ce sont les parasites les plus fréquents. La puce est parfois vecteur de la larve du ténia *(voir page 112)*. Le chat se gratte sans arrêt, et on trouve de petits grains noirs (excréments) dans la fourrure. Certains chats sont allergiques aux piqûres de puce (hypersensibilité à la salive de l'insecte).	Demandez à votre vétérinaire de vous recommander un aérosol ou une poudre insecticide. Ne mettez pas un collier antipuces à un chaton ou à un chat malade.
Tiques	A la campagne, les tiques s'attaquent parfois aux chats. Elles ressemblent à de petites excroissances bleu-gris et se nourrissent du sang de l'animal. Une infestation importante peut provoquer une anémie. Certaines tiques sécrètent une toxine pouvant entraîner la paralysie (paralysie à tiques).	Versez de l'éther sur la tique, puis enlevez-la à l'aide d'une pince à épiler. Si la tête reste sous la peau, cela peut provoquer un abcès. Votre vétérinaire pourra vous conseiller un insecticide.
Poux	Rares chez les chats en bonne santé. On les trouve principalement sur la tête et le long du dos. On détecte en fait leurs œufs (lentes), fixés à la fourrure de l'animal.	Consultez un vétérinaire. Dans les cas graves, il faut parfois tondre la fourrure et baigner le chat dans un insecticide.
Acariens	Parmi les acariens responsables des divers types de gale, on compte les aoûtats, les agents de la gale des oreilles *(voir page 107)* et ceux de la cheyletiellose. Certains acariens creusent des sillons dans la peau du chat, provoquant des troubles cutanés (inflammation, chute de poils).	Si vous pensez que votre chat a la gale, consultez un vétérinaire. Celui-ci fera un diagnostic précis et appliquera un insecticide sans danger.
Mouches	La myase affecte surtout les chats malades ou blessés qui sont laissés à l'extérieur. Les mouches pondent des œufs dans la fourrure, puis les larves s'installent dans la blessure et la zone ano-génitale (lésions, infections).	Consultez un vétérinaire. Les poils emmêlés et la peau abîmée seront nettoyés avec un antiseptique non irritant et traités avec un insecticide.
Œstridés	On trouve ce type de mouche surtout en Amérique du Nord. Sa larve pénètre dans la peau du chat, provoquant des gonflements sur la nuque, le dos, les flancs et l'abdomen.	Si votre chat présente des gonflements multiples, amenez-le rapidement chez un vétérinaire.

COLLIERS ANTIPUCES

Ces colliers diffusent en permanence un produit insecticide. Ils doivent compléter, plutôt que remplacer, l'hygiène courante. Il arrive que le chat développe une irritation cutanée s'il conserve son collier trop longtemps.

Sécurité
Otez régulièrement le collier pour voir s'il n'y a pas d'irritation.

TRAITEMENT DES PARASITES

La première règle à suivre pour lutter contre les puces et les autres parasites est de garder parfaitement propre l'environnement du chat. Crèmes, poudres ou aérosols ne seront totalement efficaces que si les conditions d'hygiène sont réunies, de nombreux parasites vivant ailleurs que sur le chat et se plaisant dans les maisons modernes bien chauffées. Parallèlement au traitement administré au chat, il vous faut également désinfecter sa literie et les meubles autour pour éviter que les parasites ne réapparaissent. Les chats étant en général très sensibles aux insecticides, il est important de lire attentivement et de respecter les indications fournies avec les produits afin d'éviter d'éventuelles irritations. Le collier antipuces *(voir page 38)* doit être remplacé plusieurs fois par an pour conserver toute son efficacité.

Aérosols
Veillez à ne pas projeter de produit dans les yeux. En outre, le chat peut être effrayé par le bruit.

LES AFFECTIONS OCULAIRES

Chez le chat, les troubles oculaires sont visibles. Les plus courants affectent la partie externe de l'œil et la conjonctive. La troisième paupière, normalement non apparente, est une protection supplémentaire ; elle peut recouvrir partiellement l'œil quand le chat est malade. Surveillez les écoulements, larmoiements, fermeture de l'œil, regard trouble, modification de la couleur de l'iris ou du diamètre des pupilles. Non traitées, de nombreuses maladies oculaires peuvent conduire à une baisse de la vision, voire à la cécité totale. Les affections les plus fréquentes peuvent être soignées avec des gouttes antibiotiques ou des pommades *(voir page 132)*.

Inspection des yeux
Le vétérinaire examine le fond d'œil avec un ophtalmoscope.

LE FONCTIONNEMENT DE L'ŒIL

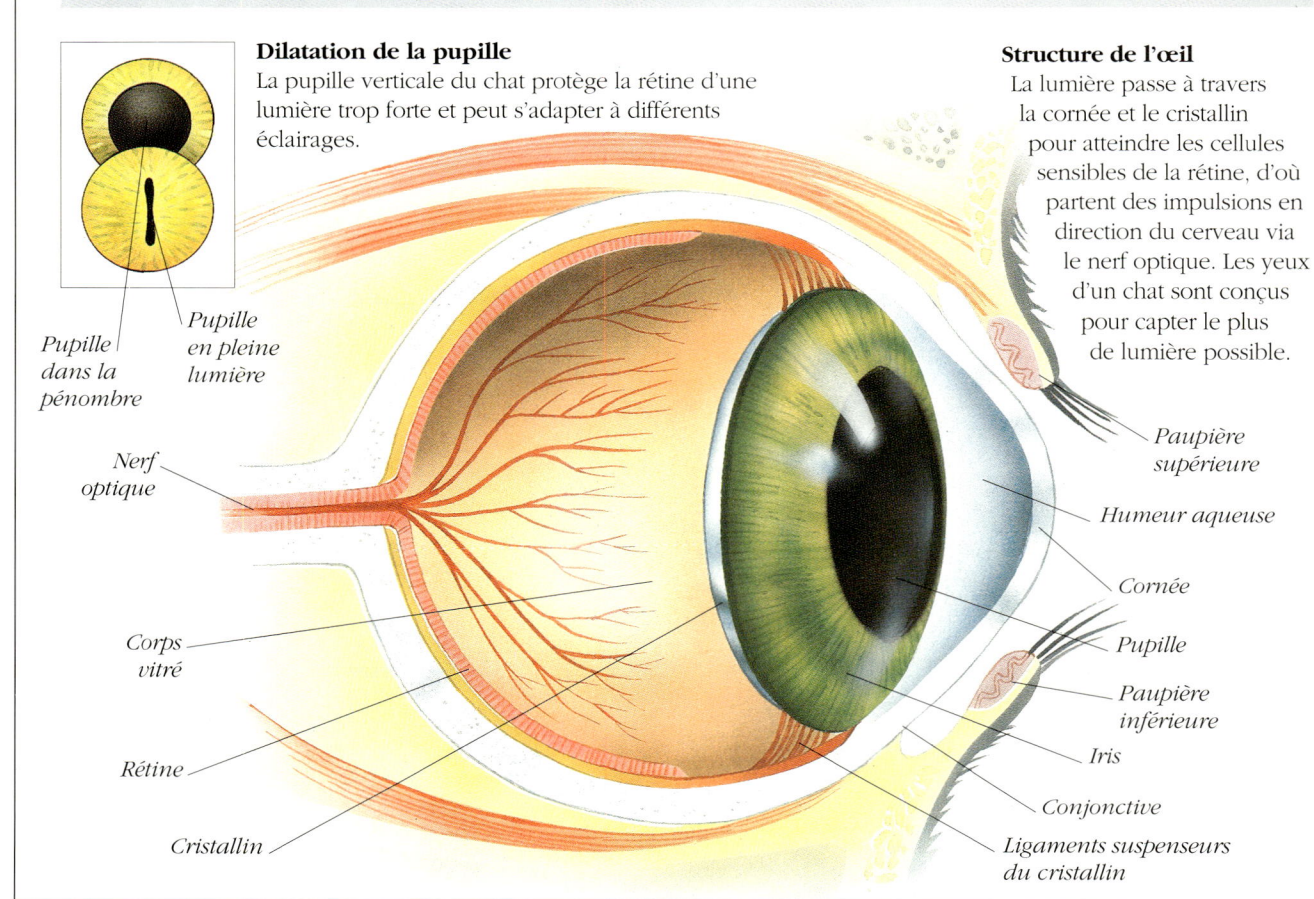

Dilatation de la pupille
La pupille verticale du chat protège la rétine d'une lumière trop forte et peut s'adapter à différents éclairages.

Pupille dans la pénombre
Pupille en pleine lumière

Structure de l'œil
La lumière passe à travers la cornée et le cristallin pour atteindre les cellules sensibles de la rétine, d'où partent des impulsions en direction du cerveau via le nerf optique. Les yeux d'un chat sont conçus pour capter le plus de lumière possible.

Nerf optique
Corps vitré
Rétine
Cristallin
Paupière supérieure
Humeur aqueuse
Cornée
Pupille
Paupière inférieure
Iris
Conjonctive
Ligaments suspenseurs du cristallin

AFFECTIONS OCULAIRES

Affection	Description et symptômes	Que faire ?
Conjonctivite	Ce trouble commun se manifeste par une inflammation de la couche externe de l'œil (conjonctive). L'œil est rouge, enflé, et coule. La conjonctivite peut atteindre les deux yeux ; c'est parfois le symptôme d'une maladie virale telle que le coryza *(voir page 109)*.	Demandez à un vétérinaire d'examiner les yeux du chat. Le traitement se fait généralement sous forme de gouttes ou de pommades antibiotiques.
Lésion de la cornée et ulcération	Les blessures de guerre à l'œil et à la paupière guérissent en général très vite. Si la plaie s'infecte ou si la cornée est griffée, il peut y avoir ulcération et perforation de la cornée.	Consultez immédiatement un vétérinaire. Il faut traiter d'urgence les ulcères de la cornée pour éviter les complications.
Procidence de la troisième paupière (ou membrane nictitante)	Normalement, on ne voit pas la paupière interne située dans l'angle de l'œil, mais il arrive qu'elle sorte pour protéger l'œil quand il est blessé. Si les deux yeux sont concernés, il peut s'agir d'une infection virale.	Toute lésion des yeux requiert un traitement urgent. Si le chat ne semble pas en bonne santé, il faut toujours le faire examiner par un vétérinaire.
Kératite	L'inflammation de la cornée rend le regard trouble. Les symptômes incluent des larmoiements et une hypersensibilité.	Un traitement urgent s'impose pour éviter que l'état du chat n'empire.
Cataracte	L'opacification du cristallin peut être congénitale, mais, en général, elle affecte les chats âgés et les chats diabétiques.	Si les deux yeux sont atteints, la chirurgie permet parfois de restaurer la vision.
Glaucome	Cette pathologie grave est due à une augmentation de la tension à l'intérieur du globe oculaire. La cornée devient alors trouble, et le globe plus volumineux.	Un grossissement ou une altération des yeux requiert un traitement vétérinaire d'urgence.
Protubérance du globe oculaire	Un accident ou une tumeur provoque parfois une protubérance marquée, voire une luxation du globe oculaire.	Le chat doit être soigné de toute urgence.
Maladies de la rétine	La dégénérescence des cellules photosensibles situées au fond de l'œil (sur la rétine) peut être héréditaire, due à l'âge ou à une déficience alimentaire. Ce trouble entraîne une baisse de la vision, puis la cécité.	Un diagnostic et un traitement vétérinaire s'imposent pour éviter, si possible, que l'état du chat n'empire.
Larmoiement	Une surproduction de larmes ou une obstruction des canaux lacrymaux provoque parfois des taches sur la face.	Il s'agit souvent d'un défaut héréditaire spécifique aux Persans *(voir page 133)*.

LA TROISIÈME PAUPIÈRE

Une légère pression sur le globe oculaire fera apparaître cette fine membrane située dans l'angle de l'œil. Si elle apparaît d'elle-même, ce peut être un signe que le chat est souffrant, qu'il a la diarrhée ou des vers. Si elle n'est visible que d'un côté, il se peut que le chat soit blessé ou ait un corps étranger dans l'œil.

Paupières
Si la troisième paupière apparaît, consultez un vétérinaire.

CÉCITÉ

Les maladies de la rétine ou les cataractes peuvent conduire à une cécité progressive. Les chats ne sont pas trop gênés par le fait de voir moins bien quand ils sont âgés, ou même de perdre un œil à la suite d'un accident ou d'un traumatisme, car, dans un environnement qui leur est familier, ils s'adaptent en général très vite en utilisant leurs autres sens pour compenser. Consultez immédiatement un vétérinaire si vous remarquez que la vue de votre chat baisse. Vous constaterez alors certainement qu'il estime mal les hauteurs et se heurte souvent aux meubles.

Le test de la vue
Couvrez un œil et approchez un doigt de l'autre pour obliger le chat à fermer les paupières. Une lampe torche dirigée droit sur l'œil ouvert déclenchera le réflexe pupillaire.

Les Affections de l'Oreille

L'oreille contrôle les sens de l'équilibre et de l'ouïe. Les infections qui gagnent l'oreille moyenne et interne peuvent donc générer des troubles de la mobilité et de l'audition. Les causes sont très variées : tumeur, abcès, présence de micro-organismes ou de corps étrangers… Un chat qui se gratte constamment, secoue la tête, remue les oreilles, ou dont les oreilles coulent ou montrent des traces de cérumen doit être examiné. La surdité peut aussi être due à un défaut congénital, surtout chez les chats blancs. La vieillesse s'accompagne également d'un affaiblissement de l'ouïe. A noter : les otites gagnent rarement l'oreille moyenne et interne.

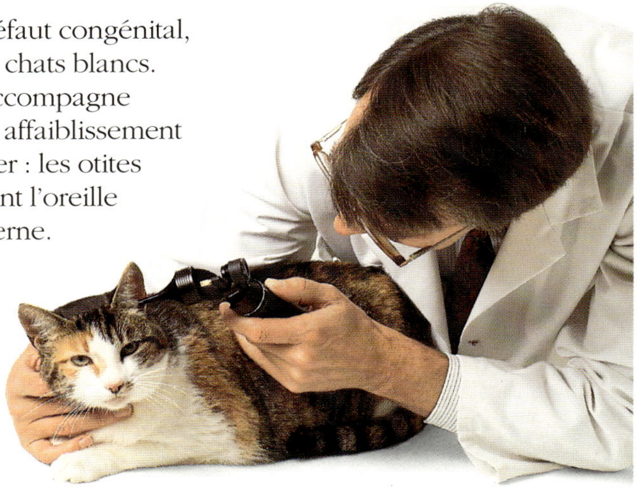

Examen des oreilles
Le vétérinaire inspecte tout le conduit auditif à l'aide d'un otoscope.

LE FONCTIONNEMENT DE L'OREILLE

Pavillon

L'oreille externe
Les ondes sonores sont captées par sa partie sensible et acheminées vers le tympan.

Canaux semi-circulaires

L'oreille interne
Le tympan vibre, déplaçant les osselets, qui répercutent le mouvement jusqu'à l'oreille interne. Les ondes sonores sont alors traduites en impulsions électriques et transmises au cerveau.

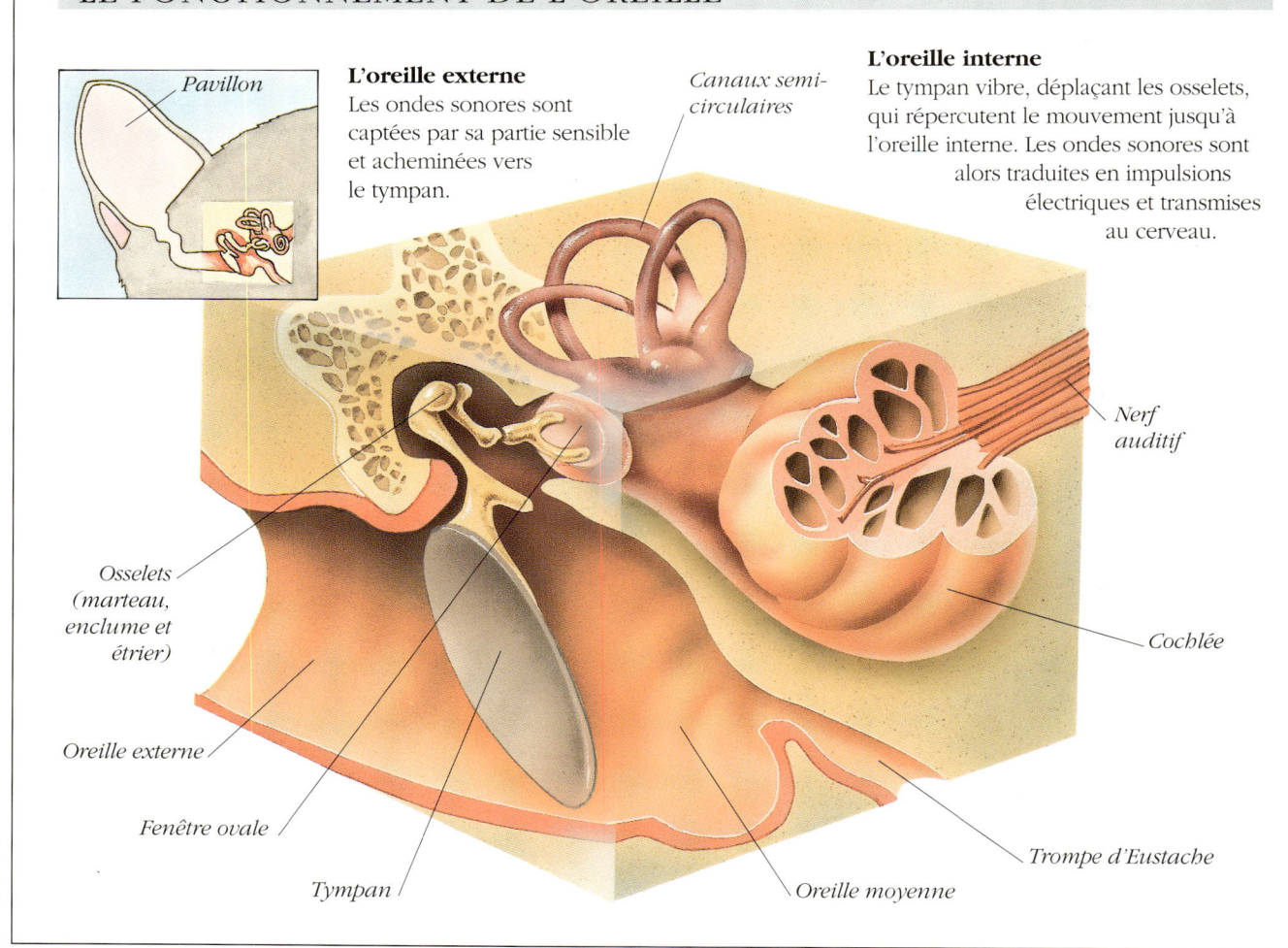

Nerf auditif

Osselets (marteau, enclume et étrier)

Cochlée

Oreille externe

Fenêtre ovale

Tympan

Oreille moyenne

Trompe d'Eustache

AFFECTIONS DE L'OREILLE

Affection	Description et symptômes	Que faire ?
Gale des oreilles	Les infestations des oreilles sont très fréquentes chez les chats, notamment chez les chatons. De minuscules parasites vivent dans le conduit auditif et provoquent une irritation quand ils sont trop nombreux, avec prurit persistant et accumulation de cérumen brun, à l'odeur âcre.	L'examen de l'oreille et l'observation du cérumen au microscope permettent de confirmer la présence des parasites. Des gouttes sont prescrites aux chats et chiens de la maison *(voir page 133)*.
Infection	La présence d'un corps étranger, d'un champignon ou de bactéries dans le canal auditif peut causer une inflammation. Le chat gratte l'oreille affectée, favorisant ainsi l'infection et parfois un écoulement.	Faites examiner l'oreille de votre chat par un vétérinaire. Le traitement prévoit généralement l'administration de gouttes pour les oreilles *(voir page 133)*.
Infections de l'oreille moyenne et interne	Si l'infection s'étend à l'oreille moyenne ou interne, l'ouïe du chat peut être compromise. Les symptômes incluent une baisse de l'ouïe et du sens de l'équilibre. Le chat atteint garde parfois la tête penchée sur le côté.	Il faut rapidement mettre le chat sous traitement antibiotique. Tout retard peut entraîner une surdité définitive.
Hématome	Les bagarres ou les grattements incessants provoquent parfois la rupture de vaisseaux sanguins dans le pavillon, entraînant un large hématome. Non douloureux, il peut toutefois causer une irritation. Le chat continuera alors de se gratter.	Consultez un vétérinaire, qui drainera le sang. Si l'hématome n'est pas soigné, il laissera des cicatrices et une oreille en « chou-fleur ».
Coup de soleil	Les chats de couleur pâle vivant dans des pays chauds sont vulnérables aux coups de soleil sur les oreilles, leur peau n'ayant pas de pigment protecteur *(voir page 173)*. Avec le temps, les lésions cutanées risquent de donner lieu à des excroissances cancéreuses.	Le chat doit rester enfermé pendant les heures les plus chaudes de la journée. Une crème solaire peut le protéger. En cas de cancer, l'amputation de l'oreille est le seul remède.
Surdité	Elle peut être le résultat du grand âge (14-15 ans), d'une infection, de blessures à la tête ou d'un blocage du conduit auditif par du cérumen. Certains chats, surtout blancs aux yeux bleus, sont sourds de naissance *(voir page 133)*.	Un examen vétérinaire approfondi s'impose quand certains signes font penser que le chat est peut-être sourd.
Corps étranger	Des corps étrangers (épillets, par exemple) peuvent entrer parfois dans l'oreille et provoquer des irritations, puis des infections *(voir plus haut)*.	Consultez un vétérinaire si le corps étranger, invisible, ne peut être extrait facilement *(voir page 165)*.

GALE DES OREILLES

Les parasites ne deviennent nuisibles que s'ils sont trop nombreux. Les acariens en cause se nourrissent de la membrane du conduit auditif, provoquant irritation et production de cérumen brunâtre. Le chat se gratte et secoue les oreilles, ce qui entraîne une inflammation. Un examen vétérinaire très précoce est essentiel pour éviter que l'infection ne se propage à l'oreille interne, et n'affecte l'ouïe et le sens de l'équilibre. Veillez à ce que les oreilles soient toujours bien propres et vérifiez régulièrement qu'il n'y a pas de signes d'irritation ou d'infection. Les parasites de l'oreille étant contagieux, soignez toujours les deux oreilles et traitez les autres animaux de la maison.

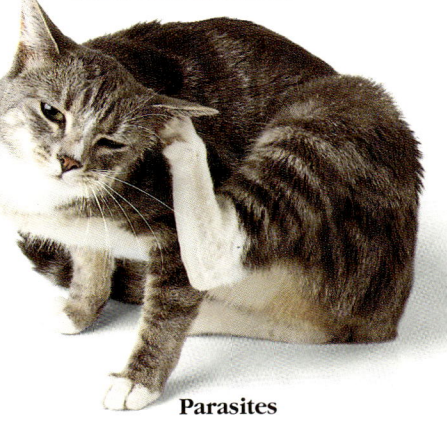

Parasites
Un chat qui se gratte ou secoue ses oreilles a sûrement des parasites.

BLESSURES A L'OREILLE

Du fait de leur emplacement, les oreilles sont vulnérables et exposées aux morsures et aux déchirures pendant les bagarres. Si la plaie est profonde, elle risque de s'infecter et de nécessiter un traitement vétérinaire. Les grattements violents et persistants peuvent aussi provoquer des ruptures de vaisseaux sanguins dans le pavillon, se traduisant par un hématome. Ce dernier n'est pas douloureux, mais il irrite le chat, qui continue à se gratter. Le vétérinaire peut drainer le sang et poser un tuteur à l'oreille, afin qu'elle cicatrise dans une position correcte. Les oreilles des chats blancs sont sensibles aux engelures et aux coups de soleil *(voir page 173)*.

LES MALADIES RESPIRATOIRES

Chez le chat, de très nombreuses maladies respiratoires sont dues à des infections bactériennes ou virales affectant notamment les voies supérieures. Elles sont en général bénignes et faciles à soigner, mais peuvent devenir graves si elles sont négligées. Les principaux symptômes sont des difficultés respiratoires et un écoulement du nez et des yeux. Les chats peuvent attraper des rhumes, éternuer, tousser et avoir un souffle court, de type asthmatique. La respiration peut être profonde et bruyante, ou superficielle et rapide. La toux peut être grasse ou sèche, caverneuse ou rauque. Voyez un vétérinaire dès les premiers signes de maladie, afin d'éviter que le mal ne devienne chronique ou mortel.

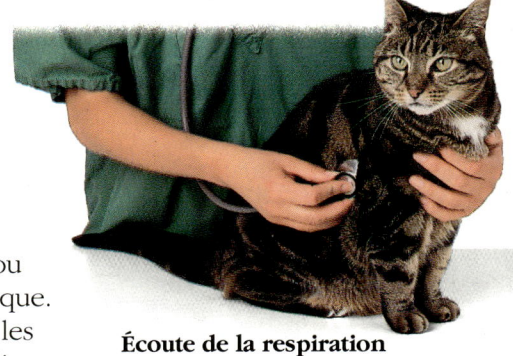

Écoute de la respiration
Elle se fait à l'aide d'un stéthoscope. Les radiographies aident parfois à établir le diagnostic.

LE SYSTÈME RESPIRATOIRE

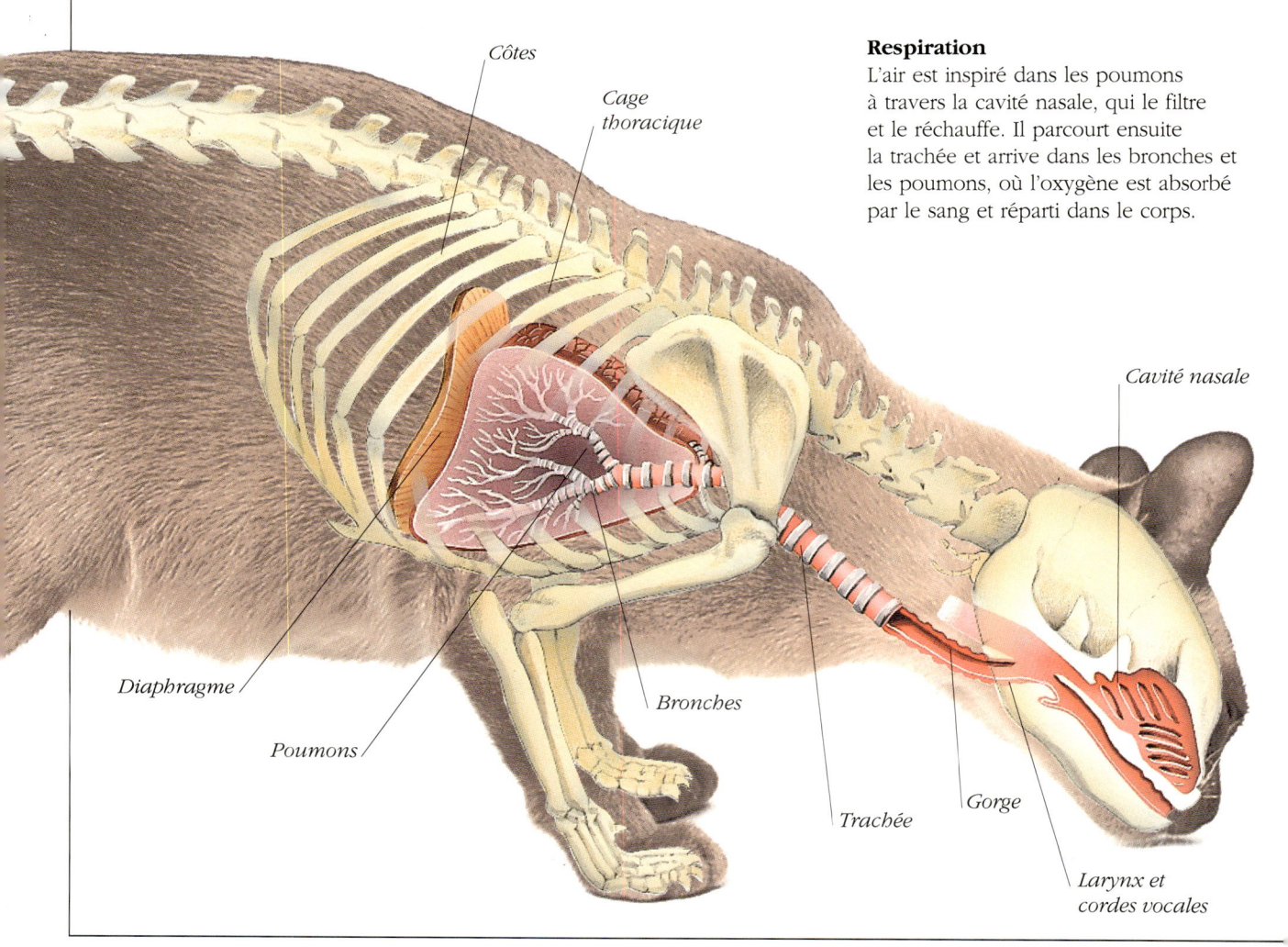

Respiration
L'air est inspiré dans les poumons à travers la cavité nasale, qui le filtre et le réchauffe. Il parcourt ensuite la trachée et arrive dans les bronches et les poumons, où l'oxygène est absorbé par le sang et réparti dans le corps.

Côtes

Cage thoracique

Cavité nasale

Diaphragme

Poumons

Bronches

Trachée

Gorge

Larynx et cordes vocales

MALADIES RESPIRATOIRES

Maladie	Description et symptômes	Que faire ?
Coryza (grippe du chat)	Les deux virus les plus courants sont l'herpèsvirus félin de type I, provoquant la rhinotrachéite infectieuse féline, et le calicivirus, donnant la calicivirose. Il y a écoulements des yeux et du nez dans la rhinotrachéite. La calicivirose cause en plus des ulcères de la langue et de la bouche. Autres symptômes fréquents : abattement, perte d'appétit et fièvre.	La vaccination contre les deux virus est essentielle. Les antibiotiques soulagent, mais la guérison du chat dépend en très grande partie de son système immunitaire et de son âge (le pronostic est meilleur pour les adultes).
Pneumonie	L'infection pulmonaire est habituellement consécutive à une maladie respiratoire grave. Elle est souvent accompagnée de fièvre, de difficultés respiratoires et de toux.	Un traitement vétérinaire s'impose d'urgence. Il implique des soins attentifs et un repos en cage.
Bronchite	Cette pathologie s'ajoute généralement à d'autres troubles respiratoires. Elle est due à une inflammation des bronches reliant la trachée aux poumons. Le symptôme principal est une toux persistante.	Un traitement vétérinaire s'impose d'urgence. Il implique des soins attentifs et un repos en cage.
Pleurésie	C'est une inflammation de l'enveloppe externe des poumons (plèvre). Elle provoque une accumulation de liquide dans la cage thoracique, ce qui gêne la respiration.	Un traitement vétérinaire s'impose d'urgence. Il faut parfois drainer le liquide accumulé dans la plèvre.
Asthme	Cette sensibilité allergique déclenche parfois des crises, qui se caractérisent par une respiration difficile et sifflante, et une toux. L'asthme est souvent associé à la bronchite chronique.	Un traitement vétérinaire s'impose d'urgence pour soulager la respiration et éviter la répétition des crises.
Chlamydiose	Due à des bactéries. Les symptômes sont proches de ceux du coryza. L'écoulement oculaire est important.	Un vaccin assure une protection partielle contre cette maladie.
Écoulements du nez et des yeux	Les écoulements aqueux du nez et des yeux peuvent indiquer différentes pathologies. S'ils s'accompagnent d'éternuements et de reniflements, l'irritation peut être due à une infection des cavités nasales.	Consultez un vétérinaire, qui établira le diagnostic.
Ælurostrongylus	Ce parasite vit parfois dans les poumons des chats à la campagne. Les chats gravement atteints ont une toux sèche.	Le vétérinaire prescrira un médicament pour éliminer ce vers parasite.

ÆLUROSTRONGYLUS

C'est le parasite pulmonaire le plus fréquent chez les chats qui, cependant, ne présentent pas nécessairement de symptôme. Certains animaux peuvent, toutefois, développer une toux sèche et persistante. Le cycle de vie du vers est complexe : il parasite un escargot ou une limace, puis un oiseau ou un rongeur, avant de s'installer à maturité dans les poumons d'un chat adulte. L'animal infesté parvient souvent à expulser le ver par la toux, mais il existe aussi des médicaments. D'autres parasites, plus petits, appelés filaroïdes, peuvent aussi infester les bronches du chat.

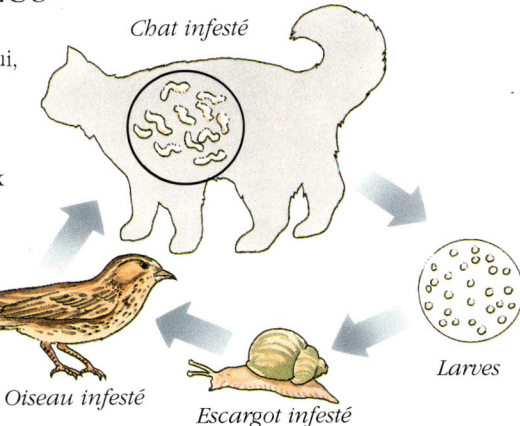

Chat infesté
Oiseau infesté
Escargot infesté
Larves

Cycle de vie de l'ælurostrongylus
Les larves sont ingérées par un escargot qui, à son tour, est avalé par un oiseau. Si cet hôte intermédiaire est mangé par un chat, le cycle est complet.

CORYZA

Ce terme désigne, en réalité, plusieurs virus distincts. Les chats doivent être vaccinés contre les deux principaux : l'herpèsvirus de type I (responsable de la rhinotrachéite infectieuse) et le calicivirus (responsable de la calicivirose). Toutefois, il y a d'autres virus contre lesquels il n'existe malheureusement pas de vaccin. Ces infections ont des symptômes similaires : écoulements du nez et des yeux, parfois éternuements ou toux. Le coryza peut être grave, aussi est-il préférable de consulter rapidement un vétérinaire si votre chat vous semble mal en point. Informez-vous également des mesures à prendre impérativement pour éviter que l'infection ne puisse se propager à d'autres chats.

LES MALADIES DIGESTIVES

Le rôle de l'appareil digestif est de transformer les aliments pour les convertir en énergie, indispensable au fonctionnement de l'organisme. Les troubles digestifs les plus courants sont les vomissements, la diarrhée ou la constipation, la perte d'appétit et de poids. Le chat refuse parfois de se nourrir parce qu'il est mal en point ou qu'il a des difficultés à avaler, mais aussi quand il est repu. La nourriture peut être vomie immédiatement après avoir été ingérée ou après avoir été partiellement digérée. Il arrive aussi que le chat ait excessivement soif. Notez soigneusement tous ces symptômes : votre chat peut avoir besoin de soins vétérinaires immédiats.

Une alimentation équilibrée protège contre beaucoup de maladies digestives.

LE SYSTÈME DIGESTIF

Bouche

Œsophage

Foie

Estomac

Gros intestin

Pancréas

Intestin grêle

Anus

La transformation des aliments
Mélangée à la salive, la nourriture passe d'abord dans l'œsophage, puis dans l'estomac, où les sucs gastriques commencent à l'attaquer. Elle est ensuite acheminée dans les intestins, qui digèrent les éléments nutritifs. La circulation sanguine envoie les nutriments dans le foie, où ils sont transformés pour être utilisés. Les matières non digérées descendent le gros intestin et sont excrétées par l'anus.

MALADIES DIGESTIVES

Maladie	Description et symptômes	Que faire ?
Typhus félin ou « panleucopénie »	Cette maladie virale est répandue et très contagieuse. Elle se transmet par contact direct ou indirect avec un chat infesté et elle se développe rapidement. Le virus attaque les intestins et les globules blancs. Les symptômes principaux sont : abattement, perte d'appétit, diarrhée et vomissements persistants.	La vaccination est efficace *(voir page 53)*. Le diagnostic précoce et l'isolement du malade permettent d'éviter la contagion. Des soins attentifs sont nécessaires pour prévenir la déshydratation.
Péritonite infectieuse féline (PIF)	Le virus provoque principalement une infection de la cavité abdominale, mais affecte également le foie, les reins, le système nerveux et le cerveau. La PIF atteint surtout les chats de moins de 3 ans. Il y a perte d'appétit, amaigrissement, fièvre et gonflement de l'abdomen.	Il n'existe pas de vaccin contre cette maladie. Le chat contaminé doit être isolé afin d'empêcher la propagation du virus. Le traitement est assez rarement efficace.
Vomissements	Un chat en bonne santé peut vomir après avoir mangé de l'herbe ou pour se débarrasser de boules de poils. Mais des vomissements plus abondants, des douleurs abdominales et une soif excessive peuvent indiquer un trouble digestif sérieux (empoisonnement, par exemple).	Le vomissement ou la régurgitation d'aliments peuvent avoir de multiples causes. Consultez un vétérinaire si les vomissements sont abondants ou s'ils persistent au-delà de 24 heures.
Diarrhée	Une légère diarrhée peut être due au stress ou à un changement d'alimentation mais, si elle persiste ou s'accompagne de vomissements ou de traces de sang dans les fèces, cela peut indiquer une affection plus grave.	Consultez un vétérinaire si la diarrhée persiste au-delà de 24 heures ou s'il y a du sang dans les fèces. Veillez à ce que le chat ne se déshydrate pas.
Maladies du foie	Le foie peut être affecté par une maladie virale ou un empoisonnement. Les symptômes sont : diarrhée, vomissements, soif excessive et douleurs abdominales.	Voyez immédiatement un vétérinaire. Les analyses de sang, d'urine et de selles facilitent le diagnostic.
Diabète	Peut être dû à une production insuffisante d'insuline par le pancréas. Signes précoces : mictions fréquentes, faim et soif excessives, et amaigrissement inexpliqué.	Le traitement implique un régime alimentaire rigoureux et, parfois, des injections d'insuline.
Allergies alimentaires et indigestion	Certains chats ne peuvent digérer le sucre du lait, ce qui se traduit par des diarrhées et des vomissements. Le poisson et les œufs peuvent déclencher des réactions allergiques.	Un examen vétérinaire approfondi est nécessaire pour déterminer la nature de l'hypersensibilité.
Constipation	Le chat doit vider ses intestins une fois par jour au moins. Les chats âgés, notamment ceux à poil long, sont les plus exposés au blocage intestinal.	Donnez de l'huile de paraffine. S'il n'y a pas d'effet dans les deux jours, consultez un vétérinaire.

DIARRHÉE ET VOMISSEMENTS

Les chats régurgitent spontanément pour se débarrasser de substances nocives. Mais, si le vomissement dépasse le simple réflexe, consultez rapidement un vétérinaire car cela indique parfois un trouble plus grave. Une diarrhée peut affaiblir sévèrement le chat, qui aura alors besoin de soins rapides, surtout s'il vomit également ou s'il y a du sang dans ses fèces. Non traités, la diarrhée et les vomissements abondants peuvent entraîner un collapsus et la mort par déshydratation. Ces symptômes peuvent indiquer un empoisonnement ou bien un typhus, auquel cas un traitement immédiat s'impose.

Examen
Le vétérinaire palpe l'abdomen du chat à la recherche de gonflements.

REFUS DE S'ALIMENTER

Il est difficile de forcer un chat malade à manger. Essayez de réchauffer de petites quantités de son plat préféré et de les lui offrir plusieurs fois par jour.

Perte d'appétit
S'il refuse de manger pendant plus de 24 heures, voyez un vétérinaire.

LES PARASITES INTERNES

Les parasites ne gênent pas le chat outre mesure, sauf quand ils sont présents en trop grand nombre. Il est bien sûr préférable qu'il n'en ait pas. Les plus courants sont les vers intestinaux, mais il existe aussi des douves du foie, du poumon et du cœur, et des organismes protozoaires tels que le *Toxoplasma (voir page 125)*. Certains vivent d'abord dans l'organisme d'un autre animal – une puce, un rongeur, un oiseau, etc. – qui doit être avalé par un chat pour que le parasite parvienne à maturité et achève son cycle de vie. Les chatons étant les plus exposés, il est essentiel de les traiter dès l'âge de 4 semaines.

LES VERS LES PLUS COURANTS

Toxacara
Ces gros vers peuvent atteindre 6 cm de long. Ils vivent dans l'intestin grêle.

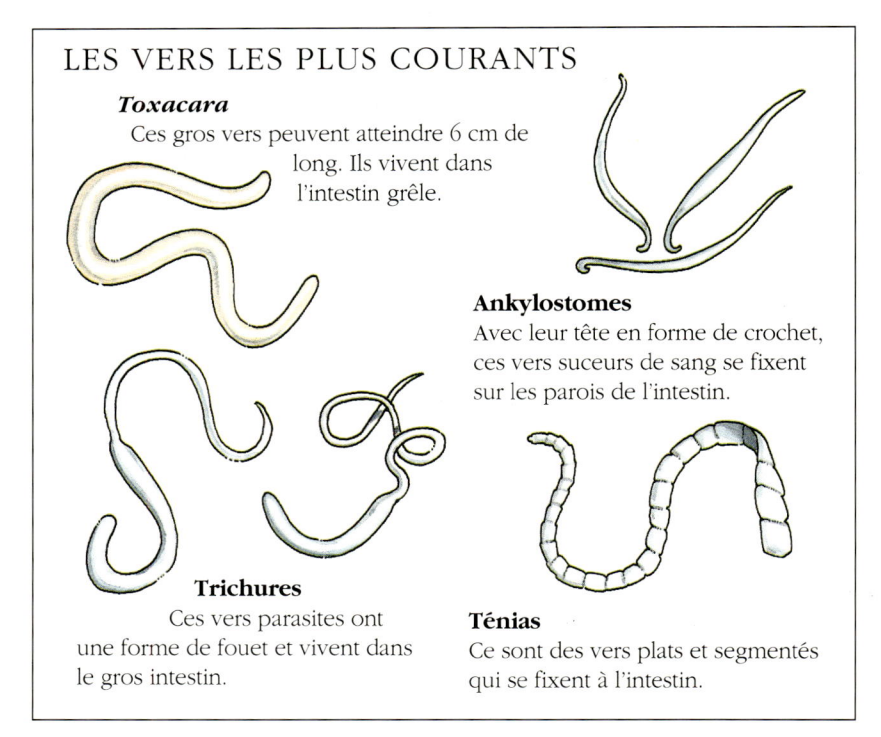

Ankylostomes
Avec leur tête en forme de crochet, ces vers suceurs de sang se fixent sur les parois de l'intestin.

Trichures
Ces vers parasites ont une forme de fouet et vivent dans le gros intestin.

Ténias
Ce sont des vers plats et segmentés qui se fixent à l'intestin.

LE CYCLE DE VIE DES PARASITES COMMUNS

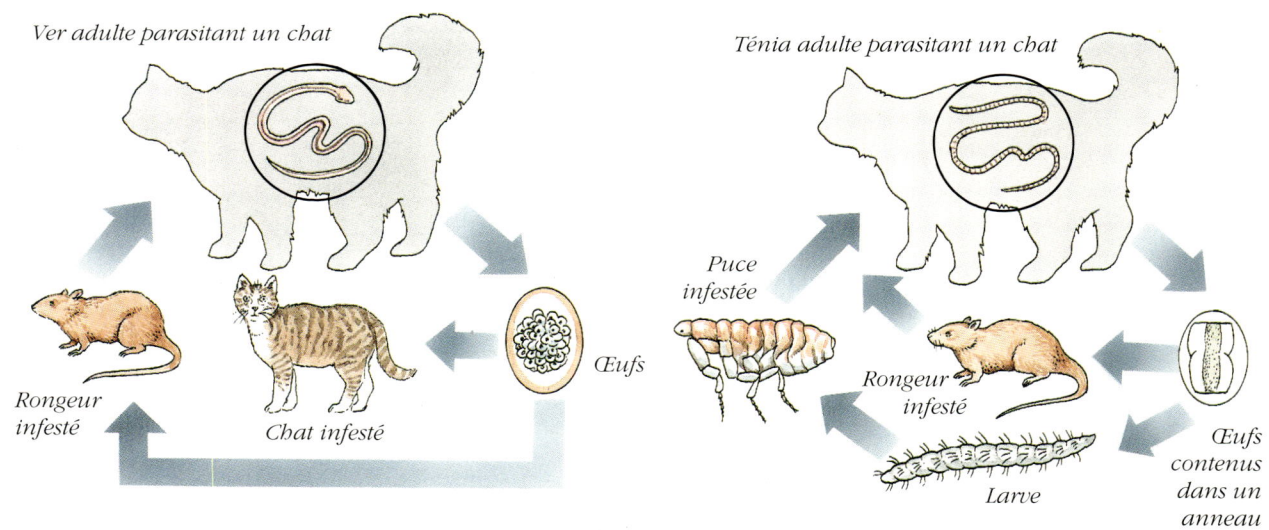

Ver adulte parasitant un chat

Rongeur infesté — *Chat infesté* — *Œufs*

Ténia adulte parasitant un chat

Puce infestée — *Rongeur infesté* — *Larve* — *Œufs contenus dans un anneau*

Le cycle de vie de *Toxacara*
Le ver adulte vit dans l'intestin du chat. Ses œufs, excrétés avec les fèces, peuvent être avalés par un rongeur. Quand d'autres chats mangent cet hôte intermédiaire, le cycle de vie reprend. Un chat peut aussi ingérer accidentellement des œufs en se toilettant.

Le cycle de vie d'un ténia du chat
Le ténia adulte disperse des anneaux remplis d'œufs, qui sont évacués avec les selles. Les œufs sont ensuite avalés par un rongeur ou un oiseau et se développent en larves. Le cycle est achevé lorsque cet hôte est mangé par un chat. Les larves peuvent également transiter par les puces.

LES PARASITES INTERNES

PARASITES INTERNES

Parasite	Description et symptômes	Que faire ?
Toxacara	Vivant dans l'intestin grêle, ces vers se nourrissent d'aliments déjà digérés. Il arrive que le chat adulte infesté ne présente aucun symptôme. Toutefois, on peut apercevoir des vers adultes ou leurs œufs dans les selles. Les chatons sont parfois infestés par le lait de leur mère, et peuvent être sérieusement affaiblis. Une infestation importante se traduit par : diarrhée, constipation, anémie, gonflement du ventre, amaigrissement, détérioration de l'état général.	Consultez un vétérinaire, qui vous indiquera le traitement à suivre. Il est important que les chatons et les chattes gestantes soient protégés à l'aide de vermifuges. Les chats qui chassent doivent être traités régulièrement (deux ou trois fois par an).
Ténias	On les trouve plus souvent chez les chats adultes. Leur corps segmenté se fixe à la paroi interne de l'intestin. Les anneaux contenant les œufs sont évacués avec les selles et restent parfois accrochés aux poils de l'arrière-train, prenant l'aspect de grains de riz en séchant. Leur évacuation peut provoquer une irritation, et le chat se lèche alors la région anale.	Le vétérinaire prescrira un traitement efficace contre le ténia. Le contrôle anti-puces est important pour prévenir les récidives, car les puces servent d'hôtes intermédiaires à certains types de ténia.
Ankylostomes	On trouve ces vers suceurs de sang dans les régions chaudes. Ils vivent dans l'intestin grêle et passent parfois dans le fœtus. Les symptômes sont la diarrhée et l'amaigrissement.	Le vétérinaire peut prescrire un traitement approprié. Il faut maintenir une hygiène rigoureuse.
Trichures	Ces vers minuscules vivent dans les intestins. Il peut y avoir de la diarrhée, mais les chats sont rarement malades.	Le vétérinaire prescrira un traitement adéquat.
Douves	Rares chez le chat, ces vers plats présents dans certaines régions des États-Unis et d'Asie infestent l'intestin grêle et le foie. Ils sont transmis par le poisson cru. Les symptômes sont des troubles digestifs et, parfois, l'anémie.	Des analyses confirment la présence des douves. Le traitement n'étant pas toujours efficace, les mesures de prévention sont importantes.
Ælurostrongylus	Ces minuscules parasites infestent les poumons et peuvent provoquer des troubles respiratoires *(voir page 109)*.	Consultez un vétérinaire, qui vous recommandera un vermifuge efficace.
Filaires du cœur	Dans certains pays, les chats peuvent être infestés par des vers vivant dans le cœur.	Consultez un vétérinaire, qui vous recommandera un vermifuge efficace.

MESURES DE PRÉVENTION

Dès que vous accueillez un chat, envisagez un traitement vermifuge avec votre vétérinaire. En respectant des normes d'hygiène rigoureuses dans la maison et en écartant les possibilités d'infestation par des parasites externes tels que les puces, vous limiterez également le risque d'infestation par des parasites internes. Les chatons doivent être traités dès l'âge de 4 semaines. Si vous trouvez des vers ou des œufs dans leurs selles, commencez les soins au plus tôt. Les chats adultes, notamment ceux qui chassent et sortent beaucoup, doivent être soumis à un examen au moins deux fois par an. S'il n'est pas toujours possible d'empêcher un chat de chasser, vous pouvez réduire les risques en rendant son milieu hostile aux vecteurs de parasites tels que les souris et les puces. Traitez votre chat avec un insecticide approprié, que vous appliquerez aussi sur sa literie.
N'utilisez pas de mort-aux-rats dans la maison, elle est toxique pour les chats *(voir page 167)*.

Vermifuge
Essayez de dissimuler un comprimé dans une petite portion d'aliment.

TRAITEMENT

Il existe de nombreuses préparations vermifuges. Vous devez vous procurer le médicament correspondant au type de parasite infestant votre chat. On en trouve sous forme de pâte, à mélanger à la nourriture ou bien à donner telle quelle. S'il s'agit de comprimés, assurez-vous que le chat ne les recrache pas ; certains ne conviennent que pour les vers ronds, d'autres détruisent toute une variété de parasites. On peut également vermifuger par des injections.

Comprimés pour vers ronds.

Comprimés pour ténias.

LES AFFECTIONS BUCCALES ET DENTAIRES

La gueule et les dents du chat sont celles d'un carnivore. Sa langue, équipée de papilles crochues et très abrasives, lui permet de se toiletter. Les lésions et les inflammations de la bouche, des gencives, du palais et de la langue le gênent pour avaler la nourriture et l'empêchent parfois de se toiletter. Non soignées, elles peuvent s'aggraver et mettre sa vie en danger.

Les chats ont rarement des caries mais une plaque de tartre se forme parfois sur l'émail, qui, si elle n'est pas traitée à temps, peut provoquer une gingivite, suivie d'une forte rétraction de la gencive et de la chute des dents. Un certain nombre de micro-organismes, dont ceux associés au coryza *(voir tableau page 109)*, peuvent parfois entraîner une ulcération de la bouche. Il arrive que des objets, tels que des arêtes de poisson, se logent dans la cavité buccale et nécessitent une extraction *(voir page 164)*.

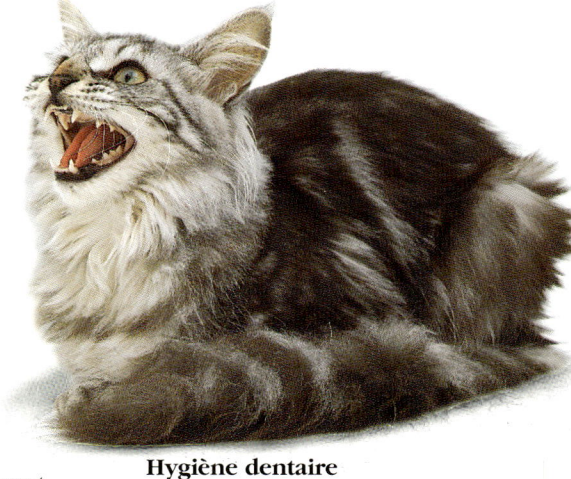

Hygiène dentaire
Bien que les dents du chat se carient rarement, il est bon de les brosser régulièrement. C'est surtout vrai pour les chats âgés.

LA DENTURE

Les dents du chat
Un chat adulte a 30 dents. Les crocs permettent de déchirer et de couper la viande. Les dents carnassières servent à broyer. Les incisives n'ont pas de fonction. Un chaton a ses premières dents de lait vers 14 jours ; elles sont remplacées par les dents définitives entre 4 et 6 mois.

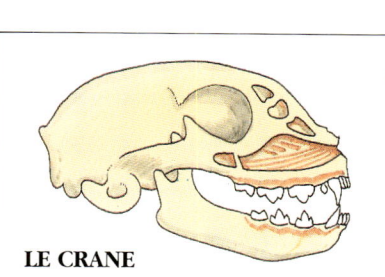

LE CRANE
Le chat a une mâchoire supérieure fixe, l'os maxillaire, et une mâchoire inférieure mobile, la mandibule, formée de deux branches montantes et une branche horizontale.

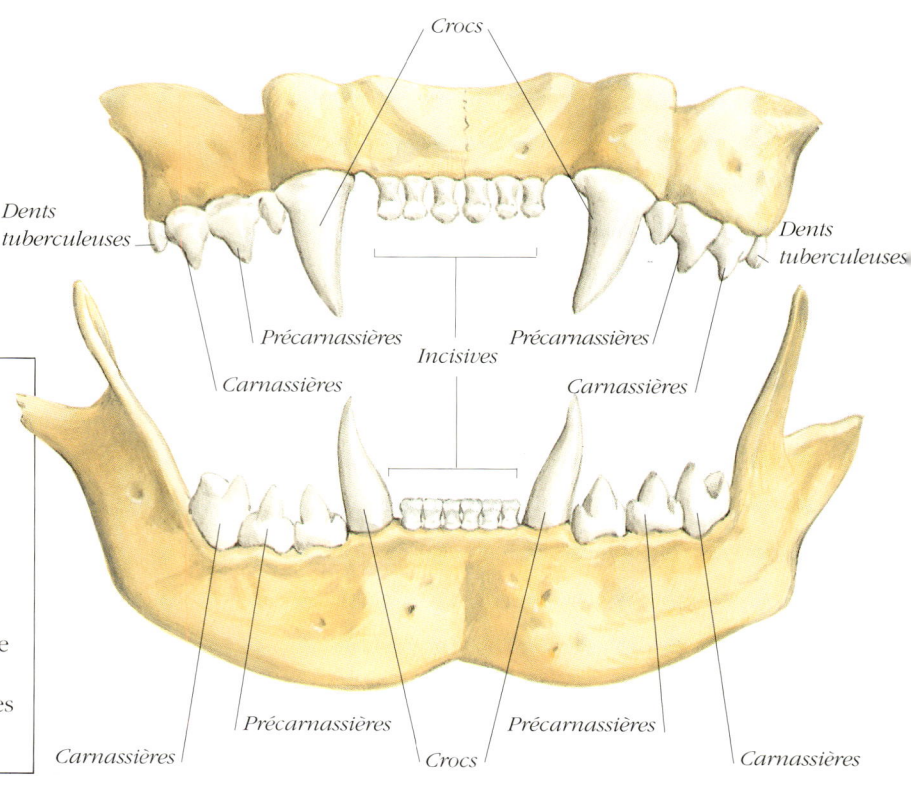

Crocs
Dents tuberculeuses
Dents tuberculeuses
Précarnassières
Incisives
Précarnassières
Carnassières
Carnassières
Carnassières
Précarnassières
Crocs
Précarnassières
Carnassières

AFFECTIONS BUCCALES ET DENTAIRES

Affection	Description et symptômes	Que faire ?
Fente palatine	Chez certains chats, à la naissance, les deux côtés du palais dur, dans la partie supérieure de la bouche, ne sont pas soudés. Les chatons concernés ont du mal à téter.	Il est parfois possible de corriger cette malformation par la chirurgie.
Problèmes dentaires	Ils sont fréquents chez les chats âgés. Le dépôt d'une plaque sur l'émail de la dent entraîne la formation de tartre jaunâtre. Celui-ci retient des fragments alimentaires, provoquant une inflammation des gencives (gingivite). Si l'infection envahit la cavité dentaire (parodontite), la dent se déchausse ou un abcès se forme. Un chat avec des problèmes dentaires a souvent mauvaise haleine et peut avoir du mal à mâcher.	Un brossage régulier des dents de votre chat avec une petite brosse aide à prévenir la formation de plaque dentaire. En cas de tartre excessif ou si votre chat ne se laisse pas brosser les dents, le vétérinaire peut effectuer, sous anesthésie, un détartrage à l'aide d'un appareil à ultra-sons.
Gingivite	Une inflammation des gencives est le premier signe de problèmes dentaires et peut s'associer à une accumulation de tartre sur l'émail. La gingivite commence par une ligne rouge bordant la dent. Non traitée, elle devient douloureuse et peut donner lieu à un ulcère. Le chat a mauvaise haleine, peut se mettre à baver et avoir du mal à mâcher.	Consultez un vétérinaire si vous remarquez des rougeurs dans la bouche du chat et sur ses gencives. Un brossage régulier vous aidera à maintenir ses gencives en bon état.
Infection buccale	La stomatite est une inflammation de la tunique interne de la bouche. Elle peut être due à la présence d'un corps étranger, à une maladie virale ou à un problème dentaire. Le chat a du mal à manger, et l'intérieur de sa bouche est rouge.	Le vétérinaire vous indiquera le traitement à suivre après avoir identifié la cause de l'infection.
Ulcère et granulome labial	Il s'agit d'une plaie (ulcère) se développant lentement, ou d'une boursouflure (granulome) qui apparaît sur la lèvre supérieure du chat.	Consultez un vétérinaire. N'oubliez pas que l'ulcère tend à réapparaître quand le traitement est interrompu trop tôt.
Kyste salivaire	Si les glandes salivaires ou les canaux qui acheminent la salive jusque dans la bouche sont obstrués, un kyste peut se former sous la langue (ranula) ou la joue (grenouillette).	Un traitement chirurgical s'impose, sinon le chat ne pourra pas se nourrir.
Ulcère de la bouche	Les ulcères sur la langue et dans la bouche peuvent être dus au coryza *(voir page 109)* ou à une maladie hépatique.	Consultez un vétérinaire, qui identifiera l'origine de l'ulcère.

MALADIES DES GENCIVES

Les gingivites sont des inflammations aiguës des gencives. Elles sont le plus souvent associées à une accumulation de tartre sur les dents, mais peuvent aussi indiquer une maladie interne grave, telles une infection par le virus du FIV *(voir page 123)* ou une insuffisance rénale *(voir page 119)*. Une fois l'infection déclarée, les gencives se rétractent et les dents se déchaussent. Il arrive que le chat ait mauvaise haleine sans que l'on observe de changements dans sa bouche. Tout signe clinique mérite un examen vétérinaire, car votre chat risque de perdre ses dents et d'être incapable de se nourrir. On peut prévenir en partie les maladies des gencives en assurant au chat une nourriture équilibrée. Un régime qui ne contient que des aliments mous semble favoriser l'apparition de problèmes dentaires. L'introduction de morceaux de viande ou d'aliments déshydratés (croquettes) dans le menu permet au chat de mastiquer, et donc de se débarrasser des détritus alimentaires.

Gingivite
Une ligne rouge bordant la dent est un signe de gingivite.

BROSSAGE DES DENTS

L'accumulation de tartre peut être retardée par un brossage régulier. Une autre personne peut tenir le chat fermement tandis que vous lui brossez les dents avec un dentifrice spécial *(voir page 69)*.

Brossage
En retroussant la lèvre supérieure, on peut brosser les dents du fond.

LES TROUBLES DE LA REPRODUCTION

La plupart des chats non castrés sont très féconds et se reproduisent facilement. Néanmoins, il existe des pathologies empêchant les femelles de concevoir et les mâles de produire du sperme.

Il n'y a pas d'équivalent de la ménopause humaine chez les chats. Même si leur activité sexuelle se réduit, rien n'empêche les chattes âgées d'avoir des petits. Les tumeurs des testicules sont rares, mais celles des mamelles sont assez communes chez les chattes de plus de 10 ans et requièrent un traitement urgent. Quand la stérilisation est effectuée avant l'âge de 1 ou 2 ans, elle paraît prévenir le développement ultérieur de tumeurs. En revanche, il semble inutile d'attendre une première mise bas pour procéder à l'opération. Il vaut toujours mieux castrer les mâles dont les testicules, ou l'un des deux, ne sont pas descendus, car cette anomalie est héréditaire et le testicule interne peut se cancériser.

Échographie
Comme chez la femme, l'échographie permet de contrôler l'évolution de la gestation de la chatte.

LES ORGANES REPRODUCTEURS

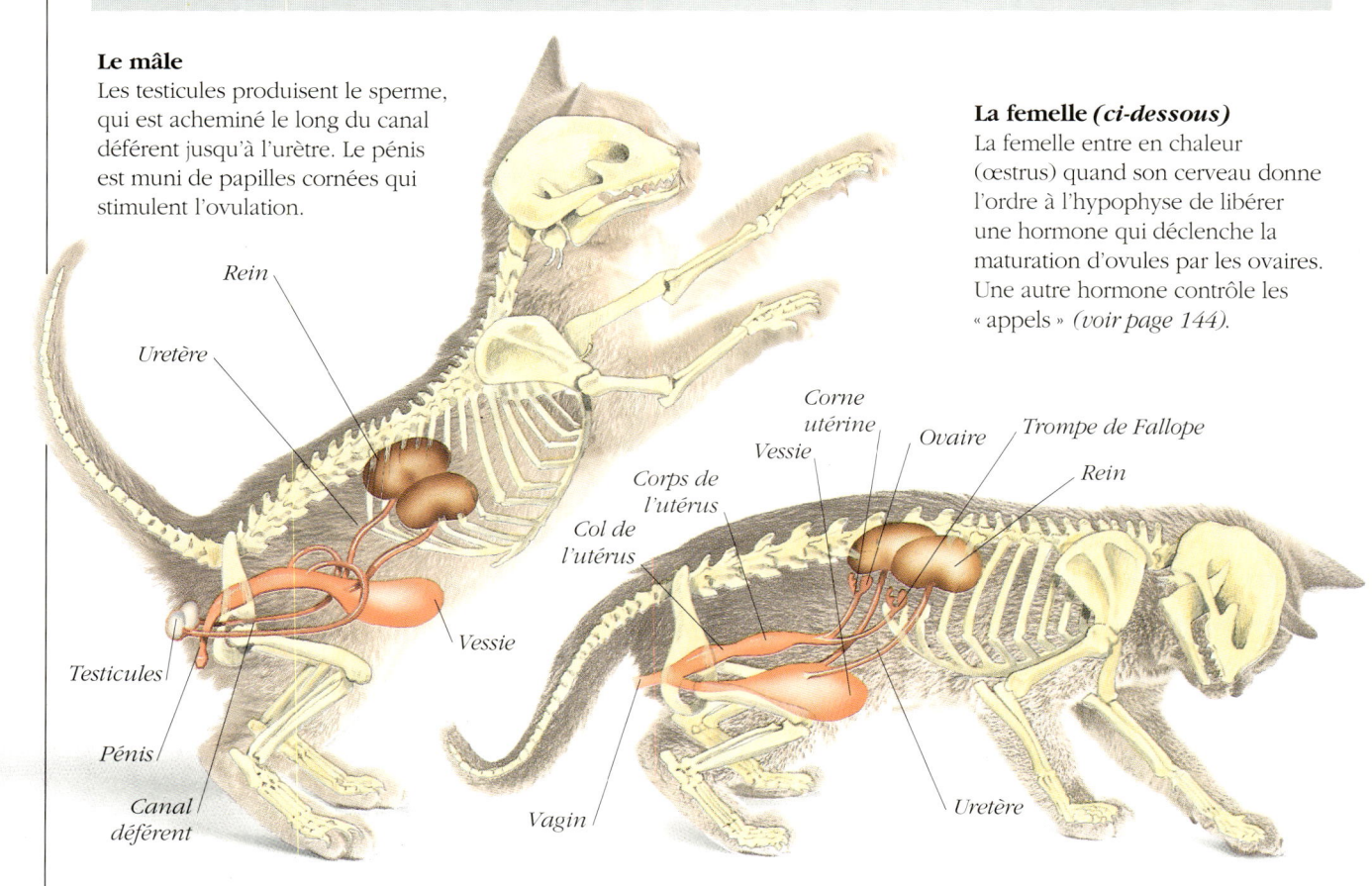

Le mâle
Les testicules produisent le sperme, qui est acheminé le long du canal déférent jusqu'à l'urètre. Le pénis est muni de papilles cornées qui stimulent l'ovulation.

Rein
Uretère
Testicules
Pénis
Canal déférent
Vessie

La femelle *(ci-dessous)*
La femelle entre en chaleur (œstrus) quand son cerveau donne l'ordre à l'hypophyse de libérer une hormone qui déclenche la maturation d'ovules par les ovaires. Une autre hormone contrôle les « appels » *(voir page 144)*.

Corne utérine
Vessie
Ovaire
Trompe de Fallope
Corps de l'utérus
Rein
Col de l'utérus
Vagin
Uretère

LES TROUBLES DE LA REPRODUCTION

TROUBLES DE LA REPRODUCTION

Trouble	Description et symptômes	Que faire ?
Stérilité de la femelle	Si, après l'accouplement, la femelle n'est pas fécondée, cela peut être dû à différents facteurs. Elle peut souffrir d'une carence alimentaire (manque de vitamine A ou E), mais aussi s'être accouplée à la mauvaise période.	On ne peut identifier la cause de la stérilité qu'après un examen vétérinaire approfondi.
Stérilité du mâle	La stérilité est rare chez les mâles. Elle peut être due à une infection génitale ou à une pathologie congénitale. Un mâle dont seul un testicule n'est pas descendu dans les bourses (monorchide) peut concevoir, mais, si c'est le cas des deux (cryptorchide), il risque fort d'être stérile.	On ne peut identifier la cause de stérilité qu'après un examen vétérinaire sérieux et très approfondi. Stérilisez les mâles monorchides, car il s'agit d'un trouble héréditaire.
Kystes ovariens	Ils sécrètent une grande quantité d'hormones sexuelles féminines, qui provoquent des périodes de chaleur fréquentes ou continues (surtout chez les races orientales).	Consultez un vétérinaire si votre chatte a un cycle menstruel anormal.
Fausse couche et résorption	Cela peut être dû au stress, à un traumatisme, à une infection ou encore à une anomalie du fœtus. Signes avant-coureurs : saignement et écoulement de la vulve, travail se déclenchant précocement. Les chatons prématurés de moins de 7 semaines sont parfois momifiés ou résorbés par le corps de la mère.	Si vous remarquez un signe qui semble indiquer l'imminence d'une mise bas prématurée, contactez immédiatement un vétérinaire.
Mise bas difficile	La plupart des chattes mettent bas sans problèmes, mais certaines ont besoin d'aide (*voir pages 174-175*).	Consultez un vétérinaire si votre chatte semble avoir du mal à mettre bas.
Métrite	Il arrive que l'utérus s'infecte après une mise bas difficile, surtout si la chatte est âgée. Parmi les symptômes, il y a des douleurs abdominales et un saignement de la vulve.	Consultez un vétérinaire si votre chatte présente des signes anormaux immédiatement après la mise bas.
Pyomètre	Chez les chattes âgées, l'accumulation de liquide dans l'utérus est assez fréquente, et provoque perte d'appétit, forte fièvre, abattement et suppuration de la vulve.	Consultez un vétérinaire immédiatement. La chatte doit subir l'ablation des ovaires et de l'utérus.
Mastite	Il s'agit d'une inflammation des glandes mammaires. Celles-ci enflent et deviennent rouges. Les chatons, incapables de téter, montrent des signes de faim et de faiblesse.	Voyez un vétérinaire immédiatement. Les chatons doivent parfois être nourris par une nourrice ou au biberon.

TROUBLES DE L'APPAREIL REPRODUCTEUR CHEZ LA FEMELLE

Les chattes non stérilisées sont exposées à plusieurs pathologies de l'appareil reproducteur : le pyomètre est dû à un déséquilibre hormonal, typique des femelles âgées. Des kystes peuvent aussi se développer dans l'utérus, entraînant une inflammation et un épanchement de liquide. Cela peut entraîner une toxémie, voire la mort, si ce n'est pas soigné à temps. Immédiatement après la mise bas, la chatte peut souffrir d'un prolapsus de l'utérus, qui descend dans le vagin. Le cas échéant, contactez rapidement le vétérinaire, car ce trouble peut provoquer un état de choc grave, voire fatal. Parmi les autres troubles, on compte les kystes ovariens, la stérilité, les fausses couches et les mises bas difficiles (*voir pages 174-175*).

Mises bas difficiles (*à gauche*)
Le vétérinaire doit intervenir au plus tôt.

PROBLÈMES D'ALLAITEMENT

Certaines pathologies empêchent la production du lait : la mastite (gonflement des glandes mammaires) et l'éclampsie (fièvre de lait), due à la baisse du taux de calcium dans le sang.

La mère parfaite (*ci-dessus*)
Les chattes sont de bonnes mères et peuvent nourrir de petits orphelins.

LA SANTÉ

LES TROUBLES URINAIRES

Les troubles urinaires requièrent un examen vétérinaire urgent, car ils peuvent être graves et mettre la vie de votre chat en danger. S'il semble avoir du mal à uriner, ou s'il n'y arrive pas, contactez immédiatement un praticien. L'urine du chat est assez claire ou jaune pâle. Une urine trouble ou teintée peut indiquer une infection de la vessie ou même le début d'une maladie rénale. Une soif excessive et des mictions fréquentes signalent parfois un diabète, ou une maladie hépatique ou rénale, alors que l'incontinence est très souvent associée à un déséquilibre hormonal ou bien encore à une lésion de la colonne vertébrale. Sachez qu'il est important que votre chat ait toujours de l'eau à disposition.

Soif insatiable
Si votre chat boit ou urine plus qu'à l'accoutumée, il doit être examiné par un vétérinaire sans délai, car cela peut être un signe de pathologie grave.

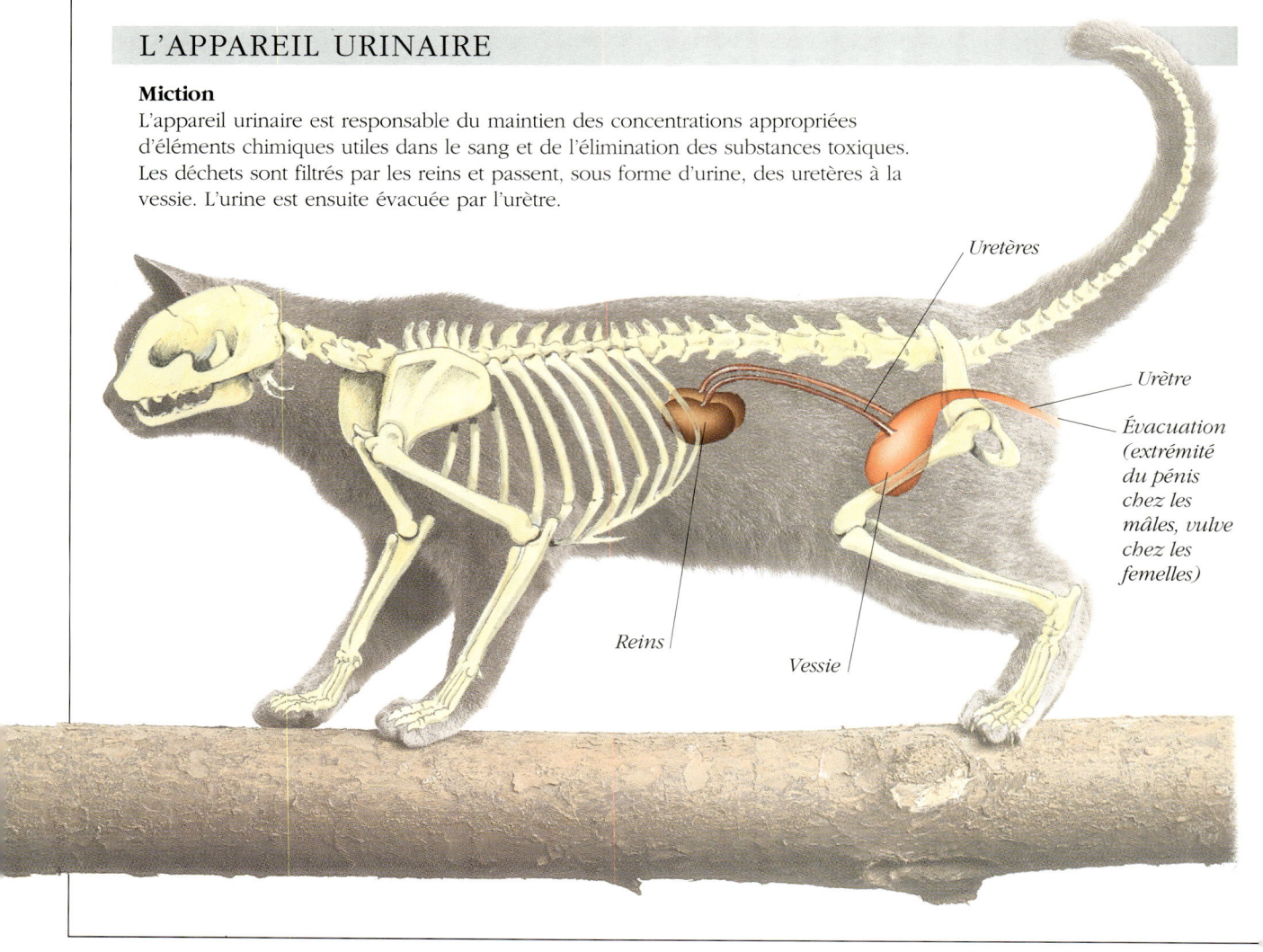

L'APPAREIL URINAIRE

Miction
L'appareil urinaire est responsable du maintien des concentrations appropriées d'éléments chimiques utiles dans le sang et de l'élimination des substances toxiques. Les déchets sont filtrés par les reins et passent, sous forme d'urine, des uretères à la vessie. L'urine est ensuite évacuée par l'urètre.

Uretères

Urètre

Évacuation (extrémité du pénis chez les mâles, vulve chez les femelles)

Reins

Vessie

TROUBLES URINAIRES

Trouble	Description et symptômes	Que faire ?
Insuffisance rénale chronique	C'est le trouble le plus courant chez les chats âgés. La détérioration progressive de la fonction rénale entrave l'élimination des déchets par l'organisme. Le chat urine plus que d'habitude et a de plus en plus soif. Les autres symptômes fréquents sont l'amaigrissement, la mauvaise haleine et les ulcères dans la bouche.	Consultez un vétérinaire, qui établira un diagnostic après analyse de sang. Il vous indiquera un régime alimentaire destiné à compenser les dysfonctions rénales.
Insuffisance rénale aiguë	Moins fréquente que la forme chronique, elle affecte plutôt les chats jeunes. Elle peut être due, entre autres, à une infection virale ou bactérienne, ou à un empoisonnement par une substance toxique. Les symptômes sont les vomissements, la perte d'appétit, un abattement profond et la déshydratation.	Consultez immédiatement un vétérinaire, qui tentera de combattre la toxémie. Il faut parfois administrer des liquides pour lutter contre la déshydratation.
Obstruction urinaire ou syndrome urologique félin (SUF)	L'accumulation de minuscules cristaux entraîne la formation de calculs qui provoquent parfois un blocage de la vessie quand ils obstruent l'urètre. Ce trouble affecte surtout les mâles castrés, l'urètre des mâles entiers et des femelles étant plus large. Le chat atteint évacue laborieusement une urine mêlée de sang. Dans les cas graves, il n'urine plus du tout. La vessie se détend, l'abdomen est dur et douloureux au toucher. Cette pathologie très douloureuse affecte beaucoup le chat. Le rein est atteint rapidement.	Pour débloquer la vessie, un traitement vétérinaire s'impose d'urgence. A l'aide d'un régime strict, on veillera à ce que le chat absorbe suffisamment d'eau. Grâce aux progrès de la diététique, les obstructions urinaires sont devenues relativement rares.
Cystite	L'inflammation de la vessie est le plus souvent due à une infection bactérienne, ou associée au SUF. En Australie, les cystites sont parfois provoquées par un ver parasite de la vessie. Les symptômes incluent une miction fréquente et difficile, et parfois des traces de sang dans les urines. Il arrive que le chat se lèche l'arrière-train de façon obsessionnelle.	Consultez un vétérinaire d'urgence avant que le mal n'empire.
Incontinence	Une miction constante ou fréquente liée à une perte des contrôles volontaires est parfois due au grand âge, à une blessure ou à une infection de la vessie. A ne pas confondre avec le marquage du territoire par l'urine.	S'il y a d'autres symptômes, tels que des difficultés à uriner, consultez immédiatement un vétérinaire. Ne réduisez pas l'apport en eau.

INFECTIONS URINAIRES

L'inflammation de la vessie, ou cystite, peut être d'origine bactérienne ; détectée à temps, elle se soigne bien. Les symptômes d'infection sont une miction fréquente et difficile, et un léchage constant de la région urogénitale. Les cystites frappent les deux sexes. Les jeunes mâles castrés sont les plus souvent atteints par une pathologie plus grave dite « syndrome urologique félin » (SUF). Il n'y a pas de cause unique et identifiée à ce syndrome ; chez un chat qui ne boit pas suffisamment, l'urine peut être trop concentrée. Les sels se rassemblent parfois sous forme de dépôt boueux ou de calculs, bloquant l'urètre (le passage étroit par lequel les déchets sont évacués). Le chat éprouve alors des difficultés à uriner, et sa miction est douloureuse. Le SUF est plus rare chez les mâles entiers et les femelles. Il nécessite un traitement vétérinaire d'urgence.

Miction difficile
Le chat ne doit avoir aucune gêne à uriner.

PROBLÈMES RÉNAUX

Les reins sont souvent les premiers organes à montrer des signes de vieillesse *(voir page 138)*. A défaut de soins, leur état risque d'empirer, jusqu'à ce qu'ils ne filtrent presque plus les déchets, entraînant alors une accumulation de substances toxiques dans l'organisme, avec des conséquences parfois fatales. Un traitement d'urgence s'impose avant que ce trouble ne devienne irréversible. Quand les symptômes sont détectés à temps, le chat peut être soigné et mener une vie quasi normale. Hormis la détérioration fonctionnelle due à l'âge, les insuffisances rénales peuvent se développer aussi à la suite d'une blessure ou d'une maladie grave telle que la péritonite infectieuse féline *(voir page 111)*.

LES AFFECTIONS NEUROLOGIQUES

La grâce, l'agilité et la bonne coordination des chats reposent sur un système de contrôle nerveux hautement sophistiqué. Bien que rares, des troubles nerveux peuvent exister et sont souvent graves. Des crises convulsives peuvent se produire, ayant diverses origines : tumeur du cerveau, empoisonnement, épilepsie, etc. Toutefois, les causes les plus courantes sont des lésions consécutives à des accidents de la circulation. Certaines maladies infectieuses entraînent parfois une inflammation du cerveau ou celle de la moelle épinière. Une lésion accidentelle de la moelle épinière ou bien des nerfs qui alimentent la région blessée du corps peut entraîner une paralysie partielle. Si le trouble nerveux ne guérit pas, la paralysie risque fort d'être irréversible.

Poison
Manger une souris empoisonnée peut rendre un chat gravement malade : la substance contenue dans certaines mort-aux-rats attaque le système nerveux.

LE SYSTÈME NERVEUX CENTRAL

Vertèbre *Nerfs* *Moelle épinière* *Cerveau*

Le réseau nerveux
Le système nerveux central est bien protégé des chocs violents. Les nerfs périphériques sont beaucoup plus vulnérables. Partant du cerveau, la moelle épinière parcourt la colonne vertébrale à l'intérieur des vertèbres. Elle transmet les impulsions motrices jusqu'aux muscles par l'intermédiaire des nerfs.

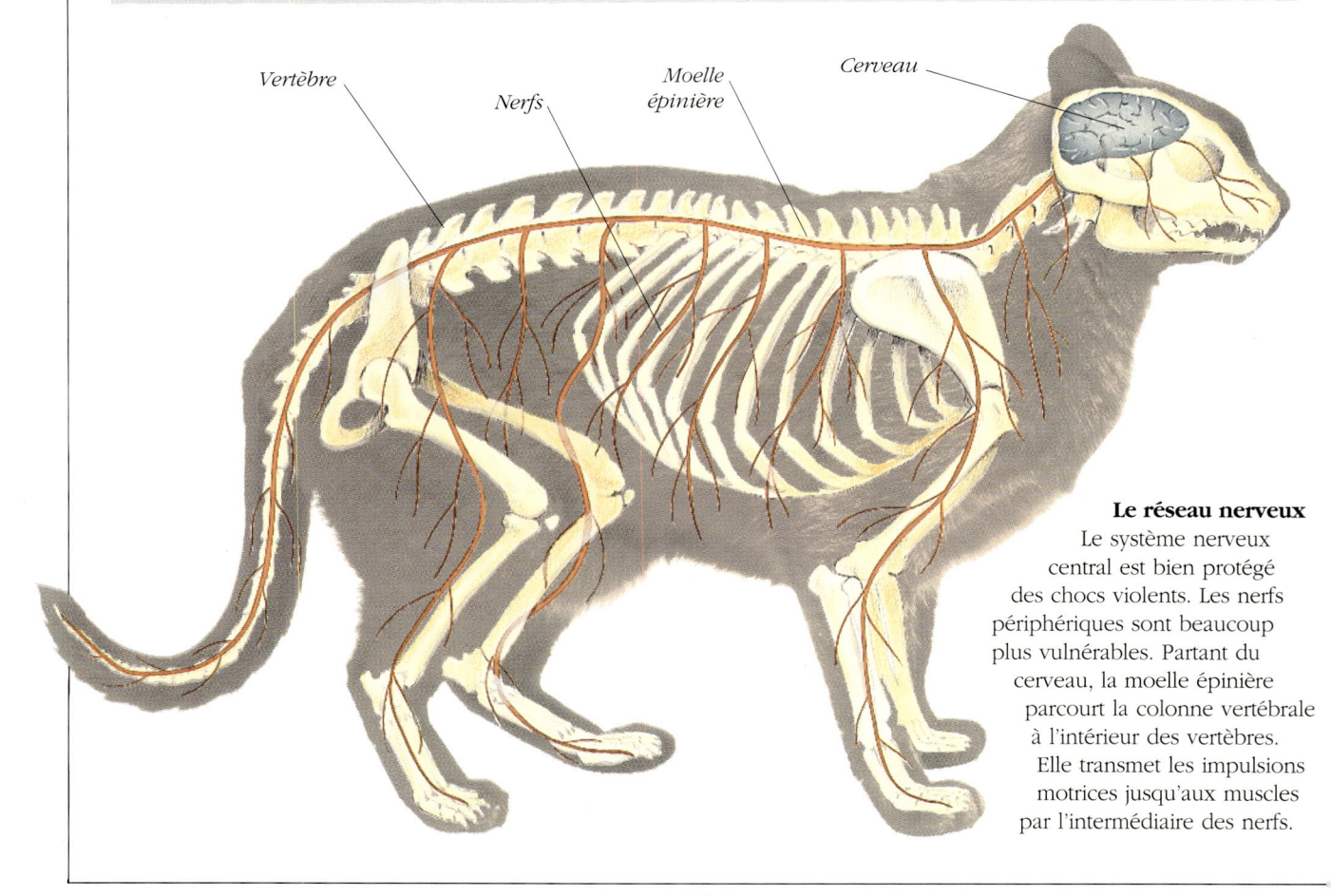

AFFECTIONS NEUROLOGIQUES

Affection	Description et symptômes	Que faire ?
Lésion cérébrale	Le traumatisme cérébral grave est souvent dû à un accident de la circulation ou à une chute ; il est généralement mortel. Les apoplexies, rares chez les chats, conduisent en général à la paralysie d'une région du corps. Les lésions cérébrales peuvent aussi être le résultat de tumeurs, de malformations congénitales, ou de l'extension d'une infection bactérienne localisée dans une autre partie de l'organisme.	Après un accident ou une chute, les soins d'urgence sont impératifs, surtout si l'on soupçonne une blessure à la tête. Les attaques mineures d'apoplexie se soignent, mais il faut craindre des séquelles, telles que la baisse de la vue ou les crises à répétition.
Méningite	Cette maladie nerveuse, rare, affecte la membrane recouvrant le cerveau et la moelle épinière. Les symptômes sont : fièvre, dilatation des pupilles, perte d'appétit, convulsions.	Un traitement vétérinaire d'urgence s'impose. L'analyse d'un échantillon médullaire est parfois nécessaire.
Encéphalite	Il s'agit d'une inflammation de l'encéphale, due à un virus, comme la rage, ou à une infection bactérienne. Parmi les symptômes, on constate la fièvre, une dilatation des pupilles, des convulsions et la paralysie.	Un traitement vétérinaire d'urgence s'impose. Le praticien doit identifier l'origine de l'infection.
Crises d'épilepsie	Relativement rares, elles peuvent être congénitales ou liées à des lésions cérébrales, des tumeurs, à un empoisonnement, une carence vitaminique. Les attaques apparaissent à l'âge de 6 mois, ou se déclarent à la suite d'un accident ou d'un coup sur la tête.	Consultez immédiatement un vétérinaire. Ne déplacez pas un chat au cours d'une crise. Le trouble peut parfois être corrigé à l'aide d'anticonvulsivants.
Paralysie	La moelle épinière et les nerfs alimentant une partie donnée du corps sont parfois endommagés au cours d'un accident. Cela peut entraîner la paralysie (le plus souvent la queue ou un membre). Le chat ne supporte alors plus le moindre poids sur le membre atteint et le traîne derrière lui.	Si le nerf est sérieusement abîmé et le membre fracturé, il faut parfois amputer. La plupart des chats vivent très bien avec trois pattes seulement.
Dysautonomie féline (syndrome de Key-Gaskell)	Pathologie rare affectant le système nerveux du chat. Les symptômes sont : perte d'appétit et amaigrissement, vomissements, constipation, dilatation de la pupille.	Sans intervention vétérinaire urgente, le chat a peu de chances de guérir.
Empoisonnement	Certains produits (tue-limaces, par exemple) sont extrêmement toxiques pour le chat. L'empoisonnement peut provoquer des convulsions ou des spasmes musculaires.	Si vous soupçonnez que votre chat est empoisonné, consultez immédiatement un vétérinaire *(voir pages 166-167)*.
Perte d'équilibre	Un manque d'aplomb et une absence de coordination dans les mouvements peuvent signaler une croissance anormale, une blessure, une carence vitaminique ou un trouble de l'oreille interne *(voir page 107)*.	Le vétérinaire devra effectuer un check-up complet du chat.

CONTROLE DES RÉFLEXES

Une moitié du système nerveux est responsable de l'appareil sensitif, tandis que l'autre contrôle tous les mouvements du chat par l'intermédiaire des nerfs moteurs. L'examen des réflexes est donc la première étape dans l'examen d'un trouble neurologique *(voir page 159)*. Il fournit des indications précieuses sur la partie défectueuse du système nerveux. Le vétérinaire peut aussi tester la capacité de la pupille à se dilater en pointant une lumière vive droit sur l'œil. Un chat à demi conscient risque de ne pas réagir s'il se trouve en état de choc. Les radiographies et les analyses de sang et de liquide céphalo-rachidien sont également utiles pour diagnostiquer ce type de pathologie.

S'il n'éprouve aucune sensation dans un membre, ou présente une absence de réflexes, et s'il ne peut plus contrôler sa miction ou ses mouvements d'évacuation, les chances de guérison sont limitées. Toutefois, toutes les lésions neurologiques ne sont pas incurables. Dans tous les cas, le vétérinaire doit examiner soigneusement le chat.

Dysautonomie féline
Dans cette maladie rare, la pupille est dilatée en permanence.

Les Maladies du Cœur et du Sang

Les maladies cardiaques et hématologiques du chat sont nombreuses. Son cœur est relativement petit, mais bien adapté à son style de vie, avec un battement modéré la plupart du temps, mais aussi capable d'accélérations soudaines lors de bonds ou de déplacements très rapides. Avec l'âge, les moments d'effort intense se font plus rares, mais ce n'est que lorsque le cœur est dans un état de détérioration avancé que le chat s'essouffle et rechigne à bouger. Les maladies cardiaques peuvent être causées notamment par une carence nutritive (en taurine), par des problèmes thyroïdiens ou par le vieillissement progressif des valvules ou du myocarde.

Auscultation
Une partie de l'examen de routine de l'appareil circulatoire consiste à écouter le cœur. Le plus souvent, le vétérinaire évalue la fonction cardiaque avec un stéthoscope, mais il existe aussi d'autres méthodes, plus sophistiquées.

L'APPAREIL CIRCULATOIRE

Veines pulmonaires

Oreillette droite

Le cœur
Il est divisé en quatre cavités : les oreillettes droite et gauche, et les ventricules droit et gauche.

Artères pulmonaires

Oreillette gauche

Ventricule gauche

Ventricule droit

Cœur

Le sang
Il est pompé par le cœur à travers les artères, qui l'acheminent alors dans les vaisseaux capillaires, puis ceux-ci le distribuent dans l'ensemble du corps. Il retourne au cœur en empruntant les veines.

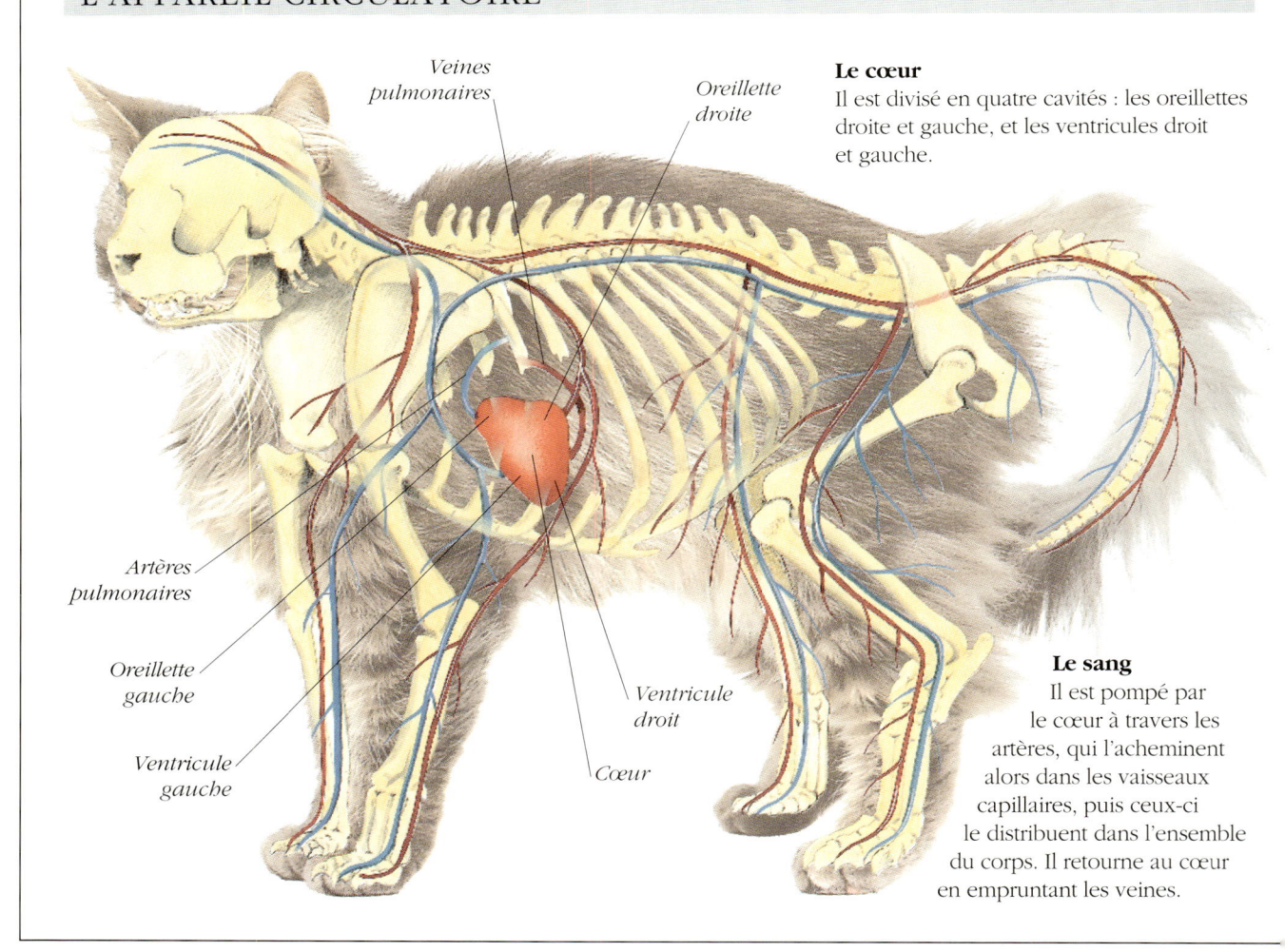

MALADIES DU CŒUR ET DU SANG

Trouble	Description et symptômes	Que faire ?
Leucose (due au rétrovirus FeLV)	Elle peut provoquer un cancer des globules blancs et du système lymphatique. La transmission se fait par contact direct avec un sujet malade. Les symptômes sont : perte de poids, vomissements, diarrhée, difficultés respiratoires, anémie, dépression immunitaire.	Des analyses de sang permettent de détecter la présence du virus. Les sujets positifs doivent être isolés. Il existe un vaccin, mais pas encore de traitement très efficace.
Immunodéficience féline virale (FIV)	Le FIV est similaire au virus VIH des hommes, mais il est spécifique au chat. Le virus détruit le système immunitaire, exposant le chat aux infections. Il peut aussi donner les mêmes affections que le FeLV. Il se transmet par voie sexuelle et au contact de la salive d'un chat infecté. Le chat est abattu, il maigrit puis développe des affections secondaires.	Il existe un test de dépistage du virus, mais aucun médicament ni vaccin pour le combattre. Il est important de souligner que les hommes ne peuvent pas contracter le SIDA par les chats.
Anémie	Le chat anémié souffre d'une réduction de sa provision sanguine en hémoglobine, ce qui diminue la concentration d'oxygène dans son sang. Il a les gencives pâles, il est léthargique, faible et sans appétit. Sa respiration est rapide.	Consultez immédiatement un vétérinaire si vous remarquez des signes d'anémie. Le traitement dépend de la cause de la maladie.
Anémie infectieuse féline (hémobartonellose)	Elle est due à un petit parasite du sang qui détruit les globules rouges et provoque une anémie grave. Les chats porteurs du FeLV sont plus exposés.	Après analyse du sang, on traite par antiparasitaires internes, compléments de fer et transfusions sanguines.
Maladies cardiaques	La plupart des chatons qui naissent avec une malformation cardiaque grave meurent avant l'âge de 1 an. Parmi les autres cardiopathies, on peut citer la détérioration du myocarde provoquant une insuffisance de la pompe cardiaque et, chez les chats âgés, la dégénérescence des valvules du cœur. Signes d'atteinte cardiaque : respiration profonde, gencives bleuâtres et fatigabilité.	Un traitement vétérinaire s'impose d'urgence. Il dépend de la nature du trouble. Dans certains cas, des médicaments peuvent être efficaces.
Thrombose	Il s'agit d'un caillot de sang obstruant un vaisseau. Le premier signe est souvent une paralysie de l'arrière-train, froid au toucher. La détérioration du myocarde en est la cause.	Un traitement s'impose d'urgence. La chirurgie est parfois possible, mais le taux de guérison est faible.
Dirofilariose cardiaque	C'est une maladie féline rare, spécifique aux régions chaudes et humides. Les symptômes sont : difficultés respiratoires, amaigrissement, accumulation de liquide dans l'abdomen.	Le vétérinaire peut prescrire des médicaments empêchant les larves du vers d'atteindre l'âge adulte.

DIROFILARIOSE CARDIAQUE

Dans les pays chauds et humides, la filaire cardiaque (*Dirofilaria immitis*) infeste parfois les chats (elle parasite plus souvent les chiens). Dans les régions à haut risque, on administre des médicaments à titre préventif. Le traitement est délicat : tuer le ver adulte peut provoquer l'obstruction d'un vaisseau et entraîner la mort du chat. Les larves microscopiques sont souvent difficiles à détecter car peu nombreuses. On peut les empêcher de se développer par un traitement médicamenteux. Cette affection est rarissime en France.

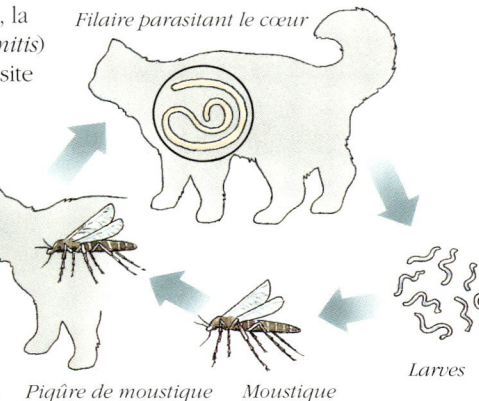

Filaire parasitant le cœur

Piqûre de moustique *Moustique* *Larves*

Cycle de vie de la filaire cardiaque
Les larves se transmettent par la piqûre de moustique et se développent dans le cœur.

DÉPISTAGE SANGUIN

L'hémobartonellose est due à de minuscules organismes qui vivent dans les globules rouges et les détruisent. Le vétérinaire peut les déceler en analysant un échantillon de sang. Les autres troubles sanguins graves sont : le cancer des globules blancs, dû notamment au virus de la leucose, et la destruction du système immunitaire du chat par le virus du FIV (apparenté au virus du SIDA) ou le FeLV. Il existe des tests de dépistage pour ces différents virus mortels et des procédures d'isolement pour éviter la propagation des infections. Si vous soupçonnez votre chat d'être atteint par une de ces maladies, consultez un vétérinaire.

LES MALADIES TRANSMISSIBLES A L'HOMME

Les micro-organismes infectieux tendent à affecter une seule espèce. Par exemple, la fièvre porcine n'atteint que les cochons, et le rhume commun uniquement les hommes. Il existe néanmoins quelques maladies pouvant passer de l'animal – domestique ou sauvage – à l'homme. Ces infections transmissibles sont appelées zoonoses.

Les principales zoonoses félines sont la rage, la toxoplasmose et les troubles dus à certains parasites. Elles sont de gravité variable : la rage est mortelle, alors que la toxoplasmose n'est un danger que pour les femmes enceintes et les malades du SIDA.

La rage
La rage peut se transmettre d'un animal sauvage à un animal familier, puis à l'homme.

LA RAGE DANS LE MONDE

Carte des vecteurs
Cette carte montre les principaux vecteurs de la rage dans le monde.

Raton laveur		Mangouste	
Putois		Chien	
Chauve-souris		Chat	
Renard		Pas de rage	

VECTEURS DE RAGE

La rage est, avec la tuberculose, la maladie la plus importante que l'animal puisse transmettre à l'homme. Tous les animaux à sang chaud peuvent être contaminés, mais peu d'entre eux sont vecteurs de la maladie. Parmi eux figurent : les renards, les loups, les ratons laveurs, les putois, les chauves-souris, les chiens et les mangoustes. Certains pays d'Europe, le Japon, Hawaii, les Antilles, la Nouvelle-Zélande, l'Australie et l'Antarctique sont épargnés par la rage et ont, à titre préventif, adopté des mesures d'isolement très strictes *(voir page 50)*.

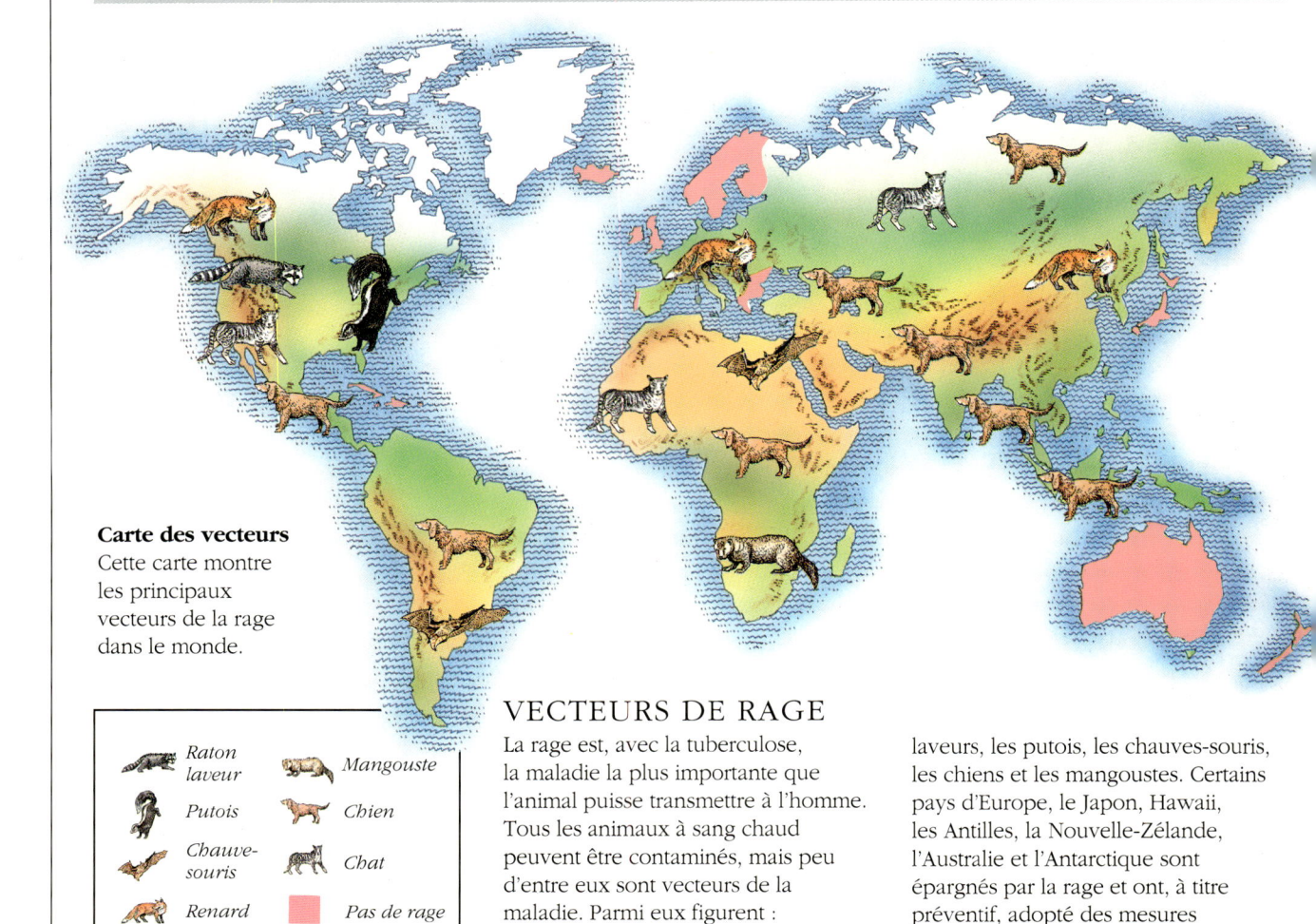

MALADIES TRANSMISSIBLES A L'HOMME

Maladie	Description et symptômes	Que faire ?
Rage	C'est la plus dangereuse. Très contagieuse, elle se transmet par la salive d'un animal contaminé. La maladie peut évoluer en trois phases. D'abord, on observe un changement de comportement : un chat habituellement amical devient nerveux et se cache. Ensuite, il se montre de plus en plus agressif et agité, et tente de mordre ou de griffer ceux qui l'approchent. Enfin, il est atteint de paralysie et de coma, puis meurt. Le stade de la paralysie peut apparaître de prime abord (rage paralytique).	Une fois que le chat, ou l'homme, présente les signes cliniques de la maladie, il n'y a aucun traitement efficace. La vaccination est obligatoire dans les départements français où la rage sévit. Un chat présentant des symptômes caractéristiques doit être isolé immédiatement.
Salmonellose	Un chat peut manger des aliments contaminés ou mal cuits contenant des bactéries et être atteint d'entérite (inflammation de l'intestin). Bien que cela soit rare, il arrive que les bactéries appartenant à la famille des salmonelles se transmettent à l'homme. Les signes d'infection sont : fièvre, vomissements, diarrhée, soif intense pour compenser la perte de liquide.	Consultez un vétérinaire si votre chat vomit ou a de la diarrhée de façon persistante. Les antibiotiques sont parfois efficaces. Une bonne hygiène du chat est indispensable, étant donné le risque représenté pour l'homme.
Tuberculose	Elle atteint le chat et les animaux domestiques tout comme l'homme, mais elle est désormais rare dans les pays développés. Le chat peut la contracter en buvant du lait infecté, mais, le plus souvent, il est contaminé par ses maîtres (« zoonose à l'envers »). La maladie touche les poumons et l'abdomen, avec fièvre et amaigrissement considérable.	Il est parfois possible de traiter un chat tuberculeux, mais il faut prendre en compte le risque qu'il représente pour la santé publique.
Toxoplasmose	Cette maladie courante est due à un parasite intestinal. Le chat est contaminé en mangeant une proie ou de la viande crue infestées. Il n'y a souvent aucun signe, sauf dans les cas graves : fièvre, perte d'appétit, amaigrissement, difficultés respiratoires. Les hommes peuvent être contaminés en manipulant des selles de chats infestés ou, plus souvent, de la viande crue infectée ou des légumes souillés par le chat (dans un jardin potager, par exemple).	Il faut empêcher le chat de manger ses proies, et bien cuire sa viande. Les femmes enceintes doivent éviter de toucher à la litière souillée si elles n'ont pas été en contact avec le parasite dans le passé (test de dépistage systématique). Les malades du SIDA sont très vulnérables à la toxoplasmose.
Problèmes cutanés	La teigne est un champignon courant provoquant des troubles cutanés *(voir page 101)* : petites plaques rondes dépilées sur la tête et les oreilles du chat, rougeurs sur les bras et les jambes de l'homme. Les puces et certains acariens provoquent parfois des démangeaisons et des plaques rouges chez l'homme.	Si votre chat a de la teigne, il faut lui administrer rapidement un traitement. Sa literie et les ustensiles de toilettage doivent être désinfectés. Les puces et autres parasites sont contrôlés par un traitement local et une désinfection.

TOXOPLASMOSE

Les chats sont parfois porteurs du parasite *Toxoplasma*, qui peut se transmettre à l'homme. Le chat est infesté en mangeant de la viande crue contaminée. Il évacue ensuite des kystes avec ses selles. Même si le chat enterre ses excréments, il faut prendre des précautions quand on nettoie la litière.

Pour l'homme, le risque vient surtout du fait de manger de la viande et des végétaux crus. La plupart des infestations ne sont pas dangereuses, sauf pour les femmes enceintes (risque de malformation du fœtus) et les malades du SIDA.

MORSURES ET GRIFFURES

Peu de chats sont agressifs vis-à-vis de l'homme sans avoir été provoqués. On se fait généralement mordre ou griffer pour avoir mal pris un chat dans ses bras ou l'avoir effrayé *(voir pages 40-41)*. La bouche du chat contient des bactéries : une morsure peut s'infecter si elle n'est pas nettoyée et désinfectée avec un antiseptique. Si une morsure enfle ou devient douloureuse, consultez rapidement un médecin. Les griffures peuvent également provoquer une infection, voire de la fièvre ; elles doivent toujours être soigneusement nettoyées.

Dents et griffes
Si on le provoque, le chat utilise ses dents et ses griffes pour se défendre.

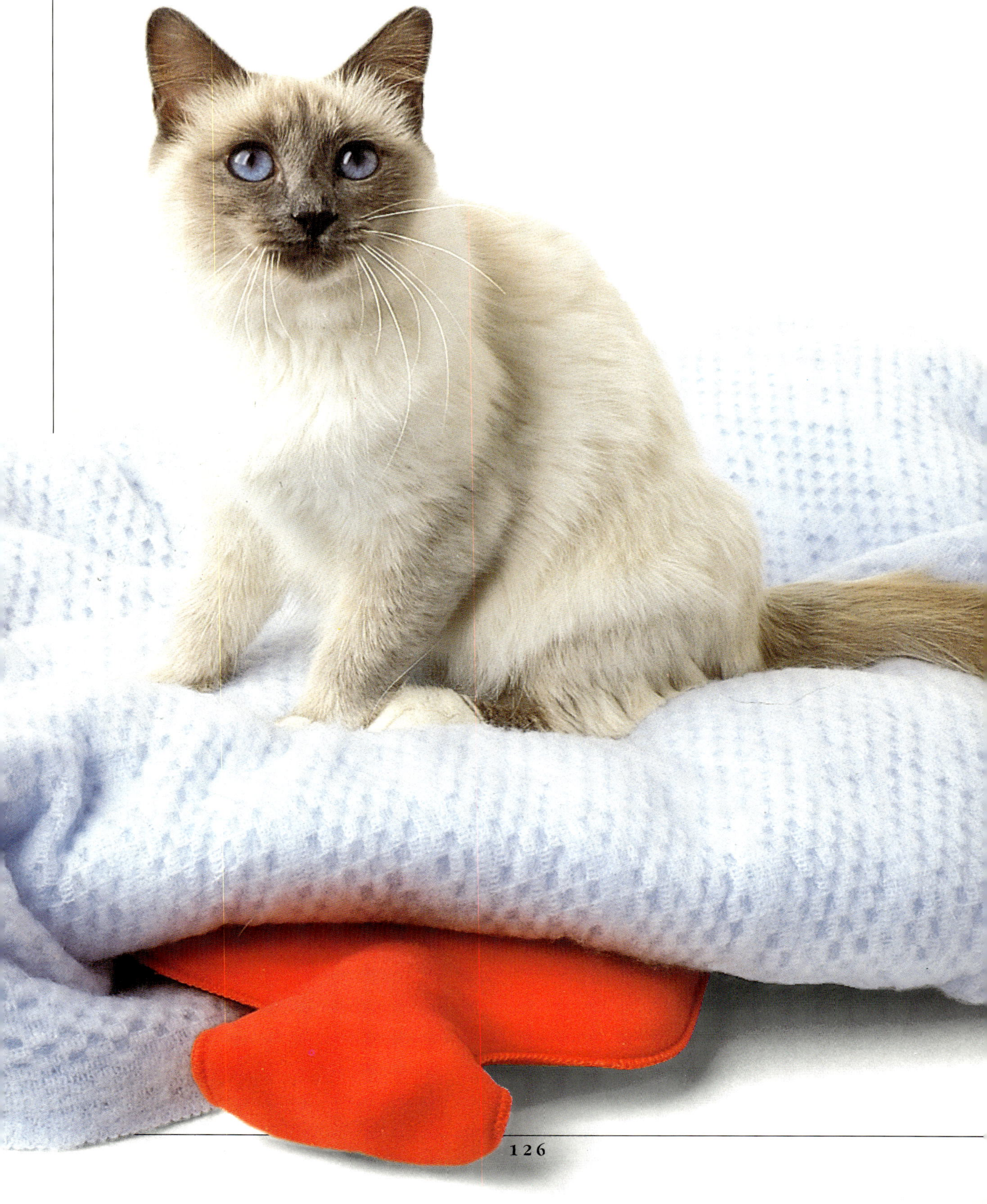

Chapitre 7
LES SOINS

UN CHAT MALADE, blessé ou à peine remis d'une intervention chirurgicale a besoin de soins attentifs et de calme. Essayez de lui aménager un coin tranquille, propre et confortable. Votre armoire à pharmacie doit être bien équipée : thermomètre, seringue et compte-gouttes prêts à servir en cas de besoin. Il faut parfois savoir recourir à certaines ruses pour convaincre un chat souffrant d'avaler quelques bouchées appétissantes et nourrissantes afin de reprendre des forces. Administrez les médicaments avec douceur, mais résolument, sans stresser l'animal outre mesure. Pour la nourriture et les soins, consultez votre vétérinaire.

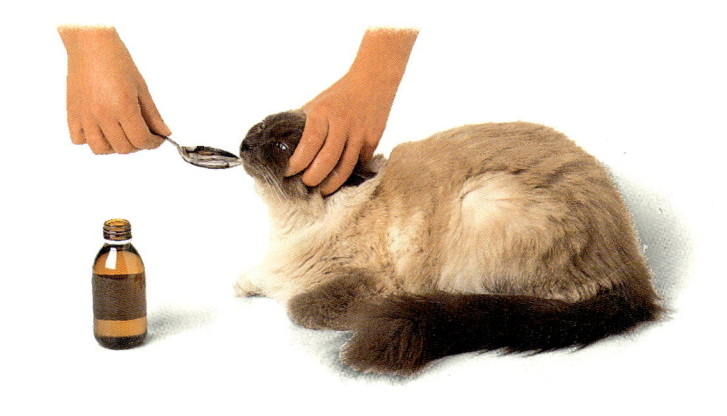

Savoir Immobiliser un Chat

La plupart des chats se laissent manipuler sans trop de résistance quand on doit les soigner, encore faut-il ne pas les brusquer. Approchez-les au bon moment et avec douceur. Cela demande un minimum d'expérience, surtout si le chat est farouche. Un chat trop agité ou récalcitrant peut avoir besoin d'être immobilisé pour que le vétérinaire puisse l'examiner.

Si vous devez administrer des médicaments à un chat peu docile, enveloppez-le dans une serviette, cela vous facilitera beaucoup la tâche. Pendant qu'on lui fait avaler des comprimés ou qu'on lui met des gouttes dans les yeux ou les oreilles, le chat malade doit être tenu très fermement. Parlez-lui pour le rassurer.

Les méthodes décrites ici ne doivent être employées que pour maîtriser des sujets très difficiles. Le recours inutile à la force risque d'effrayer l'animal, et même de lui faire mal.

PENDANT LA CONSULTATION

Examen de la tête
L'infirmière immobilise le chat en lui tenant doucement mais fermement les pattes avant. Avec ses avant-bras, elle l'empêche de se redresser pendant que le vétérinaire procède à l'examen.

Examen du corps
On peut facilement maîtriser un chat calme en lui immobilisant les épaules, pendant que le vétérinaire examine sa peau et sa fourrure.

LE CHAT DIFFICILE

1 Le chat est tenu par la peau du cou et les pattes avant. Il faut être ferme, mais très calme.

2 Il est maintenu couché sur la table pour que le vétérinaire puisse l'examiner.

LA MÉTHODE DE LA SERVIETTE

1 Cette méthode a le double mérite de ménager le chat et de permettre une immobilisation totale. Le chat tenu par la peau du cou est placé sur une grande serviette-éponge. Il est préférable qu'il ne voie pas la serviette avant.

Tenez fermement le chat sur la serviette.

Les pattes avant sont aussi enveloppées dans la serviette.

2 Enveloppez-le rapidement dans la serviette, en le tenant toujours par la peau du cou.

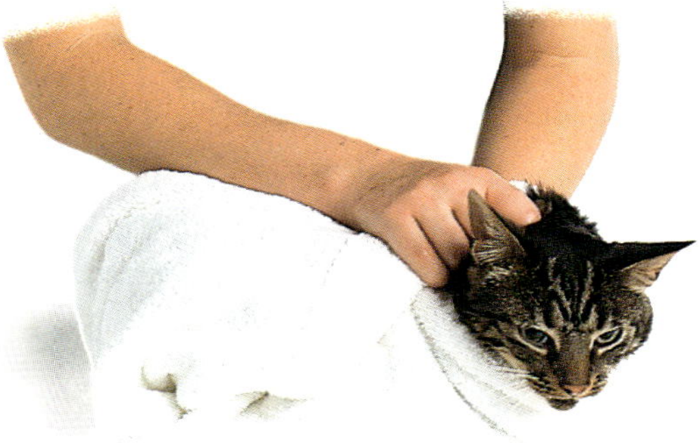

3 Emmitouflé dans sa serviette, le chat ne peut ni griffer ni mordre celui qui le soigne ou l'examine.

IMMOBILISATION PAR LA PEAU DU COU

On peut parfois maîtriser un chat en le pinçant doucement par la peau du cou.

Pinces à linge
Une ou deux grandes pinces à linge assez douces auront le même effet que le maintien du chat par la peau du cou.

ATTENTION, FRAGILE !

N'essayez pas d'immobiliser un chat effrayé ou en colère en le tenant par la peau du cou. Et surtout n'appliquez pas la technique dite des « pinces à linge » si vous n'avez pas vraiment l'habitude des chats. Dans tous les cas, ne prolongez pas l'immobilisation si le chat semble être pris de peur.

LES MÉDICAMENTS

Convaincre votre chat d'avaler des comprimés contre son gré nécessite une approche douce mais résolue. Installez-le sur une surface surélevée (une table). Dans certains cas, il faudra une aide pour l'immobiliser. S'il tente de mordre ou de griffer, enveloppez-le dans une serviette-éponge *(voir page 129)*. Il est souvent vain de dissimuler le médicament dans sa nourriture, puisque le chat parvient à détecter toute adjonction à son menu habituel et refuse alors de manger.

POUR ADMINISTRER UN COMPRIMÉ

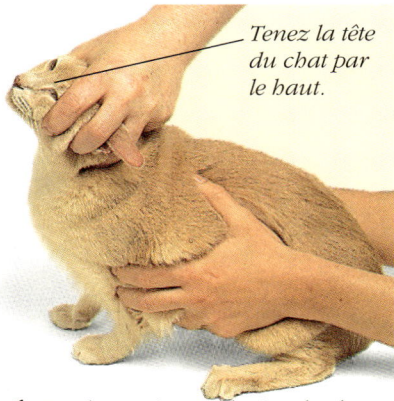

Tenez la tête du chat par le haut.

1 Pendant qu'une aide tient le chat, prenez doucement sa tête ; veillez à ne pas coincer les moustaches.

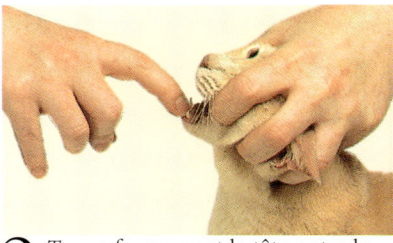

2 Tenez fermement la tête entre le pouce et l'index et renversez-la en arrière. Exercez une très légère pression sur la mâchoire inférieure.

3 Une fois la bouche ouverte, placez le comprimé le plus loin possible sur la langue du chat.

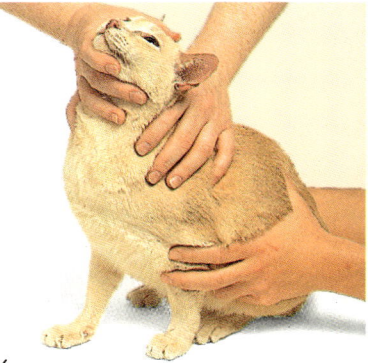

4 Refermez la bouche et caressez doucement la gorge pour aider le chat à avaler le comprimé.

SI VOUS ÊTES SEUL

1 Si votre chat est calme et assez docile, vous pourrez très facilement lui administrer un cachet. Saisissez sa tête d'une main et ouvrez-lui la bouche de l'autre main.

Comprimé

2 Le comprimé est mis sur la langue, au fond de la gorge. Maintenez la bouche du chat fermée jusqu'à ce qu'il ait dégluti.

LES MÉDICAMENTS

LE LANCE-PILULES

Projetez le comprimé dans la gorge.

1 Autre méthode pour administrer des comprimés : le lance-pilules. Vous pouvez vous le procurer chez votre vétérinaire.

2 Ouvrez la bouche du chat et projetez le comprimé mélangé à un peu d'eau dans le fond de la gorge. Tenez la gueule fermée jusqu'à ce que le chat ait dégluti.

COMMENT UTILISER UNE SERINGUE

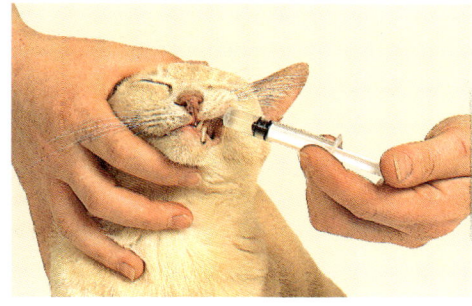

Avec une seringue en plastique, faites jaillir lentement le liquide dans la bouche du chat, en veillant à ce que le médicament n'aille pas dans les voies respiratoires.

SAVOIR FAIRE UNE PIQURE

C'est la méthode la plus efficace pour administrer un médicament à un chat, et elle est généralement employée par le vétérinaire. Toutefois, quand des injections quotidiennes sont nécessaires, comme dans le cas des chats diabétiques, il vous faut alors les faire vous-même. Votre vétérinaire vous fournira des seringues stériles et vous expliquera comment procéder.

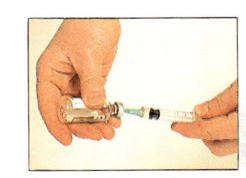

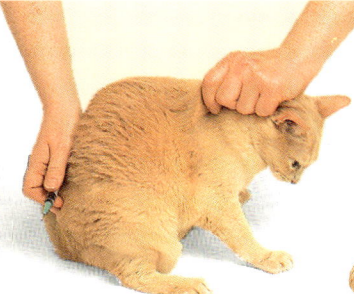

Aspirez le produit dans la seringue.

1 Tenez fermement le chat et soulevez un petit pli de la peau lâche du cou.

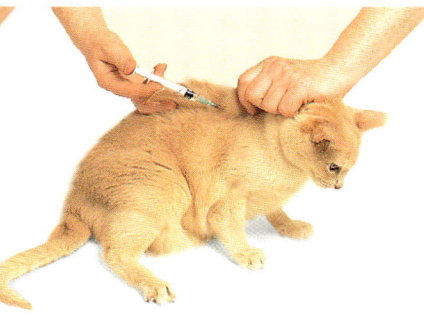

2 Piquez à la perpendiculaire dans le pli de peau ainsi formé et injectez lentement le produit.

131

Les Yeux et les Oreilles

Certains troubles oculaires et auditifs nécessitent des traitements sous forme de gouttes ou de pommades. Votre vétérinaire (ou son assistante) vous expliquera volontiers comment les administrer à votre chat. Les gouttes pour les yeux et les oreilles doivent être données rapidement et délicatement, après avoir immobilisé le chat *(voir pages 128-129)*. Suivez les instructions du vétérinaire et, même si les troubles disparaissent, poursuivez le traitement pendant toute la durée initialement prévue afin d'éviter les rechutes. Ne tentez pas de soigner votre chat vous-même, avec, par exemple, des produits destinés aux hommes, sans avis du vétérinaire.

POUR APPLIQUER UNE POMMADE OCULAIRE

1 Tenez la tête du chat d'une main. De l'autre, déposez délicatement une ligne de pommade sur le globe oculaire. Veillez à ce que l'extrémité du tube ne touche pas l'œil.

2 Fermez les paupières et maintenez-les closes pendant quelques secondes pour que la pommade se répartisse sur toute la surface de l'œil.

POUR ADMINISTRER UN COLLYRE

1 Nettoyez très délicatement le contour de l'œil en essuyant tout écoulement avec un morceau de coton humide.

2 Tenez fermement la tête du chat d'une main et, de l'autre, versez les gouttes dans chaque œil.

3 Laissez le collyre baigner les yeux quelques secondes. Puis maintenez les paupières fermées.

POUR ADMINISTRER DES GOUTTES AURICULAIRES

Massez l'oreille pour faire pénétrer les gouttes.

1 Nettoyez l'intérieur du pavillon à l'aide d'un coton humide ou d'un Coton-tige.

2 En tenant fermement la tête du chat, retournez le pavillon vers l'arrière et versez les gouttes dans l'oreille.

3 Veillez à ne pas laisser tomber le compte-gouttes dans l'oreille. Massez délicatement.

TROUBLES OCULAIRES ET AURICULAIRES HÉRÉDITAIRES

Chat blanc sourd
La surdité est parfois associée au gène responsable de la couleur blanche. Il entraîne une dégénérescence de l'oreille interne.

Chats persans
Ils sont très exposés aux obstructions des canaux lacrymaux ; cela se traduit par un larmoiement.

Siamois
Certains souffrent d'une réduction de leur vision binoculaire, qu'ils compensent par un strabisme. Des programmes de reproduction ont permis de faire reculer ce mal héréditaire.

Abyssin
Certaines races (Abyssin, Siamois) sont sujettes aux troubles oculaires.

CHIRURGIE ET SOINS POST-OPÉRATOIRES

Bien que les techniques chirurgicales se soient très nettement améliorées, il subsiste toujours un léger risque après une opération sous anesthésie générale. Les chats convalescents sont souvent des « patients » faciles : ils supportent plutôt bien d'être confinés dans une cage et se remettent assez vite « sur pattes ». Ils ont besoin d'un endroit bien chaud et tranquille, et doivent être surveillés attentivement. Si le chat est agité ou s'il a eu un membre fracturé, il est parfois nécessaire de le placer dans un enclos. Le chat doit souvent être enfermé dans la maison jusqu'à sa guérison complète.

Convalescence
Après avoir subi une intervention chirurgicale, le chat doit rester au calme et être surveillé pendant quelques semaines. Veillez à ce qu'il ne morde pas ses points de suture et n'arrache pas ses pansements.

LES INTERVENTIONS CHIRURGICALES

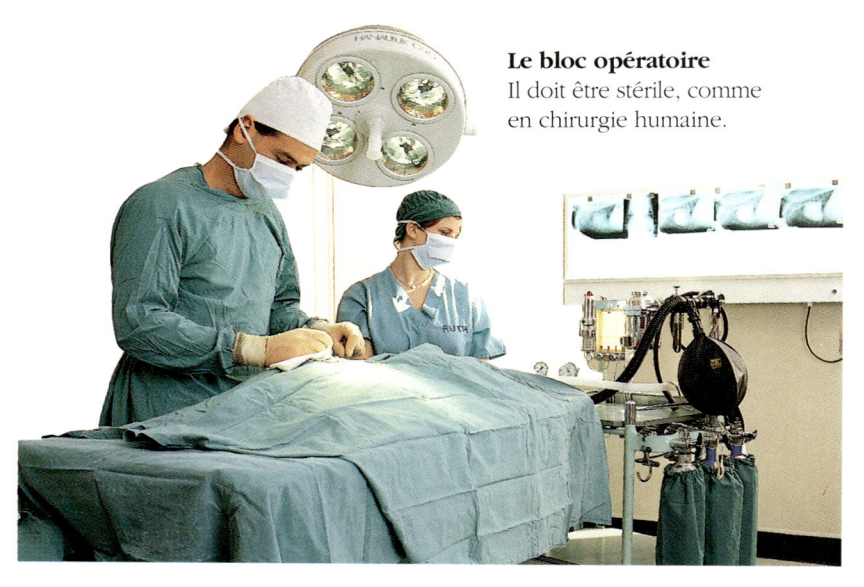

Le bloc opératoire
Il doit être stérile, comme en chirurgie humaine.

AVANT L'OPÉRATION

Si votre chat doit subir une intervention de convenance (une stérilisation, ou un détartrage...), arrangez-vous pour qu'elle ait lieu à un moment où vous aurez du temps à consacrer à votre animal. Le chat ne doit rien boire ni manger au cours des douze heures qui précèdent l'opération, cela afin d'éviter les vomissements lors de l'anesthésie. En amenant votre chat à la clinique, demandez à quel moment vous pourrez téléphoner pour prendre de ses nouvelles. Après ce type d'intervention, le chat peut généralement rentrer à la maison le jour même.

EN CLINIQUE VÉTÉRINAIRE

A la clinique vétérinaire, le chat sera gardé en cage le temps de se remettre de l'anesthésie. Après l'intervention, il chancelle pendant plusieurs heures. Vous ne pourrez le ramener à la maison que si le vétérinaire juge son état satisfaisant. Après une opération importante, il doit parfois rester en observation quelques jours à la clinique.

Repos en cage
Après une intervention chirurgicale, le chat est placé en observation dans une cage, où il peut dormir tranquillement. Certaines cliniques disposent de caméras vidéo pour surveiller les animaux opérés.

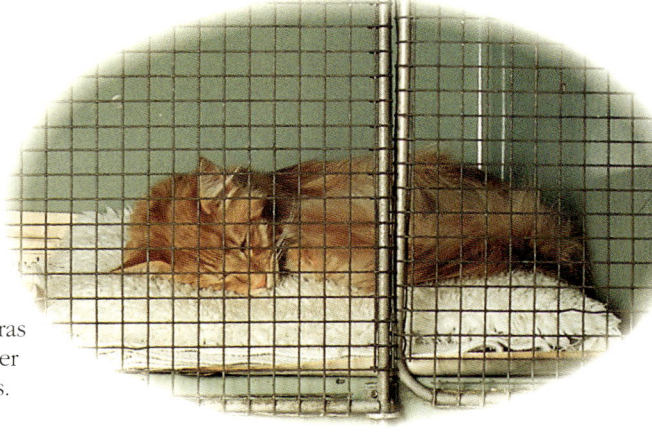

LES SOINS POST-OPÉRATOIRES

Pansement
Le chat fera naturellement tout son possible pour l'enlever. Recouvrez-le d'un bandage élastique, et gardez le chat enfermé, conformément aux instructions du vétérinaire.

APRÈS L'OPÉRATION

La plupart des chats se remettent très rapidement d'une opération. Les points de suture se résorbent en 10 à 15 jours, ou bien sont retirés par le vétérinaire. Avant l'intervention chirurgicale, la fourrure de la région à opérer est rasée, mais elle repousse en quelques semaines.

Mesures générales
Après une opération, le chat doit rester au chaud et au calme. Enveloppez-le dans une grande serviette ou une couverture, ou installez-le dans une corbeille confortable.

Collerette
Il faut empêcher le chat d'arracher ses points de suture. La collerette, posée par le vétérinaire, ne permet pas à l'animal de toucher à ses plaies. Consultez le vétérinaire si vous observez un gonflement ou une suppuration dans la région opérée.

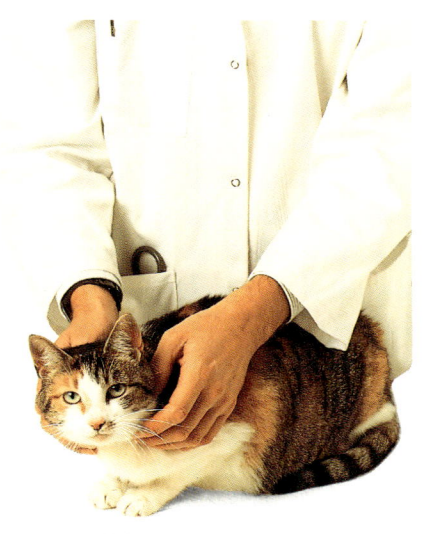

Soins vétérinaires
Si vous remarquez un changement de l'état de votre chat après l'opération, consultez votre vétérinaire.

LES MÉDECINES PARALLÈLES

Les divers substituts à la médecine traditionnelle font de plus en plus d'adeptes parmi les possesseurs de chats et de chiens. Cependant, si l'acupuncture, les traitements à base d'herbes médicinales ou de granulés homéopathiques sont parfois efficaces, il faut néanmoins consulter un vétérinaire pour établir un diagnostic exact.

Certains praticiens sont spécialisés dans telle ou telle médecine parallèle, et ils peuvent vous prescrire le traitement approprié pour votre chat. Ces médecines soignent rarement les maladies graves ou nécessitant une éventuelle intervention chirurgicale, mais peuvent traiter, en revanche, de nombreux troubles et prévenir les récidives.

Ail
L'ail a la réputation d'éloigner les puces et semble accroître la résistance des chats aux infections.

Le Chat Malade

Un chat se remettant d'une intervention chirurgicale ou devant suivre un traitement à la maison a grand besoin de soins particuliers. Il guérira d'autant plus vite qu'il sera suivi dans un environnement familier. Veillez à ce qu'il reste propre, au chaud et au sec. Votre vétérinaire vous donnera les consignes nécessaires pour son alimentation.

BIEN AU CHAUD

Un coin confortable
Découpez un des côtés d'une grande boîte en carton. Tapissez-la de papier journal, d'une serviette-éponge et d'une bouillotte chaude, et placez-la dans un coin tranquille.

LE CHAT CONVALESCENT

Perte d'appétit
Offrez-lui plusieurs petits repas par jour pour l'inciter à manger.

A la cuillère
Si le chat refuse de manger, essayez de lui faire ingérer de la nourriture liquide à la cuillère. En cas d'échec, n'insistez pas.

Des médicaments à la cuillère
Si votre chat est docile, vous pourrez lui faire avaler des médicaments liquides à la cuillère.

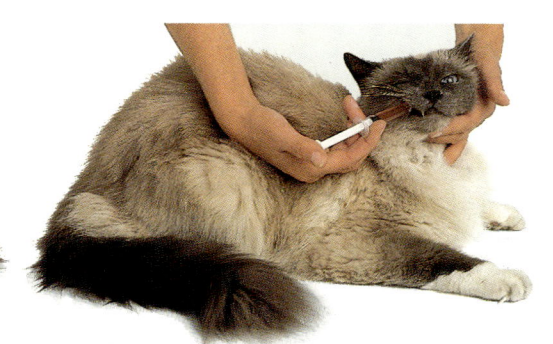

Trop faible pour se nourrir
Vous pouvez lui donner de petites quantités de nourriture liquide avec un compte-gouttes ou une seringue.

LE TOILETTAGE

1. Nettoyez les traces d'écoulement autour des yeux avec un coton trempé dans du sérum physiologique ou un nettoyant oculaire, ou bien dans de l'eau tiède.

2. Nettoyez délicatement les écoulements et les croûtes autour des narines. Le chat respirera ainsi plus facilement et sera heureux de retrouver un peu de son odorat.

DÉSINFECTANTS

Les désinfectants contenant du phénol sont toxiques. Utilisez une solution diluée d'eau de Javel ou d'eau oxygénée pour nettoyer la chambre du chat malade.

Essuyez délicatement la bouche du chat.

3. Nettoyez la salive et les vomissures autour de la bouche. Nettoyez également autour de l'anus si le chat a la diarrhée. Changez la litière dès qu'elle est souillée.

ARMOIRE A PHARMACIE

Compte-gouttes *Lance-pilules*
Thermomètre *Seringue*

Bouillotte *Antiseptique* *Huile de paraffine* *Sirop contre la diarrhée* *Vaseline* *Crème* *Comprimés vermifuges*

Veillez à ce que l'armoire à pharmacie du chat contienne le minimum nécessaire en cas de maladie.

Ne donnez jamais à un chat des médicaments destinés aux hommes et sans avoir consulté un vétérinaire.

LE CHAT ÂGÉ

À mesure que le chat vieillit, ses organes vitaux se détériorent. Les altérations du cœur, du cerveau, des reins et du foie sont sans doute les plus dangereuses. Heureusement, ces organes peuvent continuer à assumer leur rôle dans l'organisme, même s'ils ne sont pas en parfait état. Un chat dont les reins ne fonctionnent qu'à moitié peut vivre avec cette faiblesse. Traités avec tendresse et suivis régulièrement par un vétérinaire, de nombreux chats souffrant d'insuffisance rénale chronique mènent une vie pratiquement normale. Les check-ups réguliers améliorent la qualité de vie du chat âgé. Celui-ci tend à devenir moins actif et passe plus de temps à dormir. Évitez de perturber son train-train quotidien et veillez à ce qu'il dispose d'une corbeille douillette, placée à l'abri des courants d'air.

SIGNES DE VIEILLISSEMENT

L'ouïe risque de devenir moins fine.

La vue peut aussi décliner.

Le pelage est plus terne et moins bien fourni.

Check-up de santé
Il faut toujours surveiller attentivement la santé d'un chat âgé. Observez son comportement. Examinez régulièrement ses yeux, ses oreilles, sa bouche et son pelage. Attachez un soin particulier à sa bouche et, s'il se laisse faire, brossez-lui les dents une fois par jour (dans l'idéal).

Les articulations perdent leur élasticité. La musculature diminue.

Les griffes doivent être souvent taillées, car elles se rétractent moins bien.

ESPÉRANCE DE VIE DES CHATS

Années félines : 0 | 6 mois | 1 | 3 | 6 | 8 | 9 | 10 | 13 | 16 | 20

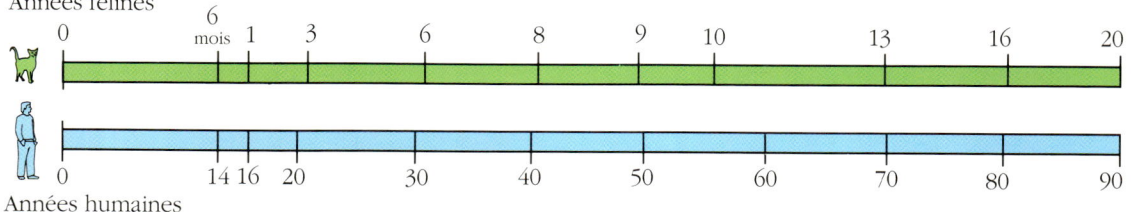

Années humaines : 0 | 14 | 16 | 20 | 30 | 40 | 50 | 60 | 70 | 80 | 90

Nombreux sont ceux qui croient, à tort, qu'une année de vie humaine équivaut à sept années de vie de chat. En fait, l'évolution du chat est rapide les premières années mais ralentit quand il atteint l'âge mûr. A partir de dix ans, les premiers signes de vieillesse apparaissent, et les deux échelles d'âge tendent alors à se rapprocher. Les chats de plus de vingt ans peuvent être considérés comme des centenaires.

DES SOINS PARTICULIERS

Alimentation
En vieillissant, certains chats ont besoin de moins de calories, d'autres mangent davantage du fait d'une absorption insuffisante *(voir page 61)*.

Poids
Si votre chat maigrit tout en continuant à manger normalement, consultez le vétérinaire. De même, signalez toute augmentation de la soif. Un chat âgé, et donc moins actif, risque de devenir obèse s'il mange comme avant.

Constipation
Les chats âgés ont tendance à être constipés. Le cas échéant, faites-leur avaler une ou deux cuillerées d'huile de paraffine.

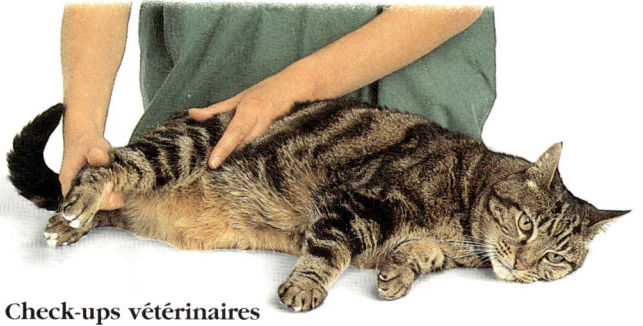

Check-ups vétérinaires
A mesure que le chat vieillit, les check-ups réguliers sont de plus en plus importants. Ils devraient avoir lieu tous les trois à six mois, ou suivant les conseils du vétérinaire.

EUTHANASIE

Le moment viendra peut-être où il faudra mettre un terme paisible à la vie de votre compagnon. Un animal atteint d'un mal incurable qui le fait souffrir ou qui lui rend la vie pénible a le droit de connaître une mort douce. Généralement, les vétérinaires injectent un anesthésique surdosé, plongeant le chat dans un sommeil si profond qu'il ne reprend plus jamais connaissance. Votre vétérinaire pourra vous conseiller et vous aider à prendre cette décision difficile.

Cimetières d'animaux
Il existe des cimetières pour animaux familiers.

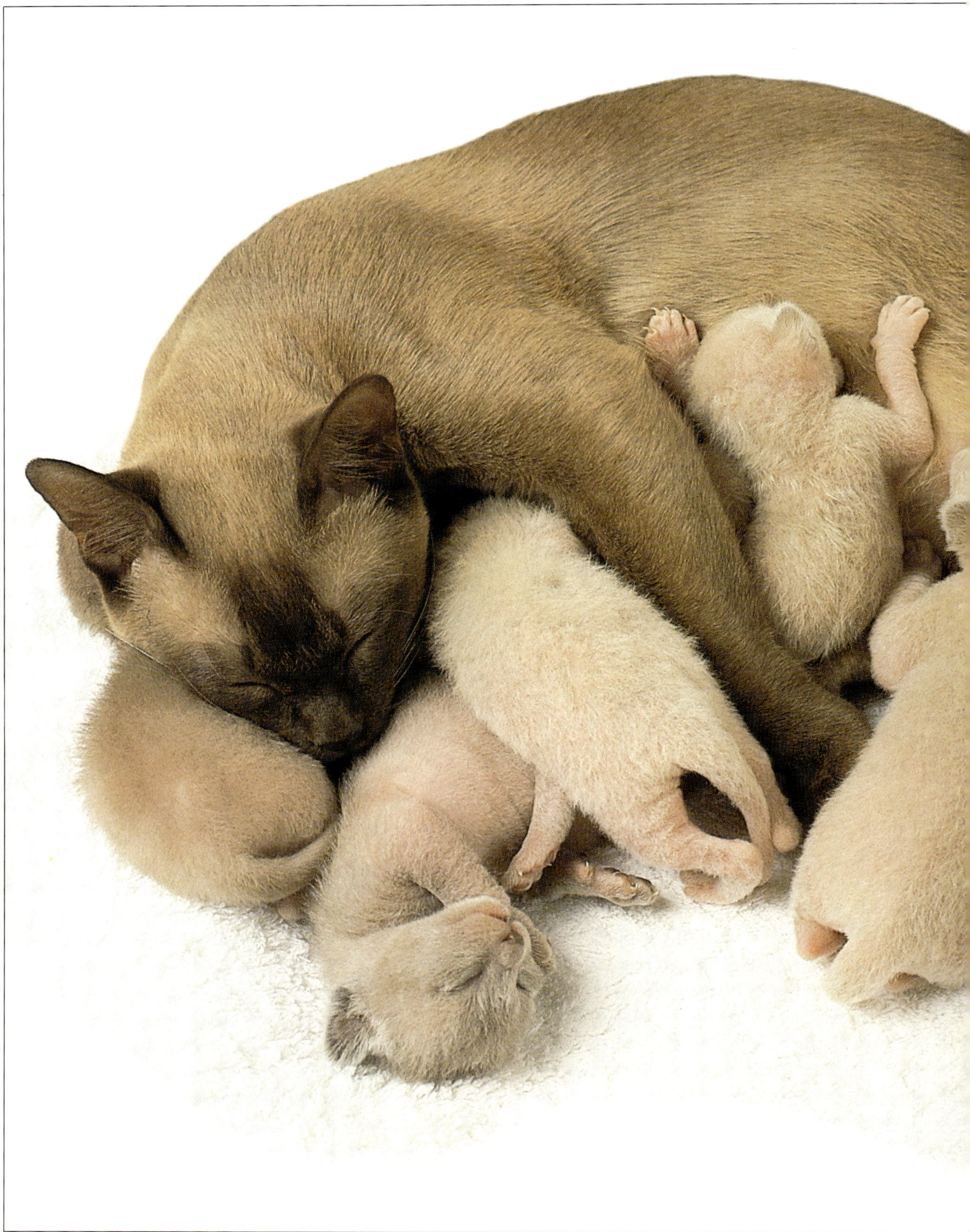

Chapitre 8
LA REPRODUCTION

RÉFLÉCHISSEZ bien à la responsabilité que représente le fait de laisser votre animal se reproduire et à la possibilité de le faire stériliser. Si vous voulez des chatons, sachez que le chat est une espèce très féconde et, si votre chatte est en bonne santé, vous pourrez aisément planifier une portée. Placez le panier de la mère et des petits dans un endroit tranquille de la maison. N'oubliez pas que les chatons exigent beaucoup de soins : ils mettent volontiers la maison sens dessus dessous, requièrent du temps, nécessitent des vaccinations et une famille d'accueil.

HÉRÉDITÉ ET REPRODUCTION

Un chat hérite de certains caractères physiques de ses parents. Ceux-ci sont déterminés par les gènes qui définissent la couleur du pelage et des yeux, la longueur du poil… Pour chaque chaton d'une même portée, les gènes s'ordonnent d'une manière différente, de sorte que, même si l'un ressemble à l'autre, tous sont uniques. Si vous voulez élever un chat de race, il vous faudra rechercher un mâle dont les caractères génétiques s'accordent à ceux de votre femelle.

La mère et ses petits
Le pelage de ce chaton est différent de celui de chacun de ses parents.

L'ARBRE GÉNÉALOGIQUE D'UNE FAMILLE DE CHATS

La couleur de la robe
Ces chatons dont les robes diffèrent considérablement sont nés d'un couple de Burmese, l'un chocolat, l'autre bleu. L'un des petits chats est de la même couleur que sa mère, une de ses sœurs est identique à son père, et les quatre autres ont des pelages plus clairs. Le père porte un gène qui dilue la couleur du poil, depuis le gris argent (bleu) jusqu'au gris lavande (lilas).

Mère Burmese chocolat

Père Burmese bleu

Femelle lilas

Femelle bleue

Mâle chocolat

Mâle lilas

Femelle lilas

Mâle lilas

LES CARACTÈRES HÉRÉDITAIRES

Le Manx « Stumpy » a une queue résiduelle, de 2 à 3 vertèbres.

Chat de l'île de Man (ou Manx)

Il s'agit d'une race très ancienne dont la première caractéristique est l'absence totale ou presque totale de l'appendice caudal ; le gène mutant tenu pour responsable de ce caractère pourrait avoir un effet létal lorsqu'il est transmis par les deux parents. C'est pourquoi il est déconseillé de marier deux Manx Rumpy (absence totale de vertèbres) ensemble.

Rex *(à droite)*

En dépit de leur ressemblance, il existe deux races distinctes de Rex à la fourrure frisée : Devon Rex et Cornish Rex. Ces deux races ne semblent pas s'être développées à partir des mêmes mutations.

Chatte écaille-de-tortue *(ci-dessus)*

Le gène orangé qui a occasionné la robe écaille-de-tortue est lié à un autre gène déterminant le sexe du chat ; sauf exception, seules les chattes présentent ce type de pelage. Les rares mâles orangés sont généralement stériles.

Gènes défectueux *(à gauche)*

Les gènes transmis par les parents à leur progéniture peuvent provoquer de graves malformations. Certains caractères ne sont pas trop graves, comme le fait de naître avec quelques doigts supplémentaires (polydactylie), alors que d'autres sont mortels (malformations cardiaques, par exemple).

Siamois

Le Siamois est en réalité un chat noir dont la robe est « diluée » par un gène de type albinos. D'où ce pelage clair avec des taches foncées sur la face, les pattes et la queue. L'élevage sélectif a multiplié les variétés de Siamois ; les plus courantes sont le seal point, le chocolate point, le blue point et le lilac point.

L'ACCOUPLEMENT

Une chatte est pubère à partir de l'âge de 7-8 mois, et un mâle à 8-10 mois. La femelle a alors des cycles plus ou moins réguliers de deux mois, chaque « œstrus » (période de chaleurs) durant environ deux à huit jours. Si votre chatte n'a pas été stérilisée, il y a de fortes chances pour qu'elle soit fécondée un jour ou l'autre. Il est plutôt difficile d'enfermer une chatte en chaleur, car elle devient très agitée et lance des « appels » auxquels aucun mâle du quartier ne saurait résister…

LE CHOIX DU MALE

L'étalon
Si vous souhaitez accoupler votre chatte de race, il vous faut trouver un étalon qui convienne. Adressez-vous à des éleveurs réputés si vous en connaissez ; sinon, les clubs de race pourront vous renseigner.

COUR ET ACCOUPLEMENT

Au début, la chatte se montre souvent agressive envers le mâle.

1 La chatte est présentée à l'étalon de l'éleveur quand elle est en chaleur et commence à lancer des « appels ».

2 On laisse les deux partenaires seuls dans un enclos dès que la femelle commence à manifester son intérêt pour le mâle. Coupez les griffes au préalable pour éviter les blessures en cas de rixe.

La chatte renifle le mâle.

ACCOUPLER VOTRE CHAT

- Choisissez un éleveur réputé.
- Les chats doivent être vaccinés et ne pas avoir la leucose féline.
- N'accouplez jamais un chat qui n'est pas en parfaite santé.
- Enfermez votre chatte après l'accouplement.

L'ACCOUPLEMENT

3 Quand la chatte est prête à s'accoupler, elle se roule langoureusement sur le sol pour attirer l'attention du mâle.

Le chat immobilise la femelle en lui mordant le cou.

4 La femelle rejette les premières avances du mâle : cela fait partie du rituel amoureux. Le mâle revient à la charge quelques instants plus tard.

5 La chatte redresse son arrière-train et « piétine » le sol de ses pattes arrière. En montant sur elle, le chat la saisit par la peau du cou.

6 Le mâle éjacule aussitôt qu'il pénètre la femelle. Au moment de la pénétration, la chatte pousse un cri (le pénis porte des papilles cornées vulnérantes). L'ovulation est provoquée par l'acte sexuel.

Comportement postcoïtal
Après l'accouplement, les deux chats se séparent et se toilettent. Les saillies doivent se répéter plusieurs fois pendant deux à trois jours pour s'assurer que la chatte est fécondée.

Gestation et Soins Prénataux

Si l'accouplement a réussi, les chaleurs cessent en quarante-huit heures. Les premiers signes de grossesse apparaissent peu après. Les tétons rougissent et le pelage environnant se dégarnit parfois. Au bout de trois à quatre semaines, le vétérinaire peut confirmer la gestation en palpant doucement le ventre. Mis à part une alimentation équilibrée, une chatte en bonne santé ne demande pas de soins particuliers. Son appétit et son poids augmenteront alors progressivement.

SIGNES DE GESTATION

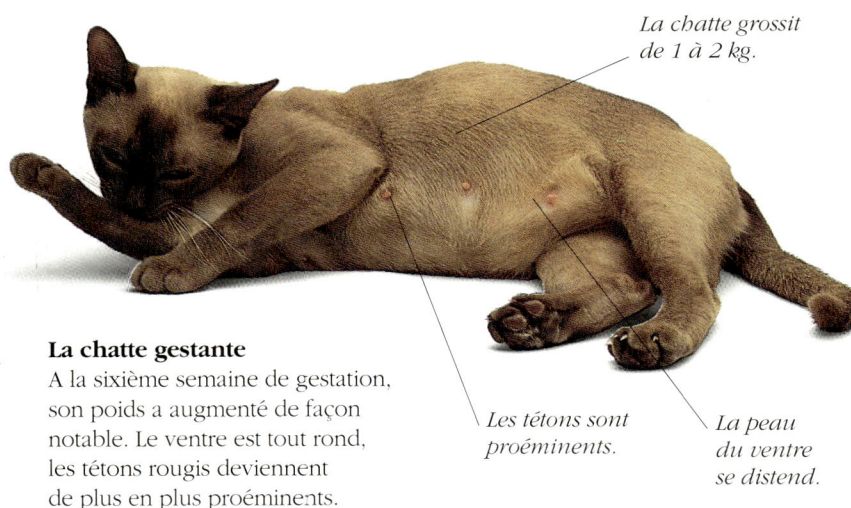

La chatte grossit de 1 à 2 kg.

La chatte gestante
A la sixième semaine de gestation, son poids a augmenté de façon notable. Le ventre est tout rond, les tétons rougis deviennent de plus en plus proéminents.

Les tétons sont proéminents.

La peau du ventre se distend.

LES SOINS DURANT LA GESTATION

L'alimentation
Offrez-lui un régime nourrissant, bien équilibré et, si le vétérinaire vous le conseille, un peu de fromage (source de calcium) en supplément lors des dernières semaines de gestation. Le nombre de repas doit augmenter progressivement à partir de la cinquième semaine *(voir page 61)*. Consultez votre vétérinaire au sujet de la posologie des comprimés vermifuges.

Une caisse confortable
Préparez un coin où la chatte puisse mettre bas au calme et au chaud. Disposez du papier journal et du papier absorbant au fond d'une caisse, où elle s'installera.

Activités
Si elle est en bonne santé, votre chatte restera active durant une bonne partie de la gestation. Vous pouvez la laisser sortir, et elle continuera à jouer, sauter et grimper. Durant les deux dernières semaines, le ventre pèse lourd et ralentit ses mouvements.

Une chatte gestante continue à aimer jouer.

LE DÉVELOPPEMENT DU FŒTUS

La durée de gestation
Elle est de 65 jours en moyenne, soit près de neuf semaines à compter de l'accouplement. On peut envisager une échographie à partir de la quatrième semaine.

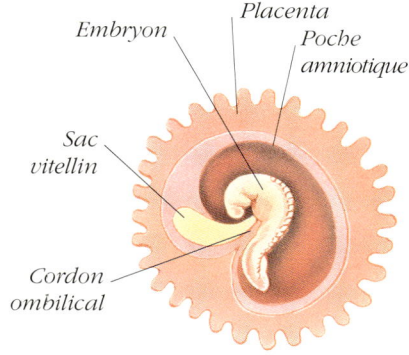

Embryon
Placenta
Poche amniotique
Sac vitellin
Cordon ombilical

1 A 18 jours, l'embryon est encore attaché au sac vitellin qui contient les éléments nutritifs.

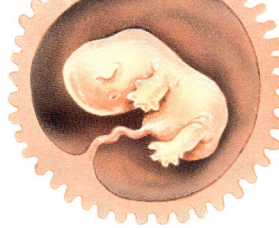

2 A 22 jours, la tête, les yeux et les membres de l'embryon apparaissent.

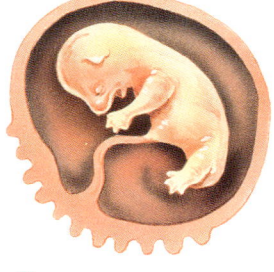

3 A 28 jours, le fœtus mesure environ 2,5 cm. Tous ses organes sont formés.

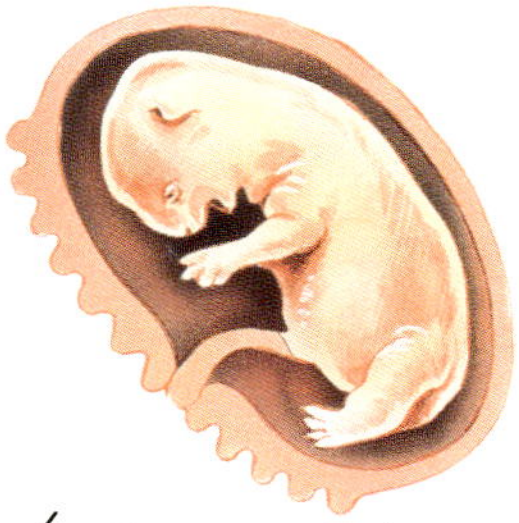

4 C'est entre le 40e et le 45e jour que le squelette se construit.

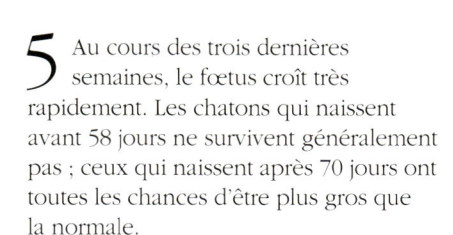

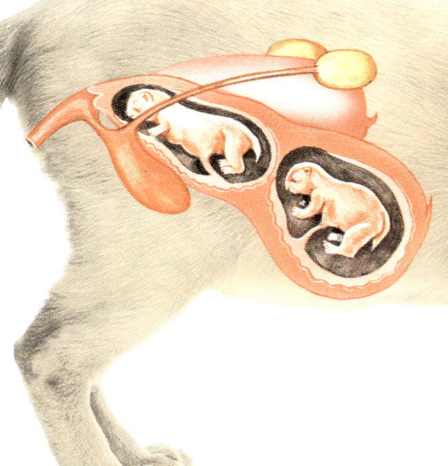

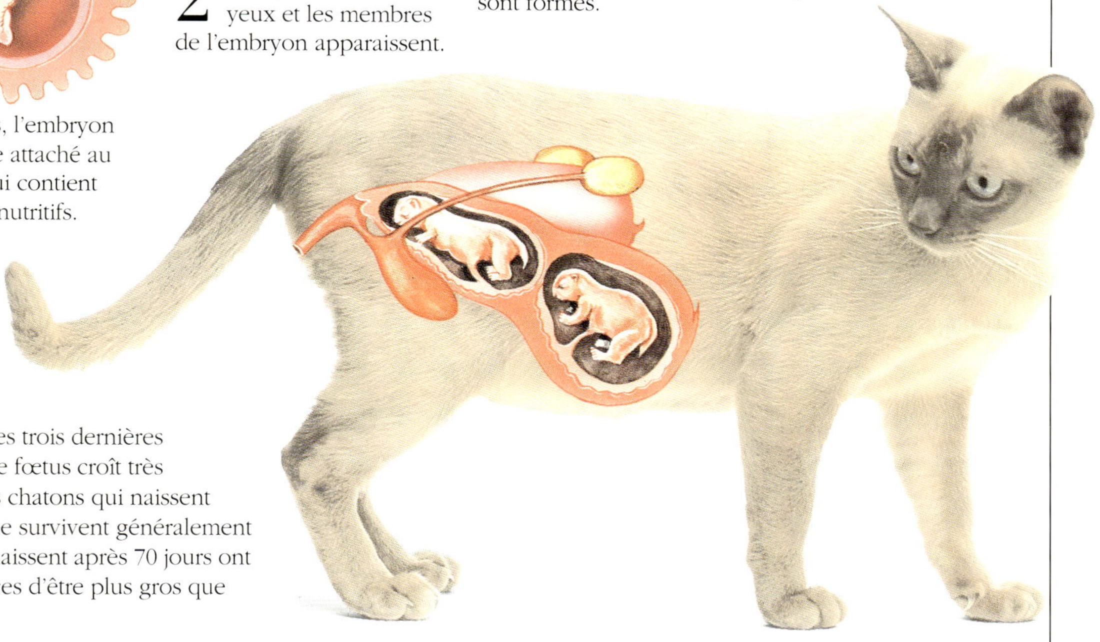

5 Au cours des trois dernières semaines, le fœtus croît très rapidement. Les chatons qui naissent avant 58 jours ne survivent généralement pas ; ceux qui naissent après 70 jours ont toutes les chances d'être plus gros que la normale.

PRÉPARATIFS

Aménagez une boîte où la chatte pourra mettre bas (mais il est possible qu'elle s'installe ailleurs). Ayez à disposition quelques accessoires essentiels si vous (ou le vétérinaire) devez aider à la mise bas *(voir pages 174-175)*. Le thermomètre permet de détecter la chute de température (environ 1 °C) quelques heures avant le début du travail.

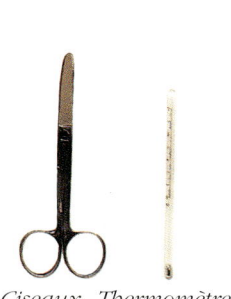

Coton
Vaseline
Antiseptique
Alcool à 90°
Ciseaux
Thermomètre

LA NAISSANCE

LA MISE BAS

Surveillez la chatte au cours de la dernière semaine de gestation. Vous saurez que la naissance est imminente à son comportement : il se peut qu'elle refuse de manger ou qu'elle vomisse juste avant. Elle vous appellera peut-être à sa manière, ou attendra que vous soyez là pour commencer le travail. Les chattes mettent souvent bas la nuit.

1. La chatte respire fort, halète ou bien ronronne, mais sans souffrir. Un liquide clair s'écoule parfois du vagin. Cette phase peut durer jusqu'à six heures. Soyez présent, mais discret, si elle semble le vouloir.

2. La seconde phase débute avec la mise bas. Notez l'heure à laquelle la chatte commence à pousser. Si le premier chaton n'est toujours pas apparu dans la demi-heure qui suit, contactez le vétérinaire.

On peut apercevoir la membrane qui enveloppe le chaton.

3. Dans des conditions idéales, le chaton enfermé dans sa membrane apparaît après quinze à trente minutes. La plupart naissent la tête la première, mais certains se présentent par les pattes arrière.

4. Dès qu'un chaton est né, sa mère le lèche pour ôter l'enveloppe et stimuler sa respiration. La troisième phase est marquée par l'expulsion du placenta, que la chatte mange en général.

AIDER A LA MISE BAS

Une chatte qui met bas pour la première fois a parfois besoin d'aide. Si vous remarquez qu'elle néglige un nouveau-né ou bien qu'un petit n'émerge qu'à moitié, contactez le vétérinaire d'urgence : le chaton risque, en effet, de mourir. Assurez-vous toujours que le vétérinaire est joignable au moment de la mise bas.

LA NAISSANCE

5 Généralement, la chatte sait d'instinct ce qu'elle doit faire. Le moment venu, elle sectionne le cordon ombilical avec ses dents.

> **CONSEIL**
>
> Intervenez le moins possible vous-même. Mais contactez le vétérinaire si quelque chose vous semble anormal *(voir page 174)*.

6 Laissez la mère lécher ses chatons tout de suite. Parfois, la chatte fait une petite pause après la naissance d'un ou de deux petits ; les contractions recommencent quelques minutes plus tard.

Le nouveau-né cherche un téton.

7 Les nouveau-nés ont parfois besoin d'une aide pour trouver une mamelle. Veillez à ce qu'ils se trouvent près du ventre de leur mère et encouragez-les à téter le plus tôt possible.

8 Une portée compte deux à six chatons, et le travail peut durer plusieurs heures. Si la chatte montre des signes de lassitude, vous pouvez éventuellement lui redonner des forces en lui proposant un peu de lait et de l'eau.

Une famille heureuse
Une fois la mise bas achevée, laissez la mère et ses petits tranquilles. Veillez à ce que la chatte dispose d'eau, de nourriture et d'une litière. Elle refusera sans doute de s'éloigner des chatons.

LES SOINS APRÈS LA NAISSANCE

Les nouveau-nés dépendent complètement de leur mère. La famille doit être placée dans une caisse, bien au chaud, à moins que la chatte ne le refuse. Surveillez les petits, surtout si leur mère n'a pas d'expérience. Tant qu'elle est en bonne santé, elle fait le nécessaire. Il lui faut trois fois, au moins, sa ration alimentaire habituelle *(voir page 61)*.

LES SOINS MATERNELS

Chaque petit a sa mamelle préférée.

Lien maternel
Dès la naissance, la mère guide doucement les petits vers ses mamelles, et ils se mettent d'instinct à téter. Le premier jour après la mise bas, la mère produit un liquide gras appelé « colostrum », riche en éléments nutritifs et en anticorps qui protégeront les petits contre les infections.

La mère nettoie fréquemment ses petits.

Toilette
Après la tétée, la mère nettoie soigneusement ses petits. Elle lèche leur arrière-train pour déclencher l'excrétion des déchets. Ce rituel vital se poursuit jusqu'à ce que les petits commencent à manger des aliments solides.

Tétée
En pétrissant le ventre de sa mère avec ses pattes, le chaton stimule la sortie du lait. Si les petits sont agités et pleurent beaucoup, ce sont peut-être des signes que la chatte ne produit pas suffisamment de lait. En cas de doute, consultez un vétérinaire.

LES SOINS APRÈS LA NAISSANCE

Vigilance maternelle
La mère surveille étroitement ses petits et n'aime guère s'éloigner d'eux trop longtemps. Si un des chatons s'écarte des autres, elle va aussitôt le chercher en le prenant par la peau du cou. Ne laissez pas les enfants prendre les chatons dans les bras ou jouer avec eux sans les surveiller ; la chatte pourrait mal réagir. Évitez de déranger la mère et sa portée.

Le chaton égaré est étroitement surveillé par sa mère.

LES SUBSTITUTS MATERNELS

La chatte acceptera peut-être de nourrir un ou deux nouveaux chatons.

Mères adoptives
Si la mère rejette ses petits, manque de lait ou meurt, il faut trouver une mère adoptive. Une chatte venant d'avoir une portée peu nombreuse acceptera peut-être de nourrir un ou deux chatons supplémentaires.

Soins partagés
Si deux chattes ont mis bas dans la même maison, celle qui a eu la portée la moins nombreuse acceptera peut-être de nourrir les rejetons en trop de sa congénère. Présentez les petits à leur « nourrice » le plus tôt possible.

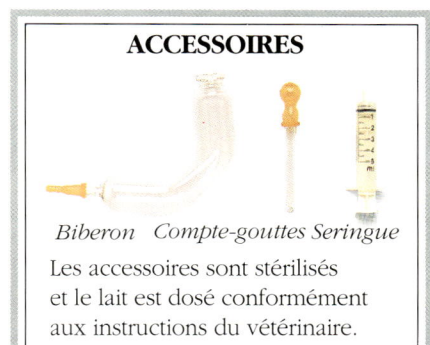

LAIT ARTIFICIEL

Biberon
Pour nourrir des orphelins, donnez-leur un substitut de lait de chatte toutes les deux heures. Les chatons doivent être tenus propres et au chaud. Pensez, après les repas, à stimuler leur derrière pour les faire excréter.

ACCESSOIRES

Biberon   Compte-gouttes   Seringue

Les accessoires sont stérilisés et le lait est dosé conformément aux instructions du vétérinaire.

Les Chatons

Au cours de leurs premières semaines de vie, les chatons sont sans aucune défense et demandent beaucoup de soins. Leur mère leur fournit tout ce dont ils ont besoin jusqu'à ce qu'ils aient 3 semaines ; à partir de cet âge, ils commencent à explorer les environs et à devenir plus indépendants. Offrez-leur progressivement des aliments solides. Vers l'âge de 10, 12 semaines, les petits doivent être sevrés, prêts à quitter leur mère.

LES PREMIÈRES SEMAINES

Un jour
Le chaton nouveau-né est entièrement dépendant de sa mère. Ses paupières sont fermées et ses oreilles rabattues en arrière : il est sourd et aveugle.

D'instinct, les chatons se blottissent les uns contre les autres pour se tenir chaud.

Trois semaines
Les chatons sont devenus très actifs et curieux de leur environnement. Ils sont désormais prêts à avaler des aliments solides.

Dix jours
Les chatons ouvrent les yeux vers le dixième jour. Sans leur mère, ils sont encore très vulnérables. Ils dorment blottis les uns contre les autres pour se tenir chaud et se sentir plus en sécurité.

Quatre semaines
Une fois qu'ils se nourrissent d'aliments solides, on peut leur apprendre à utiliser une litière. Placez celle-ci dans un endroit calme et installez les petits dessus après chaque repas. Ne frottez jamais le nez d'un chaton dans ses déjections pour le punir.

LES CHATONS

Cinq semaines
Donnez-leur des aliments variés pour qu'ils prennent de bonnes habitudes alimentaires. De la viande cuite finement hachée ou du poisson à chair blanche bouilli peuvent, de temps à autre, remplacer les boîtes pour chatons.

Six semaines
Les chatons apprennent à chasser en bondissant sur leurs jouets. Les jeux turbulents entre frères et sœurs apprennent à attaquer et à se défendre.

Sept semaines
Les peser régulièrement permet de contrôler leur développement. Utilisez une balance de ménage ou un pèse-bébé. Si un chaton est trop turbulent, pesez-vous avec lui, puis sans lui, sur un pèse-personne précis.

Neuf semaines
Entre l'âge de 7 et 11 semaines, les chatons doivent être vaccinés contre le coryza et le typhus félin. Ne les laissez pas en liberté à l'extérieur s'ils n'ont pas été vaccinés.

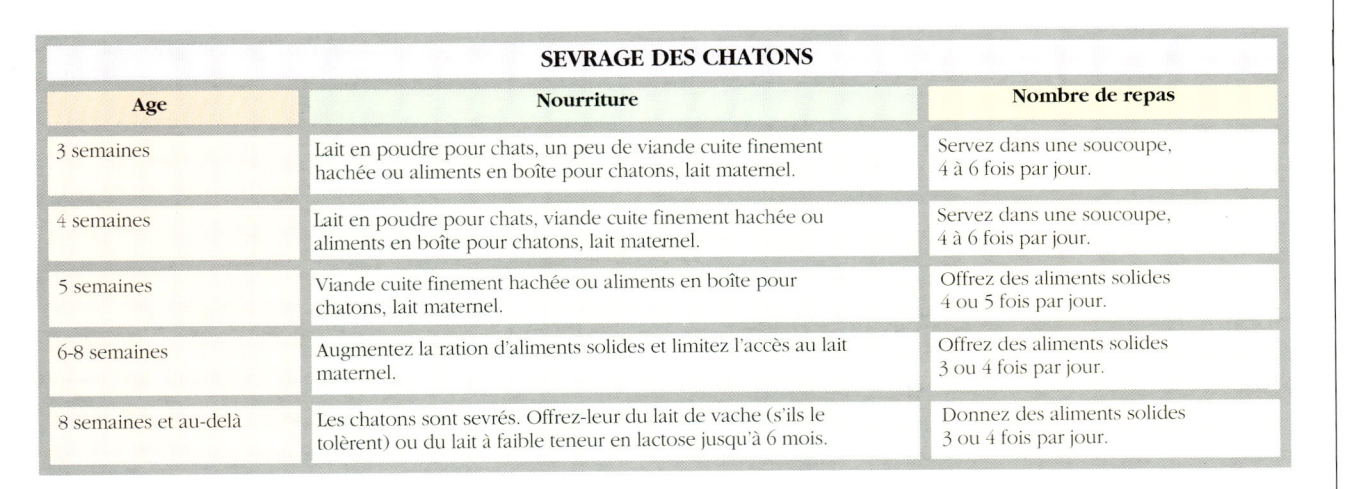

SEVRAGE DES CHATONS

Age	Nourriture	Nombre de repas
3 semaines	Lait en poudre pour chats, un peu de viande cuite finement hachée ou aliments en boîte pour chatons, lait maternel.	Servez dans une soucoupe, 4 à 6 fois par jour.
4 semaines	Lait en poudre pour chats, viande cuite finement hachée ou aliments en boîte pour chatons, lait maternel.	Servez dans une soucoupe, 4 à 6 fois par jour.
5 semaines	Viande cuite finement hachée ou aliments en boîte pour chatons, lait maternel.	Offrez des aliments solides 4 ou 5 fois par jour.
6-8 semaines	Augmentez la ration d'aliments solides et limitez l'accès au lait maternel.	Offrez des aliments solides 3 ou 4 fois par jour.
8 semaines et au-delà	Les chatons sont sevrés. Offrez-leur du lait de vache (s'ils le tolèrent) ou du lait à faible teneur en lactose jusqu'à 6 mois.	Donnez des aliments solides 3 ou 4 fois par jour.

LA REPRODUCTION

LA CONTRACEPTION

À moins de posséder un chat de race destiné aux concours ou utilisé pour la reproduction, il est plus raisonnable de faire stériliser votre animal, afin d'éviter les portées indésirables. C'est une opération bénigne, qui doit être réalisée, si possible, dès l'âge de 6 mois. La castration et l'ovariectomie empêchent la production des hormones qui régissent les instincts sexuels et qui sont à l'origine aussi de comportements très « désagréables » : besoin de marquer son territoire en urinant, pour le chat entier, ou « appels » aux mâles du voisinage par la chatte en chaleur.

Double gestation
Deux chattes en gestation dans une même maison… deux fois plus de soins aux petits.

LES MALES

Le mâle castré
Une fois castré, un mâle est souvent moins enclin au vagabondage et aux rixes avec ses rivaux.

Sa tête, son cou et ses épaules sont moins musclés que ceux d'un mâle entier.

Le mâle entier *(ci-dessous)*
C'est parfois un animal difficile à garder dans la maison. Il marque les frontières de son territoire en urinant. L'odeur est particulièrement désagréable.

Les cicatrices dues à des bagarres sont fréquentes autour des yeux et des oreilles.

STÉRILISATION

- Le chat peut être castré et la chatte ovariectomisée à partir de l'âge de 6 mois.
- Une castration précoce évite au mâle de développer des mauvaises habitudes.
- La contraception chimique retarde la période des chaleurs chez la femelle, mais n'est pas sans danger.

LA CONTRACEPTION

LES FEMELLES

Une chatte ovariectomisée
A peine un peu plus ronde, elle ne diffère guère d'une chatte entière. Contrairement à une idée reçue, il n'y a aucune raison de laisser la chatte avoir une portée avant de l'opérer.

La chatte en chaleur attire les mâles par son odeur.

Comportement amoureux *(ci-dessus)*
La chatte en chaleur est agitée et bruyante. Enfermée dans la maison, elle ne pensera qu'à s'en échapper.

Une chatte entière ne diffère guère d'une chatte stérilisée.

L'incision est effectuée sur le flanc ou le ventre. La cicatrisation est rapide.

Une chatte entière *(à droite)*
La mise bas et l'élevage des chatons affaiblissent la chatte et accélèrent parfois le vieillissement. Il est cruel de laisser une chatte traverser tout le processus de la gestation et de la mise bas pour tuer ses petits à la naissance.

OPÉRATIONS DE STÉRILISATION

Castration
Le mieux est de castrer le mâle vers l'âge de 6 mois. On enlève les testicules sous anesthésie générale. Généralement, le vétérinaire ne pose pas de points de suture. S'il est en bonne santé, le chat peut reprendre une vie normale dès le lendemain de l'opération.

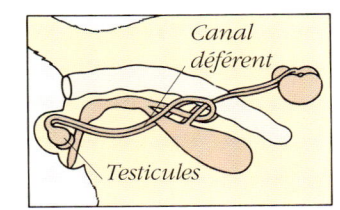

Canal déférent
Testicules
Chat entier

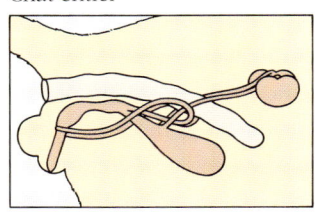

Chat castré

Ovariectomie
Pour la femelle aussi, le mieux est de la stériliser vers l'âge de 6 mois. Si la chatte est en chaleur, il faut toujours le signaler au vétérinaire. L'intervention consiste en une ablation des ovaires sous anesthésie générale. Ensuite, l'utérus se résorbe presque entièrement.

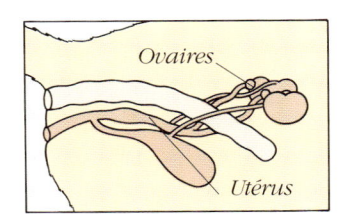

Ovaires
Utérus
Chatte entière

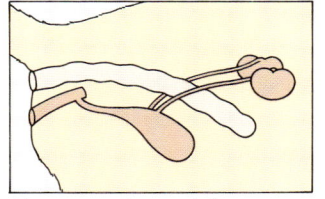

Chatte ovariectomisée

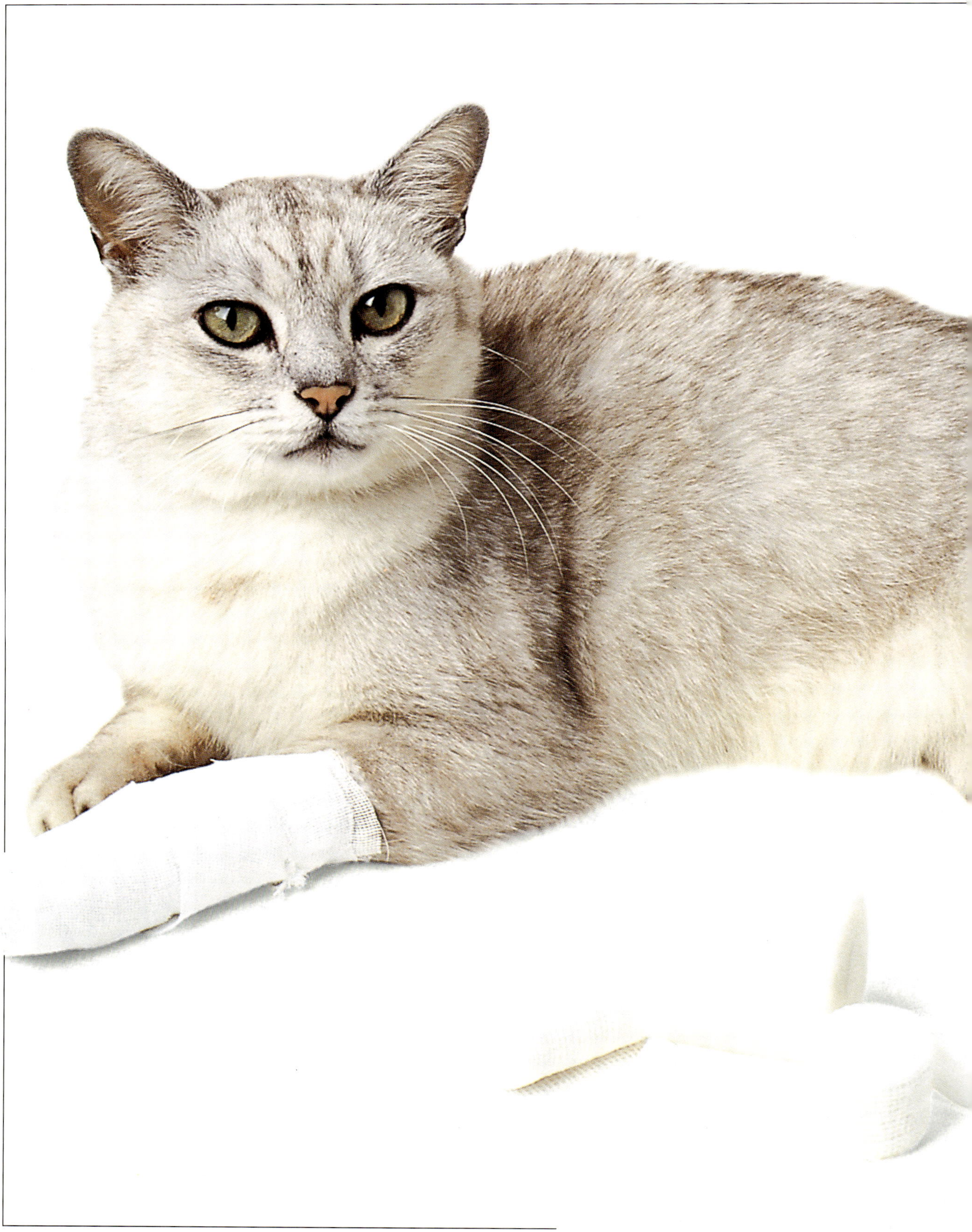

Chapitre 9
LES PREMIERS SOINS

Savoir réagir vite face aux situations d'urgence les plus courantes telles que empoisonnement, étouffement, brûlure, morsure ou piqûre peut sauver la vie de votre chat et lui éviter des souffrances inutiles. Donner les premiers soins permet avant tout de prévenir une aggravation des blessures et de soulager l'animal. Votre première réaction doit être de contacter le vétérinaire. Limitez votre intervention aux mesures immédiates visant à empêcher une détérioration de l'état de la victime jusqu'à ce que le praticien puisse prendre les choses en main.

Principes Généraux

Savoir donner les premiers secours en attendant l'intervention du vétérinaire peut sauver la vie de votre chat dans certains cas ; en particulier si celui-ci a une hémorragie, est en état de choc ou ne peut plus respirer. Les mesures de secourisme visent à : éloigner la source du danger (feu, poison…), éviter que l'état du chat ne s'aggrave, soulager la douleur et la souffrance. Il faut bien entendu ne rien faire qui risque de nuire à la victime. Contentez-vous de prendre les mesures d'urgence jusqu'à ce que le vétérinaire prenne le relais.

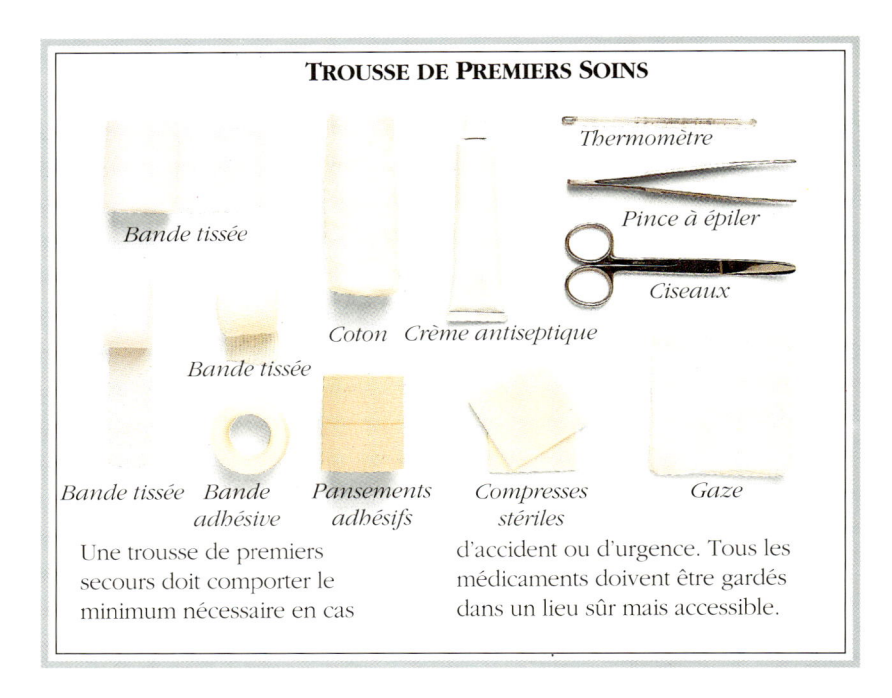

Trousse de Premiers Soins

Bande tissée — *Thermomètre* — *Pince à épiler* — *Ciseaux* — *Coton* — *Crème antiseptique* — *Bande tissée* — *Bande tissée* — *Bande adhésive* — *Pansements adhésifs* — *Compresses stériles* — *Gaze*

Une trousse de premiers secours doit comporter le minimum nécessaire en cas d'accident ou d'urgence. Tous les médicaments doivent être gardés dans un lieu sûr mais accessible.

LES PREMIERS SECOURS A UN CHAT INCONSCIENT

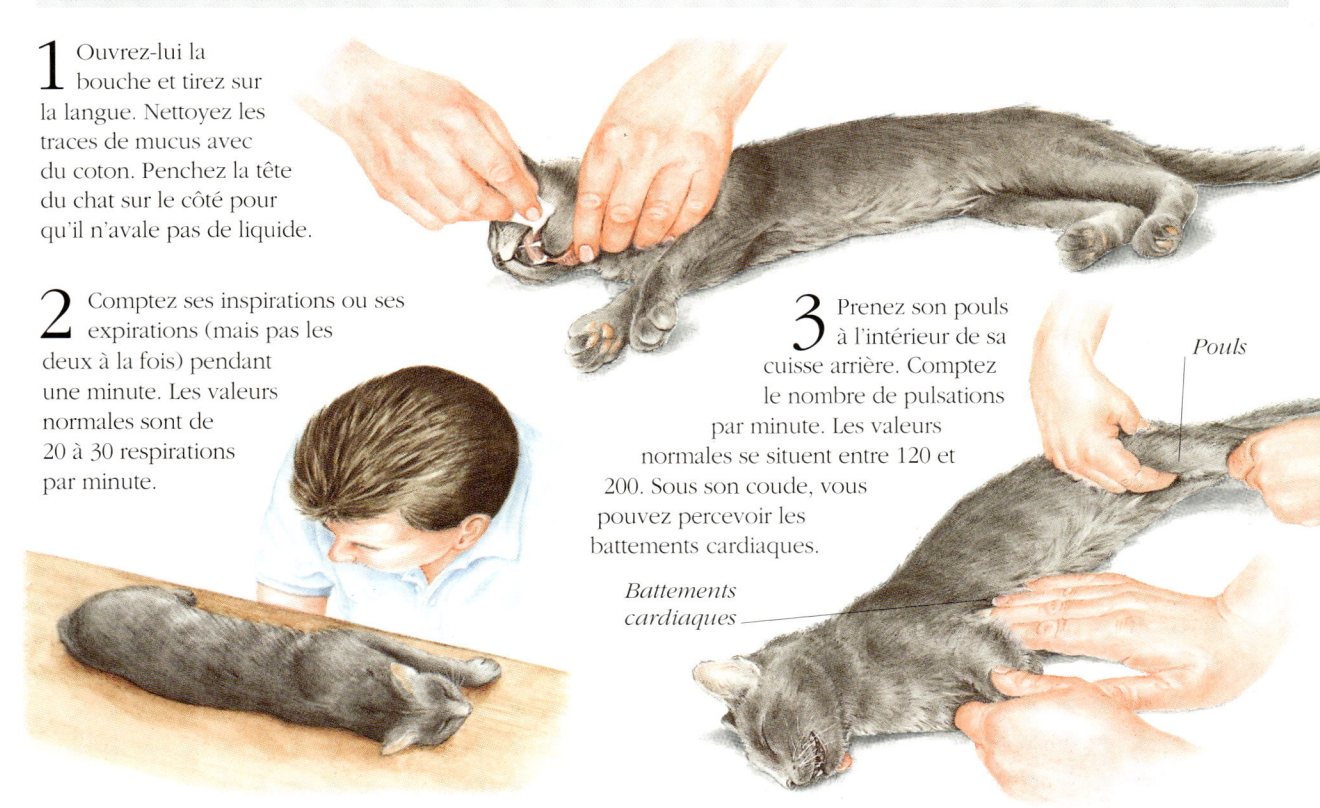

1 Ouvrez-lui la bouche et tirez sur la langue. Nettoyez les traces de mucus avec du coton. Penchez la tête du chat sur le côté pour qu'il n'avale pas de liquide.

2 Comptez ses inspirations ou ses expirations (mais pas les deux à la fois) pendant une minute. Les valeurs normales sont de 20 à 30 respirations par minute.

3 Prenez son pouls à l'intérieur de sa cuisse arrière. Comptez le nombre de pulsations par minute. Les valeurs normales se situent entre 120 et 200. Sous son coude, vous pouvez percevoir les battements cardiaques.

Pouls

Battements cardiaques

PRINCIPES GÉNÉRAUX

LE CONTROLE DES RÉFLEXES

Réflexe des paupières
Touchez très délicatement le coin de sa paupière, sans effleurer le globe oculaire. Si le chat est conscient, il doit cligner de l'œil.

Réflexe de la patte
Pincez la couche de peau entre les orteils. Il doit plier ou remuer la patte. S'il ne réagit pas, il est soit paralysé, soit dans un coma profond.

Réflexe de l'oreille
Touchez ou bien donnez un léger coup sur le pavillon avec un doigt. Si l'animal est encore relativement conscient, il devrait aussitôt réagir en remuant l'oreille.

PRÉCAUTIONS
Un chat dans un état de choc et de semi-conscience ressent parfois les stimulations sans pouvoir réagir. N'insistez pas quand vous l'examinez.

COLLAPSUS ET ÉTAT DE CHOC

Pour identifier un état de choc
Un chat peut être en état de choc à la suite d'un accident grave : il sera froid au toucher, sa respiration et son pouls seront rapides.

Pour conserver la chaleur *(à gauche)*
Installez-le confortablement. Tenez-le au chaud (à moins qu'il ne souffre d'un coup de chaleur) en l'enveloppant dans une couverture ou une serviette de bain, sans trop serrer. Placez une bouillotte à côté. Veillez à ne pas gêner sa respiration.

MESURES D'URGENCE
Ne laissez jamais un chat inconscient couché sur le même flanc plus de 5 ou 10 minutes. Ne lui faites rien avaler.

Position de sécurité
Si le chat est inconscient ou s'il semble suffoquer, couchez-le sur le flanc, la tête penchée vers le bas. Ouvrez-lui la bouche pour qu'il puisse respirer.

LES ACCIDENTS

En cas d'accident, la toute première chose à faire est de contacter le vétérinaire. Même s'il semble indemne, le chat doit être examiné car il peut souffrir de lésions internes. Le vétérinaire pourra vous expliquer par téléphone les premiers soins à administrer. Si le temps presse, demandez à quelqu'un de prévenir la clinique que vous êtes en route avec le blessé.

Chutes accidentelles
Il est très rare qu'un chat se blesse en tombant d'un arbre. Cependant, si vous habitez en haut d'un immeuble, veillez à ce que les fenêtres accessibles restent fermées.

POUR DÉPLACER UN CHAT ACCIDENTÉ

1 Si nécessaire, éloignez le chat de la source de danger. Une couverture ou une serviette de bain feront office de civière. Étalez la couverture à plat, puis installez-y délicatement le chat.

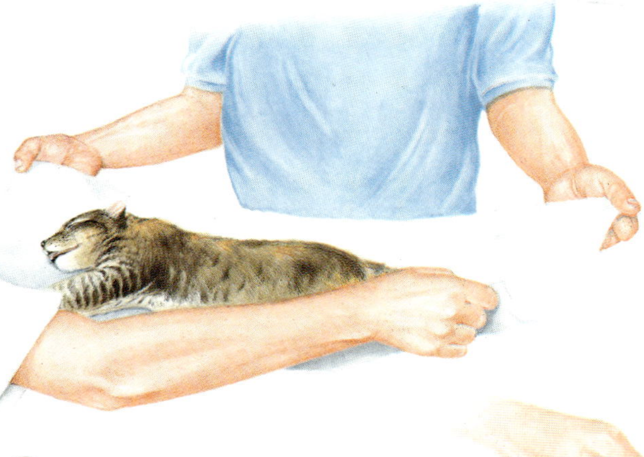

2 En vous faisant aider, soulevez doucement la couverture, en veillant à ce que le chat ne glisse pas. S'il est conscient, il vous faudra peut-être demander à une troisième personne de le tenir immobile.

3 Veillez à ce que ses voies respiratoires soient bien dégagées ; nettoyez l'intérieur de la bouche et tirez la langue à l'extérieur *(voir page 158)*. En cas d'hémorragie, comprimez la région atteinte avec un bandage *(voir page 170)*. S'il s'agit d'une patte, posez un garrot (maintenu trois quarts d'heure au maximum).

4 Une caisse protégera le blessé pendant le transport. Si le chat est inconscient, installez-le au fond de la boîte en tenant les quatre pans de la couverture.

LES ACCIDENTS

POUR DÉPLACER UN CHAT RÉCALCITRANT

1 Un chat qui souffre risque d'avoir peur. Rassurez-le en lui parlant. Approchez-vous de lui très doucement et avec beaucoup de précautions. En effet, il peut se montrer agressif et tenter de se défendre.

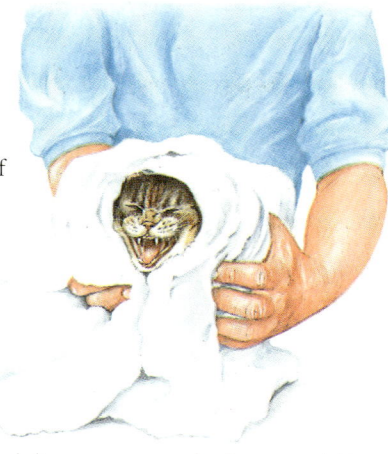

2 Pour l'immobiliser, recouvrez-le d'une serviette ou d'une couverture. Vous pouvez mettre des gants pour vous protéger des griffures et morsures.

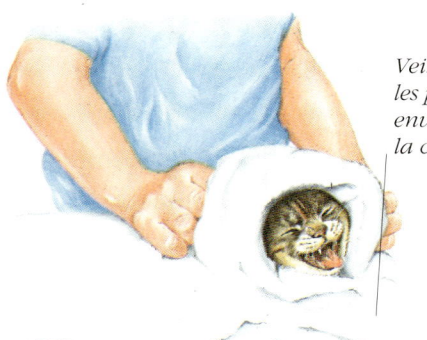

Veillez à ce que les pattes restent enveloppées dans la couverture.

3 En le saisissant d'une main par la peau du cou, enveloppez-le rapidement avec la couverture, en laissant sa tête bien dégagée (*voir page 129*).

4 Tout en le maintenant fermement par la peau du cou, placez-le dans une caisse de transport pour vous rendre chez le vétérinaire, et ne le lâchez que lorsque vous serez prêt à refermer la caisse.

LES FRACTURES

Pour soulever un chat blessé
Si vous craignez une fracture, couchez l'animal sur une couverture et soulevez-le, en veillant à ce que rien ne touche le membre atteint. Surtout, évitez-lui tout mouvement du corps et emmenez-le rapidement chez le vétérinaire.

PRÉCAUTIONS

Manipulez et déplacez l'animal souffrant d'une fracture le plus délicatement possible. Ne tentez pas de lui poser vous-même une attelle, car cela pourrait le paniquer et risquerait de lui faire plus de mal que de bien.

La Réanimation

Dans un cas d'urgence, comme un accident de la circulation *(voir pages 160-161)*, une réaction rapide peut sauver la vie du chat. Ces situations imprévisibles ne vous laissent pas le temps d'emmener l'animal chez le vétérinaire : elles nécessitent des soins immédiats. Au cas où votre chat est inconscient, qu'il ne respire pas ou que son cœur ne bat plus, demandez à quelqu'un d'appeler la clinique pendant que vous tenterez de le réanimer. Les méthodes de réanimation doivent être scrupuleusement respectées. Il peut y avoir arrêt respiratoire ou cardiaque après une noyade, une électrocution, un empoisonnement ; dans ce cas, les fonctions vitales doivent être rétablies dans les minutes qui suivent l'accident.

LA RESPIRATION ARTIFICIELLE

Ouvrez sa bouche pour faciliter la respiration.

1 Ôtez son collier. Allongez le chat sur le côté *(voir page 159)*. Nettoyez l'intérieur et le fond de la bouche.

2 Si le chat ne respire plus mais que son cœur batte encore, procédez à la respiration artificielle. A l'aide d'une serviette, sortez sa langue pour dégager la gorge. Ce geste peut stimuler la respiration et permettre au chat de reprendre conscience.

3 Si le chat est toujours inconscient, exercez une légère pression sur sa poitrine. Les poumons ainsi vidés peuvent se remplir d'air frais. Répétez cette opération toutes les cinq secondes, jusqu'à ce que le chat respire de nouveau.

LE MASSAGE CARDIAQUE

Si votre chat est inconscient, qu'il ne respire plus et que vous ne perceviez aucun battement cardiaque, tentez de stimuler directement son cœur. Placez vos doigts sur sa poitrine au niveau du coude et appuyez doucement mais fermement. Répétez l'opération cinq ou six fois, à intervalles d'une seconde. Alternez avec la respiration artificielle pendant dix minutes. Passé ce délai, cette technique a peu de chances d'aboutir.

LA RÉANIMATION

LE BOUCHE-A-BOUCHE

1 Quand la cage thoracique est endommagée, il arrive que les poumons ne puissent plus se remplir automatiquement et qu'il faille insuffler de l'air. Tenez le chat inconscient bien droit, gueule fermée.

2 Soufflez dans ses narines deux à trois secondes pour gonfler ses poumons. Le mouvement de la poitrine sera nettement visible. Faites une pause de deux secondes, puis répétez l'opération.

Soutenez le corps du chat.

3 Poursuivez la réanimation jusqu'à ce que le chat parvienne à respirer seul, sans aide. Autre méthode : soufflez simultanément dans les narines et dans la gueule ouverte.

PRÉCAUTIONS

Ne tentez les techniques de réanimation décrites ici que si le chat est inconscient et ne répond plus aux stimulations normales. Ne forcez pas s'il arrive à respirer de nouveau, car vous risquez d'aggraver ses blessures.

LA NOYADE

1 La plupart des chats ne s'approchent guère de l'eau, mais les accidents sont toujours possibles : un chaton peut tomber dans une mare ou une piscine.

2 Sortez le chat de l'eau et séchez-le avec une serviette. S'il ne bouge pas et ne respire plus, vous devez d'abord évacuer l'eau de ses poumons. Tenez-le par les pattes arrière, juste au-dessus de l'articulation du jarret, tête en bas.

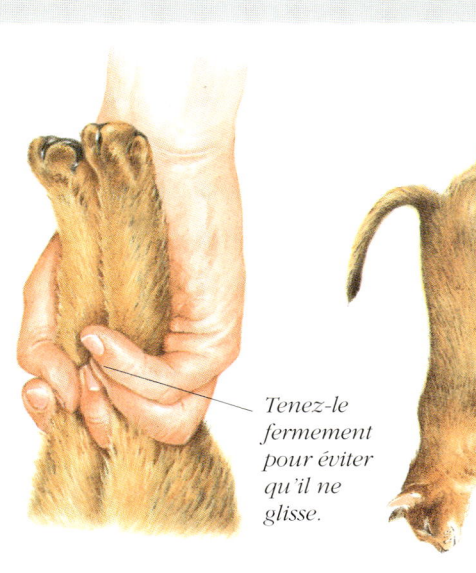

Tenez-le fermement pour éviter qu'il ne glisse.

3 Secouez-le vigoureusement, mais sans brutalité, dans un mouvement de balancier, pour vider l'eau des poumons. S'il vous semble que le chat ne respire plus du tout, commencez sans tarder la réanimation *(voir plus haut)*. Installez-le au chaud le plus tôt possible.

ÉTOUFFEMENT ET CORPS ÉTRANGERS

Si le chat a des difficultés à respirer, emmenez-le chez le vétérinaire. Mais, si un corps étranger est coincé dans sa gorge, vous n'aurez pas le temps de consulter un praticien, et devrez intervenir sans tarder. Quand une arête de poisson, par exemple, obstrue ses voies respiratoires, le chat se racle la gorge de manière convulsive et se donne des coups de patte sur le museau. Ne confondez pas ces signes avec le fait de recracher une boule de poils.

L'ÉTOUFFEMENT

1 Si le chat tousse, se racle la gorge ou semble manquer d'air, il faut examiner le fond de sa gorge. Demandez à quelqu'un d'appeler le vétérinaire tandis que vous maîtrisez le chat et lui ouvrez la bouche *(voir page 130)* pour localiser l'objet qui le gêne. Comme pour tous les premiers soins, il est très important d'immobiliser et de calmer la victime.

2 Localisez l'objet avec une lampe de poche, essayez de l'extraire avec une pince à épiler. Si l'objet est invisible, allongez le chat et exercez des pressions brusques sur son diaphragme.

PRÉCAUTIONS

Si votre chat étouffe, ne lui mettez pas les doigts dans la bouche, car il cherchera à vous mordre. Parlez-lui pour l'apaiser et essayez alors de l'immobiliser en l'enveloppant dans une serviette.

LES CORPS ÉTRANGERS DANS LA BOUCHE

1 Il arrive que le chat avale un hameçon abandonné, qui reste coincé dans sa bouche. S'il est accessible, le barbillon devra être délicatement coupé avec une pince ou un sécateur.

2 Le reste de l'hameçon peut ensuite être retiré sans danger. Ne tirez jamais sur un fil ou une ligne de pêche avalés. Consultez immédiatement un vétérinaire, qui pourra localiser puis extraire le crochet ou l'aiguille.

LES CORPS ÉTRANGERS DANS L'ŒIL

1 Votre chat peut avoir quelque chose dans l'œil (épillet, gravillon, etc.). Maintenez sa paupière ouverte afin d'examiner l'œil : si le globe oculaire vous semble atteint, n'intervenez pas.

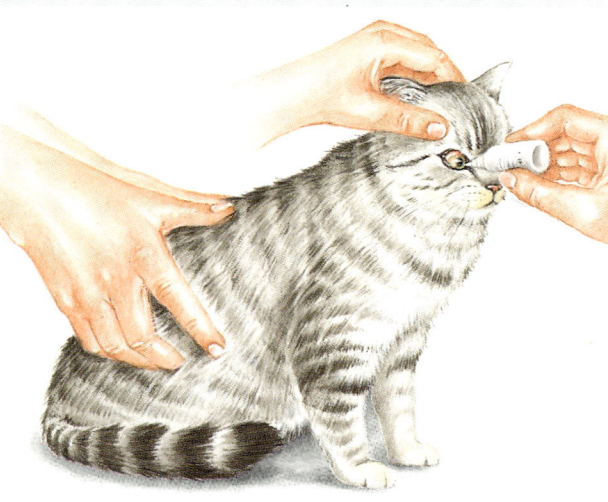

2 Si le corps étranger se déplace ou s'il est coincé sous la paupière, quelques gouttes de collyre le feront peut-être glisser hors de l'œil. En cas de doute, contactez le vétérinaire.

LES AUTRES LOCALISATIONS

Dans l'oreille
Si vous voyez l'objet, opérez très délicatement avec une pince à épiler. Du collyre peut aider à le déloger, mais à très petite dose (une goutte), car le liquide pourrait entraîner l'objet au fond de l'oreille.

PRÉCAUTIONS
N'enfoncez jamais une pince à épiler (ou un autre objet) dans l'oreille du chat, car vous pourriez lui faire plus de mal que de bien. N'oubliez surtout pas que, en cas de doute, il est toujours préférable de consulter un vétérinaire.

Dans les pattes
Il arrive que des graines d'herbe ou des épillets se logent entre les doigts, ou que des échardes se plantent dans la patte. Si le chat ne parvient pas à s'en débarrasser avec ses dents, il aura besoin d'aide. N'essayez pas d'enlever un objet introduit dans un coussinet. Si la blessure paraît plus profonde qu'une simple égratignure, il est préférable de consulter un vétérinaire.

Les Empoisonnements

LES POISONS

Les chats sont sensibles et vomissent facilement s'ils ont ingéré un aliment nocif. Les cas d'empoisonnement sont donc rares. Il arrive cependant qu'ils mangent accidentellement une plante traitée avec un insecticide ou une proie elle-même empoisonnée. Ils peuvent aussi absorber un produit chimique en se léchant. Parmi les produits toxiques très courants dans le jardin et la maison, on compte les tue-limaces et les analgésiques tels que l'aspirine.

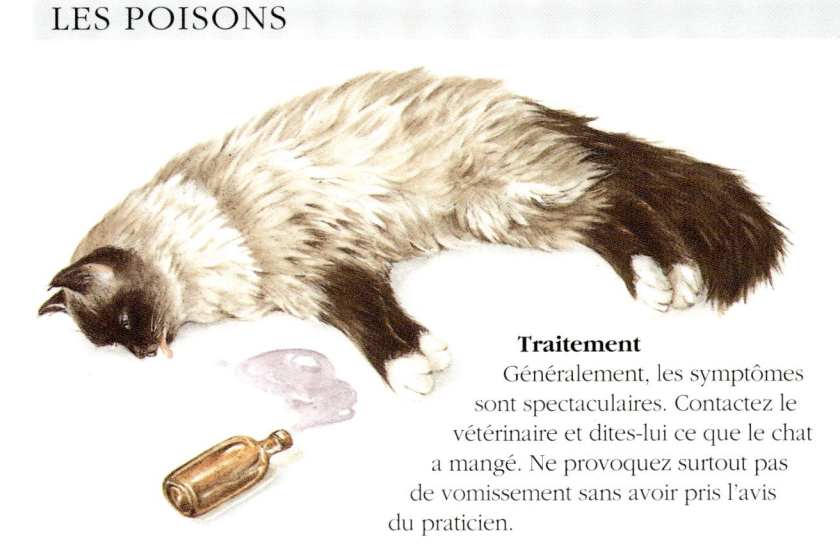

Traitement
Généralement, les symptômes sont spectaculaires. Contactez le vétérinaire et dites-lui ce que le chat a mangé. Ne provoquez surtout pas de vomissement sans avoir pris l'avis du praticien.

SUR LE PELAGE

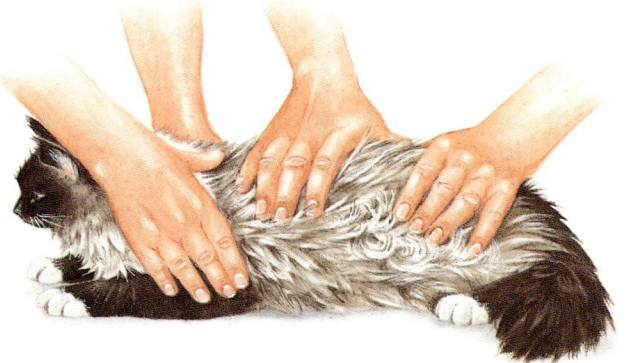

1 Faites ramollir la peinture ou le goudron avec de la vaseline pour l'enlever plus facilement. Il est indispensable de nettoyer le produit toxique au plus tôt pour éviter que le chat ne le lèche en se toilettant.

2 Coupez les poils des régions les plus souillées, en veillant bien à ne pas entailler la peau. L'antigel, les solvants et les désinfectants peuvent être mortels, si le chat les avale.

3 Enveloppez le chat dans une serviette pour l'empêcher de se lécher. Ensuite, lavez soigneusement la fourrure avec de l'eau tiède dans laquelle vous aurez dilué un petit peu de shampooing.

PRÉCAUTIONS

N'utilisez jamais de solvants ou de décapants pour enlever de la peinture, car ces produits sont très toxiques. Si son pelage est très souillé, le chat doit alors être traité par un vétérinaire. Si c'est possible, apportez un échantillon du produit responsable.

LES EMPOISONNEMENTS

LES POISONS DANS LA MAISON ET LE JARDIN

Plantes toxiques

De nombreuses plantes sont toxiques pour les chats. Ils aiment bien mâcher de la verdure, mais préfèrent souvent l'herbe aux plantes vertes. Il arrive que l'animal prenne goût à une plante : il vous faudra alors le dissuader d'en manger.

Poinsettia *Cerisier de Noël* *Dieffenbachia*

Pois de senteur *Clématite* *Azalée* *Laurier-rose*

Delphinium *Rhododendron* *Lupin* *Rose de Noël*

PRODUITS MÉNAGERS TOXIQUES

Produits	Symptômes	Que faire ?
Mort-aux-rats (coumariniques, strychnine, thallium, arsenic)	Convulsions, vomissements, saignements et diarrhée. Souvent mortel.	Consultez immédiatement le vétérinaire. Certains poisons ont un antidote.
Antigel	Titubation, vomissements, convulsions suivies de coma. Souvent mortel.	Consultez immédiatement le vétérinaire. Une injection peut neutraliser le poison.
Alcool, alcool à brûler	Abattement, vomissements, collapsus, déshydratation, coma. Parfois mortel.	Consultez immédiatement le vétérinaire. Identifiez, si possible, le poison avalé.
Analgésiques (aspirine, paracétamol, etc.)	Absence de coordination motrice, vomissements. Gencives bleues en cas d'absorption de paracétamol. Parfois mortel.	Consultez immédiatement le vétérinaire. Les analgésiques destinés aux hommes sont toxiques pour les chats.
Désinfectants, solvants, produits de nettoyage (par ex., phénols)	Vomissements abondants, diarrhée, troubles nerveux, déséquilibre, coma. Parfois mortel.	Consultez immédiatement le vétérinaire. Identifiez, si possible, le poison avalé.
Insecticides et pesticides (par exemple, organochlorés et organophosphorés)	Spasmes musculaires, bave, convulsions (se déclenchant parfois lorsqu'on saisit l'animal), coma. Parfois mortel.	Consultez immédiatement le vétérinaire. Certains poisons ont un antidote.
Tue-limaces (métaldéhyde)	Salivation, spasmes musculaires, vomissements, diarrhée, absence de coordination motrice, convulsions, coma. Parfois mortel.	Consultez immédiatement le vétérinaire. Le traitement peut être efficace s'il est appliqué rapidement.

Morsures et Piqûres

Un chat qui circule librement s'expose davantage aux rixes avec des congénères. Les morsures s'infectent vite, provoquant parfois des abcès. Les piqûres d'insectes, rares, sont très douloureuses et peuvent entraîner des réactions allergiques graves. Les serpents et les crapauds venimeux ou les scorpions sont d'autres dangers des pays tropicaux. Les chats, plus curieux qu'agressifs envers ces animaux, s'en approchent d'un peu trop près. Les chatons qui apprennent à chasser sont particulièrement vulnérables.

Piqûres d'insectes et venin

Abeilles et guêpes
Les piqûres sur la tête ou sur les pattes sont douloureuses et enflent rapidement. Si le chat est désorienté, ne tient plus sur ses pattes ou a du mal à respirer, il doit être examiné d'urgence.

Traitement des piqûres *(à droite)*
Le dard de l'abeille ressemble à une écharde plantée dans une région enflée et rouge. On peut l'extraire avec une pince à épiler. Nettoyez la plaie avec une solution diluée de bicarbonate de soude. Des glaçons aideront à faire désenfler la plaie.

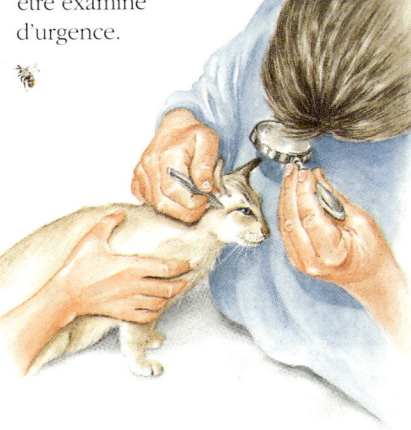

Morsures de serpent et d'araignée
Essayez d'identifier l'animal responsable, cela facilitera le traitement. Une morsure de serpent se reconnaît à la présence de deux trous profonds. Le chat lèche le point d'injection du venin.

Traitement des morsures *(à droite)*
Ralentissez la diffusion du venin en appliquant une compresse froide et un bandage serré juste au-dessus de la plaie *(voir page 170)*. Contactez immédiatement un vétérinaire.

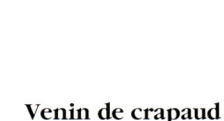

Venin de crapaud
Certaines espèces de crapauds sécrètent un venin par la peau. Le chat qui s'y attaquera aura des douleurs et une inflammation dues à l'absorption du poison.

Traitement contre le venin de crapaud *(à gauche)*
Si le chat se laisse faire, lavez-lui immédiatement la bouche avec une serviette humide et veillez à ce qu'il n'avale aucun liquide. Essuyez l'excès de salive. Placez le chat dans un endroit calme. Demandez conseil à un vétérinaire.

MORSURES ET PIQURES

LES ABCÈS DUS A UNE MORSURE DE CHAT

1 Si la morsure n'est pas détectée et traitée tout de suite, elle risque de s'infecter. Quelques jours plus tard, la plaie enflera et sera très molle. Si le chat se laisse faire, nettoyez la plaie avec douceur et coupez les poils environnants.

2 Nettoyez la région enflée à l'eau chaude ou bien avec une solution légèrement salée (une cuillerée à café dans un verre d'eau). Un lavage fréquent fait « mûrir » l'abcès, qu'il faut éviter de percer.

Nettoyez les traces de pus lorsque l'abcès a percé.

3 Après un à deux jours de soins réguliers, l'abcès devrait percer, laissant s'écouler un pus malodorant. Le chat sera alors nettement soulagé.

4 Nettoyez la plaie avec un antiseptique pour que l'abcès ne se reforme pas. Des antibiotiques peuvent être prescrits afin de prévenir toute infection.

BLESSURES DE GUERRE

Un chat qui rentre à la maison le poil hirsute s'est probablement battu. Il peut avoir des touffes de poils arrachées, avec une paupière ou une oreille déchirée, une dent ou une griffe cassée. Les blessures ou lacérations, même légères, doivent être nettoyées *(voir page 170)*. La morsure d'un autre chat ne se voit pas toujours au premier coup d'œil. Elle peut s'infecter au bout de quelques jours : la plaie enflera et elle sera douloureuse au toucher. Si votre chat semble mal en point après une belle bagarre, emmenez-le chez le vétérinaire pour un examen complet.

Les oreilles peuvent être arrachées et saigner.

Les morsures au cou ne sont pas rares.

Les abcès à la base de la queue sont fréquents.

MESURES D'URGENCE

Si l'abcès n'a pas percé après 48 heures de traitement, appelez le vétérinaire. Il devra peut-être alors le percer et le débrider sous anesthésie. Il faut parfois administrer des antibiotiques pour éviter que l'abcès ne se reforme et pour éliminer toute infection bactérienne.

Bilan du combat
Essayez de limiter les saignements ; voyez un vétérinaire si les plaies vous semblent sérieuses.

Le Traitement des Plaies

De nombreux chats mènent une vie très aventureuse, et ils reviennent parfois blessés à la maison. Les plaies les plus fréquentes sont les morsures et les griffures d'autres chats. Elles sont rarement graves, contrairement aux bagarres avec un chien ou aux accidents de voiture. Le but des premiers soins est de soigner l'état de choc et de limiter les pertes de sang, en comprimant la plaie avec un tampon de gaze.

ENTAILLES ET LACÉRATIONS

1 Examinez le chat, tout en essayant de le calmer. Nettoyez doucement le sang ou les saletés à l'aide d'un antiseptique léger. Si la blessure vous semble assez profonde, consultez un vétérinaire.

2 Faites-vous aider pour immobiliser le chat. Coupez le pelage autour de la plaie et mettez de la vaseline sur les bords afin d'empêcher les poils d'y pénétrer.

3 Les coupures et les lacérations superficielles peuvent être nettoyées avec un antiseptique léger. L'eau oxygénée et l'éther sont à proscrire.

POUR ARRÊTER UNE HÉMORRAGIE

Appliquez une compresse imbibée d'antiseptique.

1 Arrêtez l'hémorragie avec une compresse imbibée d'antiseptique, ou un garrot s'il s'agit d'une patte (trois quarts d'heure maximum).

2 Si le chat saigne après une ou deux minutes, recouvrez la compresse d'un bandage puis appliquez une seconde compresse.

3 Tous les points d'hémorragie doivent être bien comprimés. Bandez le chat pour maintenir les compresses en place.

LE TRAITEMENT DES PLAIES

LES PANSEMENTS

1 Les petites plaies superficielles peuvent être traitées avec des pansements simples. Si la blessure est plus profonde, appliquez un pansement compressif en urgence. Voyez un vétérinaire pour refaire le bandage.

2 Maintenez la compresse en place à l'aide d'un bandage. Celui-ci doit être bien fixé mais pas trop serré, car cela risquerait de gêner la circulation sanguine.

BLESSURES GRAVES

Blessure au torse
En cas de blessures multiples ou de contusions, vous pouvez procéder à un bandage complet du corps du chat avec une vieille taie d'oreiller, afin de limiter les risques d'aggravation pendant le transport jusqu'au cabinet du vétérinaire. Les pansements seront changés tous les jours, ou chaque fois que le sang suinte.

LE BANDAGE D'UNE BLESSURE SUPERFICIELLE

PRÉCAUTIONS

Si la patte est douloureuse et enflée, ne la bougez pas, car elle est peut-être cassée. Ne faites surtout pas de bandage et évitez également tout mouvement à votre chat.

1 Nettoyez la plaie avant de bander la patte *(voir plus haut)*. Insérez de petites boules de coton entre les doigts afin d'éviter des frottements qui gêneraient le chat.

Mettez du coton entre les doigts.

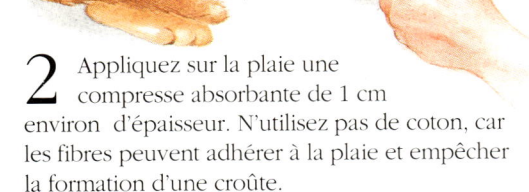

2 Appliquez sur la plaie une compresse absorbante de 1 cm environ d'épaisseur. N'utilisez pas de coton, car les fibres peuvent adhérer à la plaie et empêcher la formation d'une croûte.

3 Maintenez la compresse avec un ruban adhésif passé sous le pied puis autour de la patte. Veillez à ne pas comprimer la circulation sanguine. Surveillez la plaie régulièrement pour vérifier qu'elle cicatrise bien.

Brûlures et autres Blessures

Les chats sont curieux mais prudents : généralement, ils savent éviter de se brûler. De plus, leur fourrure épaisse les protège. Les accidents les plus fréquents sont dus à de l'eau ou de l'huile bouillantes, parfois à des feux de cheminée non protégés. Brûlures et blessures liées au froid s'associent très souvent à un état de choc à traiter d'urgence.

LES BRULURES PAR LIQUIDE BOUILLANT

1 Si le chat est ébouillanté, il faut rapidement appliquer de l'eau froide sur la zone atteinte. N'appliquez pas de beurre sur la plaie.

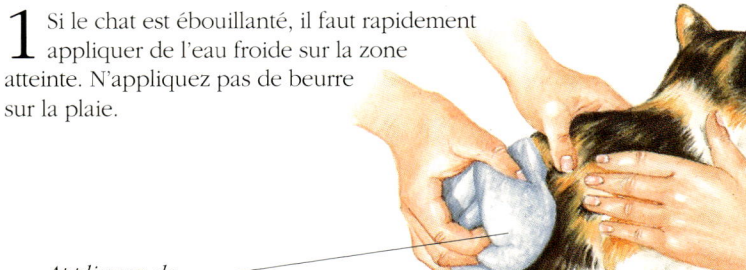

Appliquez de l'eau froide sur la plaie.

2 Confectionnez une compresse froide en enveloppant des glaçons dans un torchon propre. En attendant les soins vétérinaires, appliquez-la sur la brûlure.

3 Appliquez un antiseptique doux sur la plaie, si le chat vous laisse faire. Ne posez rien sur la brûlure.

LES BRULURES PAR PRODUITS CHIMIQUES

1 Nettoyez le pelage. Une solution fortement diluée de bicarbonate de soude ou encore de vinaigre neutralise les effets respectifs des acides et des substances alcalines.

2 Placez un sac de glaçons sur la région brûlée, en attendant la consultation du vétérinaire. S'il s'agit d'une patte, passez-la sous l'eau froide du robinet pendant quelques minutes. Enfilez, si possible, des gants de caoutchouc pour nettoyer le produit chimique.

Nettoyez avec de l'eau si vous ignorez la nature du produit responsable.

ÉLECTROCUTION ET ÉTAT DE CHOC

1 Un chaton risque de mâcher ou de mordre des fils électriques. Même si l'animal ne souffre que de légères brûlures sur la langue et au bord des lèvres, il doit être examiné par un vétérinaire : il peut y avoir d'autres blessures invisibles ou des complications.

2 Coupez le courant avant de toucher au chat électrocuté. Si c'est impossible, éloignez le fil électrique avec un manche à balai. Contactez de suite le vétérinaire.

LES COUPS DE SOLEIL

Passez de la crème protectrice sur les oreilles.

Coups de soleil sur les oreilles
Dans les pays très chauds, les chats sont exposés aux coups de soleil sur le bout des oreilles. Enfermez les chats de couleur claire pendant les heures les plus chaudes de la journée. Protégez leurs oreilles par une crème écran total lorsqu'ils sortent.

MESURES D'URGENCE

Les électrocutions graves peuvent être mortelles. Il faut parfois procéder à la réanimation du chat *(voir pages 162-163)*. Appelez d'urgence le vétérinaire pour lui demander conseil.

ENGELURES ET HYPOTHERMIE

Engelures
Les parties du corps vulnérables aux engelures sont les pattes, la queue et les oreilles. Trempez les pattes dans l'eau chaude et massez-les délicatement.

Hypothermie
Il s'agit d'une baisse sévère de la température du corps, parfois mortelle. Placez le chat dans un endroit chaud et abrité, sous des couvertures, avec des bouillottes. Réchauffez-le peu à peu.

AUTRES URGENCES

En général, les chattes mettent bas sans difficulté, mais un problème peut toujours survenir. Si votre chatte semble souffrir, ou si le travail dure plus d'une demi-heure sans qu'un chaton apparaisse, contactez le vétérinaire. Il arrive aussi que la mère et les nouveau-nés nécessitent, en attendant l'arrivée du praticien, des premiers soins qu'il faut savoir donner. Leur vie peut en dépendre.
Les coups de chaleur et l'asphyxie sont d'autres situations d'urgence requérant des soins immédiats.

LA MISE BAS DIFFICILE

Quand faut-il appeler le vétérinaire ?
Surveillez attentivement mais discrètement la chatte qui s'apprête à mettre bas. Si elle semble désemparée et n'a pas donné le jour à un chaton trente minutes après le début du travail, appelez le vétérinaire.

PROBLÈMES LIÉS A LA MISE BAS

Problème	Description et symptômes	Que faire ?
Fausse couche	Rare, elle peut être due à un accident, à une infection, au stress ou à une anomalie du fœtus. Les symptômes sont : contractions, vomissements, diarrhée et saignement de la vulve.	Si les contractions commencent bien avant terme, contactez immédiatement le vétérinaire. Installez la chatte au chaud. Une fois la fausse couche commencée, il est difficile de l'éviter.
Déchirure de l'utérus	Elle peut être due à un accident survenu en fin de gestation ou juste avant la mise bas. Il y a une gêne abdominale et des signes d'état de choc : la chatte halète, son pouls s'accélère, ses pupilles se dilatent et elle perd conscience.	Contactez immédiatement un vétérinaire. L'état de choc nécessite un traitement urgent. Installez la chatte au chaud et au calme. Rassurez-la en lui parlant doucement, en attendant l'arrivée du vétérinaire.
Pertes et hémorragies vulvaires	De légères pertes vulvaires sont normales la veille. Les pertes brunâtres et malodorantes indiquent une infection ou une rétention du fœtus. Un saignement de la vulve peut être le signe d'une hémorragie interne, parfois mortelle.	Consultez immédiatement un vétérinaire. Installez la chatte au chaud et au calme pour éviter l'état de choc.
Mortinatalité	On ne parvient pas toujours à expliquer la mort de chatons : poids inférieur à la normale, malformation, incapacité à téter…	Le plus souvent, on ne peut pas intervenir pour empêcher la mort des nouveau-nés. Il est donc préférable de laisser le vétérinaire tuer les chatons atteints de malformations.
Rejet des chatons	Parfois, la mère ne peut pas produire suffisamment de lait ou est incapable de nourrir ses petits, qu'elle délaisse. Il arrive aussi qu'elle rejette les chatons peu après leur naissance, ou que le plus faible de la portée soit repoussé par ses frères et sœurs. Les petits rejetés peuvent être allaités par une mère adoptive ou bien nourris à la main *(voir page 151).*	Demandez conseil à un vétérinaire. Les petits orphelins doivent être tenus propres, au chaud, et bien nourris. Au début, il convient de les alimenter toutes les deux heures avec un substitut de lait de chatte. Après chaque repas, la région anale doit être essuyée délicatement avec un morceau de coton humide afin de stimuler l'élimination des déchets.

AUTRES URGENCES

L'ASSISTANCE A LA MISE BAS

1 Si un chaton reste partiellement coincé dans la vulve et que sa mère semble en difficulté, il vous faut agir sur-le-champ. Lavez-vous les mains soigneusement, puis lubrifiez la vulve avec de la vaseline. Tenez fermement le chaton et aidez-le doucement à sortir.

2 Si la chatte néglige son petit, enlevez la membrane qui le recouvre et nettoyez le mucus présent dans sa bouche et ses narines. Frictionnez-le avec une serviette. Une fois qu'il respire, trempez du fil solide et des ciseaux dans un antiseptique. Faites un nœud autour du cordon ombilical, à 3 cm environ du nombril.

3 Sectionnez alors le cordon ombilical du côté du placenta. Vous pouvez éventuellement le couper avec les doigts. Ne tirez pas sur le cordon, vous risqueriez de blesser le chaton. Encouragez-le ensuite à téter.

PRÉCAUTIONS

Si la tête ou l'un des membres du nouveau-né sont retenus dans la vulve, n'essayez pas de les tirer avec force. Consultez immédiatement un vétérinaire.

COUP DE CHALEUR ET ASPHYXIE

Coup de chaleur
Si le chat perd connaissance, faites baisser sa température en l'aspergeant d'eau. Enveloppez-le dans une serviette trempée dans de l'eau froide.

Asphyxie
Un chat peut perdre connaissance après avoir inhalé du monoxyde de carbone. Il a besoin de respirer de l'air frais. Encouragez-le à bouger pour stimuler sa circulation sanguine.

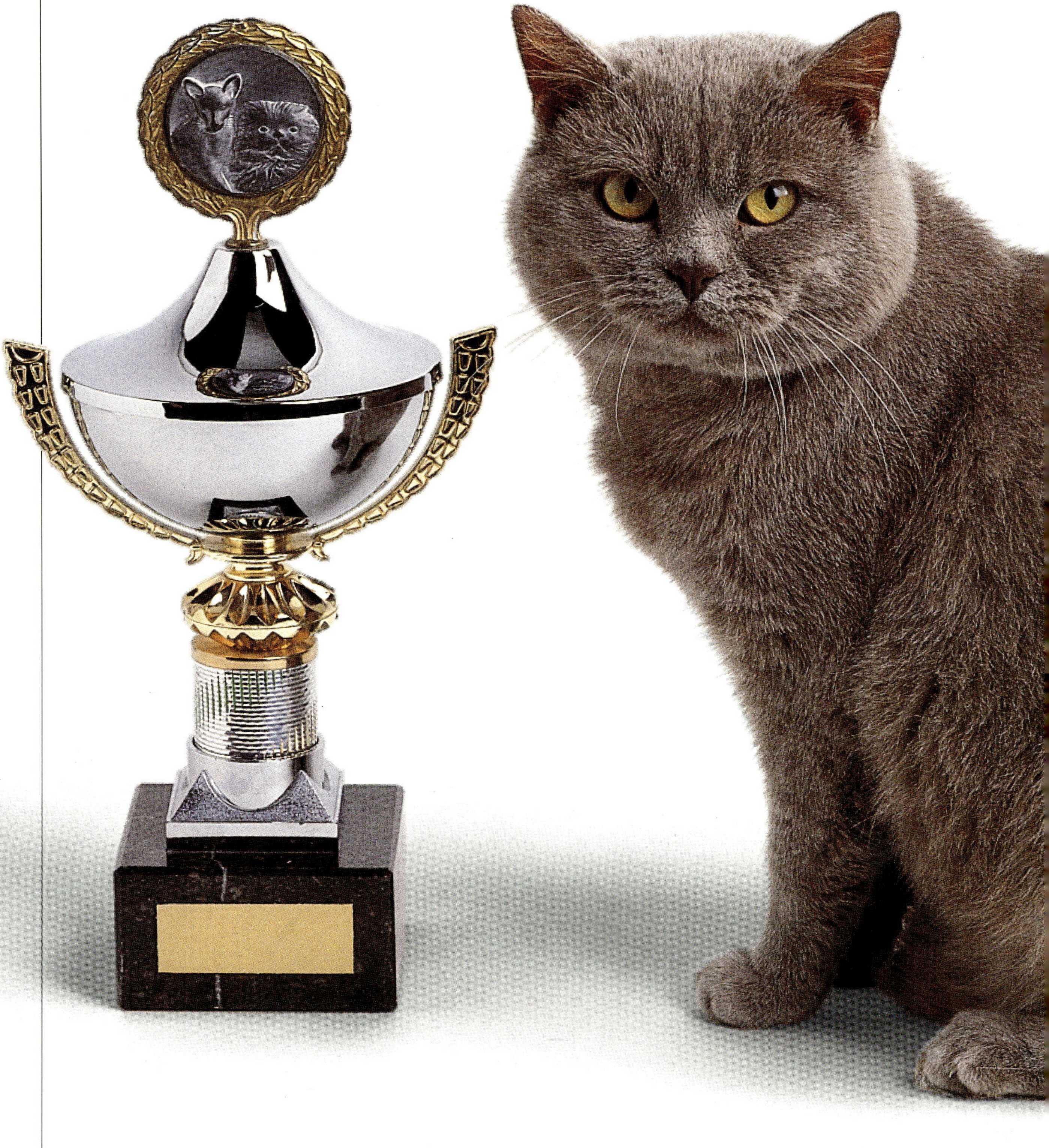

Chapitre 10

LES EXPOSITIONS

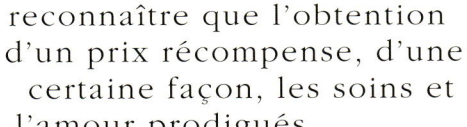

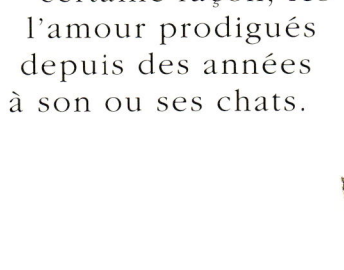

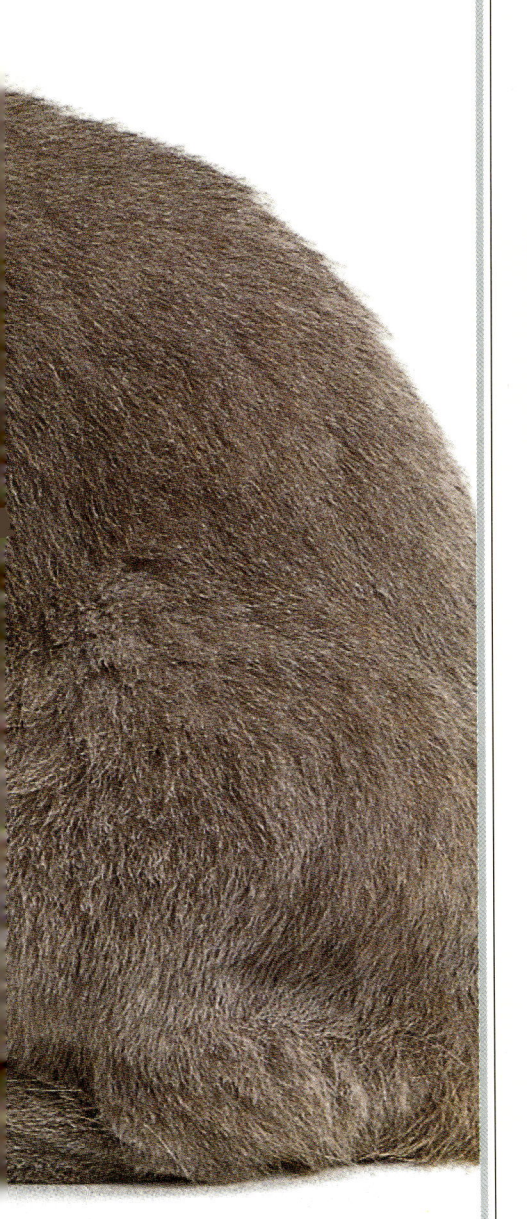

Les expositions félines permettent aux éleveurs de présenter leurs plus beaux chats, qui seront jugés selon des critères, ou « standards », définis pour chaque race. Le jury notera, par exemple, la couleur des yeux, la forme du crâne, les motifs de la robe... Les propriétaires de chats, véritables passionnés de ces manifestations, entretiennent un grand esprit de compétition entre eux. Et il faut reconnaître que l'obtention d'un prix récompense, d'une certaine façon, les soins et l'amour prodigués depuis des années à son ou ses chats.

EXPOSITIONS ET CONCOURS

Les éleveurs travaillent d'arrache-pied pour obtenir des chats d'une beauté exceptionnelle et maintenir des lignées très pures. Aussi les expositions félines sont-elles extrêmement divertissantes et instructives. Vous y passerez un excellent moment, admirant les races les plus connues, mais aussi les plus rares. Les expositions peuvent être organisées, au niveau national, par l'autorité compétente en matière de clubs félins. En France, les associations félines sont très nombreuses. Chacune définit les règles des concours qu'elle organise. Plusieurs standards peuvent être adoptés (entre autres, ceux de la Fédération internationale féline).

HISTORIQUE

Premier éleveur de chats à pedigree
Mme Clinton Locke, photographiée ici avec ses deux Siamois, fut l'un des précurseurs de l'élevage de chats pure race aux États-Unis.

Première exposition féline moderne *(ci-dessous)*
La première grande exposition moderne eut lieu au Crystal Palace de Londres, en 1871. Des Persans et des British Shorthair y participaient. L'exposition connut un tel succès qu'elle fut, dès lors, renouvelée chaque année.

L'ORGANISATION D'UNE EXPOSITION

Classe « jeune »
Les chatons de moins de 10 mois entrent en compétition dans deux classes – 3 à 6 mois et 6 à 10 mois – précisément définies en fonction de la race et du sexe.

Classe « ouverte »
La classe « ouverte » admet les chats à partir de 10 mois. Les concurrents sont répartis par races, sexes, et parfois par couleurs. Cette classe permet aux chats d'obtenir un certificat d'aptitude au championnat (CAC).

Classe « novice »
Un chat de lignée inconnue ou non répertoriée a, comme tout autre félin, la possibilité de figurer en concours : cette classe lui est, en effet, réservée. Elle lui accordera peut-être (s'il obtient le nombre de points requis) ses lettres de noblesse !

Classe « neutre »
Les individus pure race stérilisés (mâles et femelles) concourent dans des catégories à part. Les félins sont comparés à d'autres chats stérilisés de leur race, mais le jugement se fait selon les mêmes critères que pour les chats entiers.

DÉROULEMENT

Les sociétés félines
Les règlements des expositions sont définis par des sociétés félines nationales ou internationales : Fédération internationale féline (FIFe), Fédération féline française (FFF), Governing Council of the Cat Fancy (GCCF) en Angleterre, TICA et Cat Fanciers' Association aux États-Unis. Les expositions débutent toujours par un examen vétérinaire. Ensuite, les modalités varient selon les pays. En Grande-Bretagne, par exemple, les cages, toutes identiques, sont simplement numérotées. En France, en revanche, les décorations sont très appréciées. Le jury siège soit à l'écart de la salle d'exposition, soit devant le public.

LES CRITÈRES DE JUGEMENT

L'engouement pour les chats à pedigree remonte à plus d'un siècle et explique, au moins en partie, la grande diversité des races existant aujourd'hui. Des programmes de reproduction sélective ont permis de mettre en valeur tel ou tel caractère physique. Fort heureusement, ces diverses manipulations n'ont que très rarement donné lieu à des tares héréditaires (contrairement à ce qui s'est produit avec les chiens). Les chats sont jugés en fonction de critères nommés « standards » et définis différemment pour chaque race : aspect de la tête, du corps...

Enregistrement d'un chaton
Enregistrez votre chaton auprès de l'organisation féline appropriée.

MODÈLES DE JUGEMENTS

Tête (20 points)
Tête ronde, joues pleines et menton puissant.

Corps (25 points)
Corps massif, bas sur pattes, avec une poitrine large et bien développée.

Queue (10 points)
Épaisse et d'une longueur moyenne.

British Shorthair bleu (à gauche)
Le British Shorthair est un chat trapu et puissant, avec un corps musclé et bas sur pattes. Il a la tête large, les yeux ronds et les oreilles plutôt espacées.

Yeux (10 points)
Cuivre, orange ou dorés.

Robe (35 points)
Courte et épaisse, sans être trop bouffante. Sa couleur doit aller du bleu moyen au bleu clair, sans motifs « tabby » ni points argentés.

Queue (10 points)
Courte et touffue, mais proportionnée au reste du corps.

Tête (25 points)
Tête large, avec un petit nez et un menton puissant.

Yeux (10 points)
Orange foncé ou cuivrés.

Persan crème caméo shaded
Voici un Persan de type classique. Il a un corps massif et ramassé, appelé « cobby », avec des pattes puissantes. Sa tête est large, ses yeux ronds et ses oreilles petites.

Robe (40 points)
Elle est longue, épaisse et fine au toucher, de couleur blanche avec un tipping crème, sans motifs « tabby ».

Corps (15 points)
Il est trapu, avec des pattes courtes et épaisses.

LES CRITÈRES DE JUGEMENT

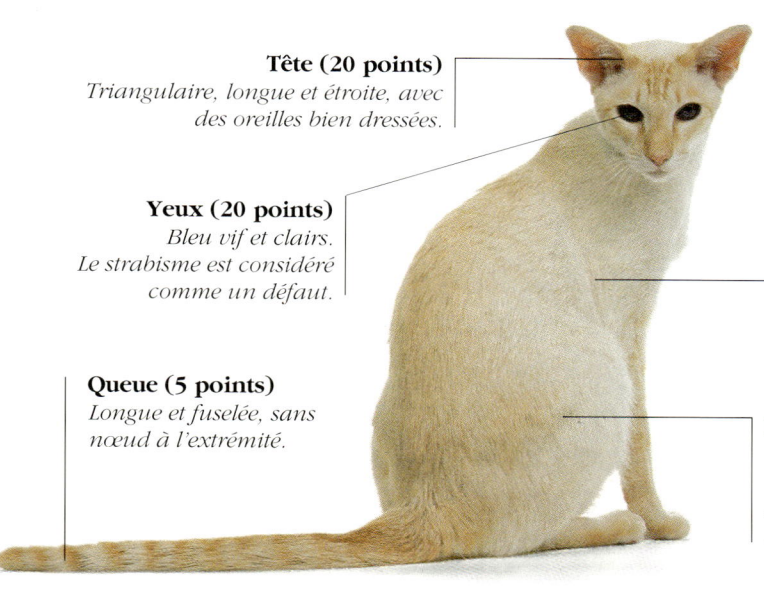

Siamois red-point *(à gauche)*
Sa robe, d'un blanc uni, a des reflets abricot et des taches plus foncées sur la tête, les pattes et la queue. Il a un corps long et mince, avec des pattes élégantes, et des yeux en amande.

Tête (20 points)
Triangulaire, longue et étroite, avec des oreilles bien dressées.

Yeux (20 points)
Bleu vif et clairs. Le strabisme est considéré comme un défaut.

Queue (5 points)
Longue et fuselée, sans nœud à l'extrémité.

Corps (20 points)
Long, svelte, oriental, avec des pattes fines.

Robe (35 points)
Très courte et fine. De couleur blanche, avec des nuances abricot sur le corps et des pointes roux doré. Les rayures sont acceptées.

Abyssin lièvre *(à droite)*
On le reconnaît aisément à sa fourrure brun-roux tiquetée, dont chaque poil a des rayures de couleurs différentes. Il a un corps musclé et souple, et la tête moins longue que celle du Siamois.

Tête (15 points)
Contours légèrement arrondis, avec de grandes oreilles touffues.

Yeux (10 points)
Ambre, noisette ou verts. Ils ne doivent pas être trop clairs.

Robe (45 points)
Elle est courte et fine, avec des rayures doubles ou, de préférence, triples. Une couleur d'ensemble trop pâle est considérée comme un défaut, ainsi que les poils de base noirs ou gris.

Corps (30 points)
De taille moyenne, il est souple et musclé. Un corps « trapu » est éliminatoire.

Tête (20 points)
De taille moyenne, aux contours arrondis, avec une cassure nette à la racine du nez.

Yeux (25 points)
Les yeux peuvent être or, dorés, cuivrés, jaunes, mais jamais verts ou cerclés de vert.

Corps (35 points)
Il est de taille moyenne, plus musclé et plus lourd qu'il n'y paraît.

Burmese bleu écaille-de-tortue *(à gauche)*
Il est apprécié pour son poil doux et lustré. Son corps est plus rond et plus musclé que celui du Siamois. Les Burmese de type anglais ont un physique plus oriental que les variétés nord-américaines, plus rondes.

Robe (20 points)
Elle est courte et brillante, avec des reflets satinés. La couleur doit allier le bleu et le crème, sans rayures apparentes.

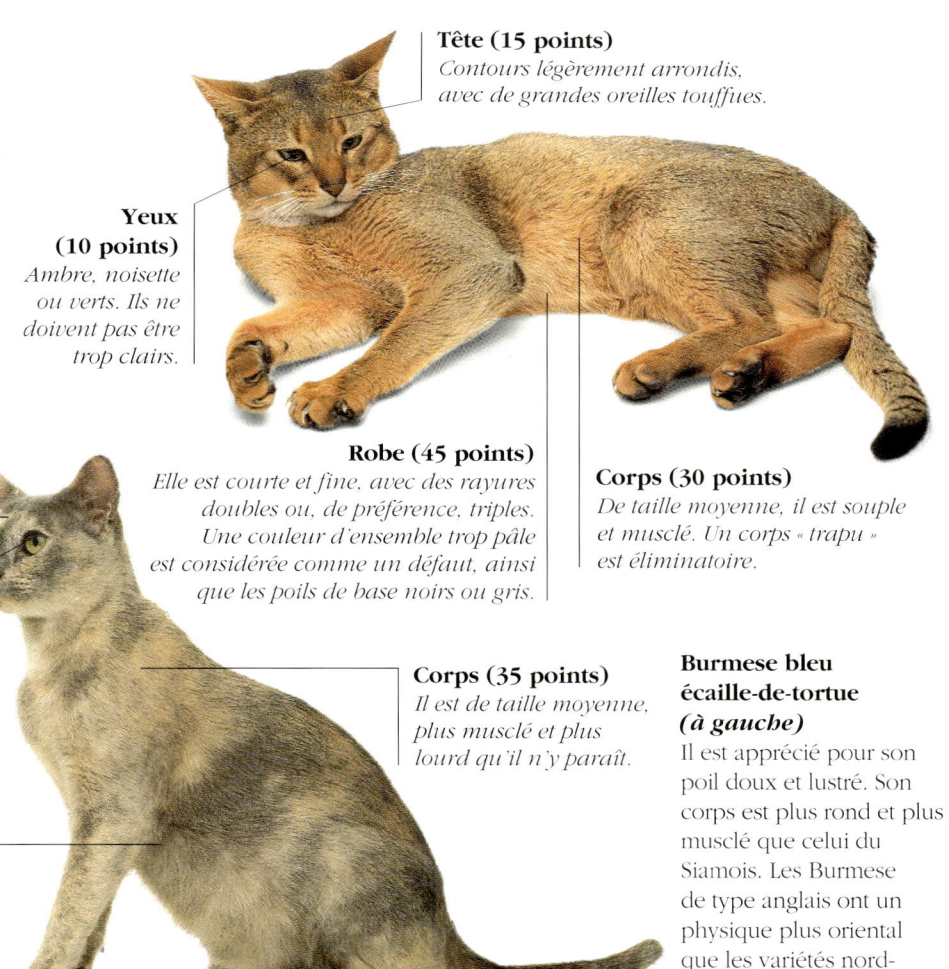

Les Préparatifs pour l'Exposition

Préparez votre chat pour l'exposition plusieurs semaines, voire quelques mois, à l'avance. S'il n'a jamais été en concours, il faut l'acclimater à sa cage d'exposition et l'habituer à être manipulé. Élever un chat de concours implique, entre autres, une bonne alimentation et un toilettage quotidien.

LE TOILETTAGE

Les yeux et les oreilles doivent être d'une propreté parfaite.

1 Il est recommandé de laver un chat à poil long juste avant l'exposition, afin que sa robe soit en parfait état *(voir pages 76-77)*. Le jour de la présentation, nettoyez-lui le contour des yeux à l'aide d'un coton humide.

2 Les dernières phases du toilettage se dérouleront sur le lieu même de l'exposition. Peignez les poils courts sur la face du chat avec une petite brosse à dents, tout en veillant à ne pas lui gêner les yeux.

3 Pour la dernière touche, utilisez une brosse munie d'une fine étrille qui fera gonfler la fourrure. Les poils du cou doivent bouffer autour de la face.

ACCESSOIRES

Dans la cage, vous pouvez prévoir : une litière, une couverture, un bol d'eau et de la nourriture. Le numéro d'inscription de votre chat figurera sur un ruban ou un collier. Munissez-vous de ses certificats de vaccination ainsi que des papiers attestant qu'il a subi le contrôle vétérinaire.

Bac à litière

Couverture

Gamelle

Bol à eau

Brosse avec étrille

Brosse à dents

LES PRÉPARATIFS POUR L'EXPOSITION

LE JOUR DE L'EXPOSITION

Visite vétérinaire *(à gauche)*
Tout chat inscrit en compétition doit être en bonne santé : c'est une condition absolue. Chaque concurrent sera donc attentivement examiné, afin de s'assurer qu'il n'est pas malade et n'a pas de parasites.

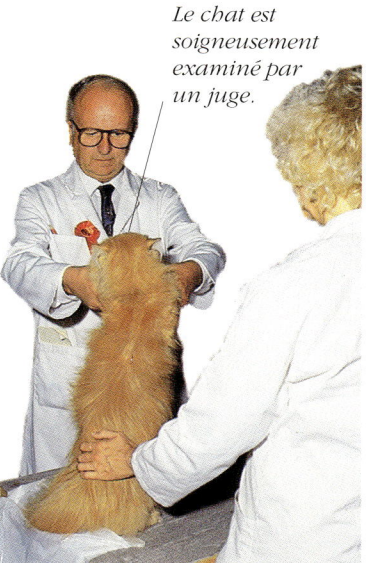

Le chat est soigneusement examiné par un juge.

Attribution des points *(ci-dessous)*
Un chat à pedigree est jugé en fonction du « standard » qui correspond à sa race. La note maximale est de 100 points *(voir pages 180-181).*

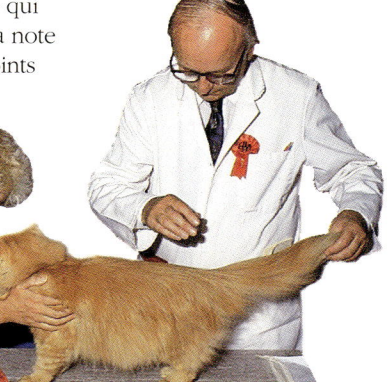

Jugement *(à droite)*
Selon les expositions, les chats peuvent être jugés à l'écart, sur des tables mobiles, ou en public.

« Best in show » *(ci-dessous)*
C'est le moment le plus attendu du concours, une fois toutes les catégories jugées. On annonce alors le nom et la race du plus beau chat de l'exposition.

Le champion
Un chat bien entraîné se tient fièrement dans sa cage et apprécie toutes les attentions dont il est l'objet. Des cocardes sont accrochées aux cages des vainqueurs.

GLOSSAIRE

Abcès Accumulation de pus formant un gonflement douloureux. Il peut apparaître souvent à la suite d'une morsure de chat.
ADN Substance porteuse de l'information génétique. Voir aussi *Chromosomes*.
Albinisme Absence du pigment mélanine, se traduisant par un pelage blanc et des yeux rouges.
Angora Race de chats à poil long et au corps élancé.
Ankylostomes Vers suceurs de sang vivant dans l'intestin grêle. Ils provoquent parfois amaigrissement, diarrhée et anémie.
Anœstrus État de la femelle lorsqu'elle n'est ni en chaleur ni gestante.
Aoûtats Parasites cutanés apparaissant aux mois d'août et de septembre, et provoquant des irritations.

Bicolore Robe où le blanc est associé à une autre couleur.
Bourre Sous-poils soyeux aux pointes plus épaisses.

Calicivirose Une des deux maladies virales responsables du coryza. Voir également *Rhinotrachéite infectieuse*.
Calico Désignation américaine des chats écaille-et-blanc.
Carcan Large collerette en carton ou en plastique qui empêche le chat de toucher à ses blessures.
Castration Ablation des testicules pour éviter la reproduction et les comportements amoureux indésirables.
Cataire *Nepeta cataria* ou « herbe-aux-chats ». Plante dégageant un parfum irrésistible pour le chat. Utilisée dans la fabrication de certains jouets.
Chaleurs Voir *Œstrus*.
Chatière Petite trappe montée sur gonds en bas d'une porte. Elle permet au chat d'entrer et de sortir à sa guise.
Chinchilla Chat persan blanc à poil long avec des pointes noires.
Chlamydiose Maladie féline affectant le système respiratoire et les yeux.
Chromosomes Particules d'ADN dans la cellule contenant les informations génétiques.
Cobby Se dit d'un corps massif et compact, avec des pattes courtes et un poil long.
Coccidiose Maladie due à un protozoaire parasite qui affecte l'appareil digestif.
Collier antipuces Collier imprégné d'une substance chimique qui tue les puces.
Colour point Chat dont le museau, les oreilles, les pieds et la queue ne sont pas de la même couleur que le reste du corps.
Conjonctivite Inflammation de la membrane qui recouvre le globe oculaire et les paupières, provoquant une irritation et un larmoiement. Elle est souvent associée au coryza.
Coryza Voir *Calicivirose* et *Rhinotrachéite infectieuse féline*.
Coussinet carpien Coussinet central des pattes avant, plus saillant que les autres, permettant au chat de ne pas déraper lorsqu'il retombe au sol après un bond.
Coussinets métacarpiens Tubercules épais situés sous la patte. Ils évitent au chat de glisser.

Dermatites Inflammations de la peau.
Dominant Se dit d'un gène qui, supplantant un gène récessif dans une paire de chromosomes, transmet des caractères qui s'exprimeront toujours chez la progéniture. Voir également *Récessif*.
Douve Parasite de l'intestin et du foie.
Duvet Petits poils doux situés sous les jarres. Ils assurent la protection du corps.
Dysautonomie féline Trouble nerveux se traduisant par une dilatation persistante de la pupille, une constipation opiniâtre, des régurgitations et un amaigrissement rapide. Également appelé syndrome de Key-Gaskell.

Écaille-de-tortue Robe résultant de l'association des gènes orange dominant et récessif, et tous deux inscrits sur un chromosome femelle. Spécifique aux chattes.

Éclampsie (ou **tétanie de lactation)** Insuffisance en calcium pendant l'allaitement, se traduisant chez la chatte par des tremblements, des vomissements, une démarche chancelante et, parfois, des convulsions. Également appelée fièvre de lait.
Élevage sélectif Croisements de chats de race visant à mettre en valeur certains caractères tels que la couleur des yeux.
Entier Se dit d'un chat non castré.
Étalon Mâle entier utilisé à des fins de reproduction.
Étranger (ou **Foreign)** Autre terme pour désigner le chat oriental ou, par extension, un chat d'aspect proche (corps longiligne et élégant), tel le Siamois.

Fièvre de lait Voir *Éclampsie*.
Filaire du cœur Parasite vivant dans les régions tropicales et le Bassin méditerranéen. Il est transmis par les moustiques et se loge dans le cœur.
Flehman (réponse de) Froncement du nez et retroussement de la babine supérieure permettant au chat d'analyser une odeur grâce à son organe de Jacobson. Réflexe généralement associé au comportement sexuel des mâles entiers.

Gale Petits parasites creusant des sillons dans la peau du chat et provoquant une chute des poils, une irritation ainsi qu'une inflammation.
Gale auriculaire Affection due à des parasites minuscules vivant dans le conduit auditif du chat.
Garde Poil épais et rugueux qui protège le duvet, plus fin. Chez certains chats, il constitue une couche imperméable.
Gastrite Inflammation des parois de l'estomac entraînant des vomissements.
Gène Minuscule parcelle d'ADN des chromosomes responsable de la production de caractères héréditaires.
Glaucome Augmentation de la pression intraoculaire se traduisant par un gonflement de l'œil.
Griffoir Planche sur laquelle le chat peut faire ses griffes. Il l'imprégnera également de son odeur afin de marquer son territoire.

Haret Chat domestique redevenu sauvage.
Hématome Collection de sang consécutive à la rupture de vaisseaux sanguins.
Hémobartonellose féline Maladie due à la présence d'un parasite dans le sang.

Jarres Poils les plus longs, déterminant la couleur de la fourrure.
Jarret Partie de la patte du chat correspondant à la cheville chez l'homme.

GLOSSAIRE

Kératite Inflammation de la cornée, se traduisant par un œil trouble.

Leucose féline due au FeLV Maladie virale qui affecte le système lymphatique, déprime le système immunitaire et induit différents types de cancer. Généralement fatale.

Litière Gravillons absorbant les déjections du chat.

Manx (ou chat de l'île de Man) Race de chat sans queue, du fait d'un gène mutant pouvant être létal.

Marquage Le chat marque son territoire en urinant ou à l'aide d'une odeur sécrétée par des glandes situées sur le menton : il transmet ainsi un message explicite aux éventuels intrus. Autre comportement typique : il aiguise ses griffes sur les meubles et les troncs d'arbres, et y laisse ainsi son odeur grâce aux glandes situées entre les coussinets.

Mastite Inflammation des glandes mammaires.

Membrane nictitante Voir *Troisième paupière*.

Œstrus Période pendant laquelle la chatte appelle le mâle et répond à ses avances. Plus communément appelé chaleurs.

Organe de Jacobson Organe sensoriel situé à l'arrière du palais du chat. Il analyse les odeurs et les goûts et transmet des signaux au cerveau.

Oriental Race de chats de type « Étranger », avec des yeux en amande, une tête triangulaire et de longs membres. Désigne aussi, par extension, l'ensemble des chats dits Étrangers. Exemples : l'Abyssin, le Siamois et le Burmese.

Otite externe Inflammation de l'oreille externe due à des parasites, des bactéries, des champignons ou à un corps étranger.

Ovariectomie Ablation des ovaires visant à empêcher l'œstrus.

Panleucopénie féline Voir *Typhus félin*.

Patrimoine génétique Ensemble des gènes caractérisant un individu.

Pedigree Document attestant la lignée d'un chat. Il retrace son arbre généalogique sur plusieurs générations.

Péritonite Inflammation du péritoine dans l'abdomen.

Péritonite infectieuse féline (PIF) Maladie virale généralement fatale.

Persan Chat aux jarres très longs, de type brachycéphale. Son sous-poil est épais et laineux.

Points Extrémités (museau, oreilles, pieds et queue) d'une couleur différente de celle du corps, comme chez le Siamois.

Polydactylie Malformation congénitale définie par des doigts surnuméraires.

Poux Parasites suceurs de sang provoquant une légère anémie quand ils infestent un chat en très grand nombre.

Prolapsus Sortie anormale du corps d'un organe interne, tel que l'utérus ou le rectum.

Puces Parasites infestant la peau du chat. Ils se nourrissent de sang. Certains chats sont allergiques à sa salive.

Quarantaine Période d'isolement à laquelle sont soumis les chats et les chiens à leur entrée dans certains pays, afin de prévenir la propagation de la rage.

Race Désignation d'un type de chat en fonction de sa couleur, de sa taille et de sa morphologie. Il existe plus de cent races de chats domestiques.

Rage Maladie virale grave affectant le système nerveux. Elle se transmet par la morsure d'un animal infecté.

Récessif Se dit d'un gène qui doit être présent sur les deux chromosomes de la paire pour s'exprimer chez la progéniture. Dans le cas contraire, il est supplanté ou masqué par le gène dominant.

Rhinotrachéite infectieuse féline La plus grave des deux maladies virales responsables du coryza. Parfois fatale, notamment chez les chatons et les chats âgés. Voir également *Calicivirose*.

Sevrage Passage progressif de l'allaitement maternel aux aliments solides.

Siamois Chat de type oriental, à poil court, avec une robe pâle et des « points » de couleur différente.

Sous-poil Couche épaisse de petits poils située sous les jarres.

Standard Description des caractères idéaux d'une race donnée, permettant de juger les qualités d'un individu.

Stérilisation Opération destinée à empêcher la reproduction et les comportements sexuels indésirables (castration chez le mâle, ovariectomie chez la femelle).

Syndrome de Key-Gaskell Voir *Dysautonomie féline*.

Syndrome urologique félin (SUF) Inflammation répétée de la vessie et de l'urètre. Peut s'accompagner de la formation de calculs vésicaux et urétraux gênant ou bloquant la miction. L'obstruction urinaire nécessite une intervention urgente.

Tabby Robe tigrée.

Taurine Acide aminé devant être présent dans l'alimentation du chat. Une carence en taurine peut entraîner la cécité et des problèmes cardiaques.

Teigne Infection due à un champignon parasite qui provoque une perte locale de poils et parfois une irritation.

Ténia *dipylidium* Parasite intestinal qui se nourrit d'aliments partiellement digérés.

Territoire Zone contrôlée par le chat, qui la considère comme sienne. Il la défend férocement contre les intrus.

Tipping Robe dont l'extrémité des jarres est d'une couleur différente de celle du sous-poil.

Tiques Parasites qui percent la peau du chat pour se nourrir de son sang. Certaines tiques sont vecteurs de maladies.

Toiletter Brosser et peigner la fourrure du chat (généralement, après un bain).

Toxacara Vers parasite vivant dans l'intestin grêle.

Toxoplasmose Maladie due à un parasite, souvent transmis par la viande crue. Elle est rare chez le chat mais peut se transmettre à l'homme.

Troisième paupière Membrane parfois visible dans les angles des yeux du chat.

Tumeur Croissance anormale d'un tissu organique. Parfois cancéreuse.

Typhus félin Également appelé panleucopénie infectieuse féline. C'est une maladie virale, parfois fatale, provoquant la destruction des globules blancs.

Virus de l'immunodéficience féline (FIV) Un parent du virus HIV, qui affaiblit le système immunitaire et entraîne la mort. Il est très contagieux pour les chats, mais pas pour les autres animaux, ni pour les hommes.

Zoonose Maladie pouvant se transmettre d'une espèce vertébrée à l'autre, y compris à l'homme.

CARNET DE SANTÉ DU CHAT

Nom : ....

Race : ....

Nom de pedigree : ....

Nom et race des parents : ....

....

Date de naissance : ....

Sexe : ....

Couleur de la robe : ....

Couleur des yeux : ....

Aliments préférés : ....

SOINS VÉTÉRINAIRES

Nom et adresse du vétérinaire : ....

....

....

Téléphone : ....

Téléphone en cas d'urgence : ....

Antécédents médicaux (maladies récentes, dates des consultations vétérinaires) : ....

....

....

VACCINATIONS

Date de la primovaccination : ....

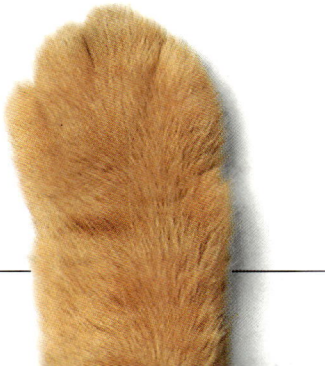

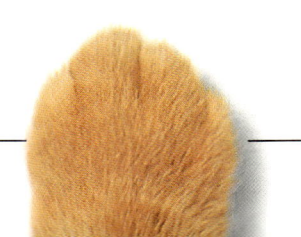

Dates des rappels : ....

Dates des prochains rappels : ....

....

REPRODUCTION

Nom et adresse de l'éleveur de l'étalon : ....

....

....

Téléphone : ....

Date de naissance de la portée : ....

Nom et sexe des chatons : ....

....

....

PENSION

Nom et adresse de la pension : ....

....

....

Téléphone : ....

INFORMATIONS PRATIQUES

BIBLIOGRAPHIE

Ouvrages parus aux Éditions Solar
Les Chats en 1000 photos
Les Chats Prestige
Le Livre des Chats
Réponse à tout : le Chat
Votre Chat : mieux le connaître pour mieux l'aimer

Autres ouvrages
Le Chaton
Brigitte Bulard-Cordeau, Nathan, 1993

Le Guide des Chats
Sélection du Reader's Digest, 1992

L'Encyclopédie des Chats
Christiane Sacase, Bordas, 1985

La Vie des Chats
Warren Eckstein et Fay Eckstein,
Soline, 1991

Splendeurs du Chat, Molière, 1992

Le Chat
sous la dir. du Dr Pierre Rousselet-Blanc, Larousse, 1992

*Le Comportement du Chat
et ses Troubles*
Éditions du Point vétérinaire, 1992

ADRESSES UTILES

Renseignements, conseils, urgences...
MINITEL 36 15 code FIDO
36 14 code FRISKIES

Sociétés félines
Association féline rhodanienne
28, avenue des Frères-Lumière
69008 Lyon
Tél. : 78 00 92 98

Association nationale féline
24, rue de Nantes
75019 Paris
Tél. : 40 35 18 04
Fax. : 40 34 36 20
36 15 code SCFF

Association internationale féline
38, avenue du Président-Wilson
75116 Paris
Tél. : 45 53 71 48

Cercle félin d'Ile-de-France
7, rue Chaptal
75009 Paris
Tél. : 48 78 43 54

Cercle félin de Paris
9bis, rue Bobière-de-Vallière
92340 Bourg-la-Reine
Tél. : 46 61 03 13

Club félin français
3, rue du Lavoir
78870 Bailly
Tél. : 69 03 51 98

**Fédération féline française
(et Cat Club de Paris et des
Provinces françaises)**
75, rue Claude-Decaen
75012 Paris
Tél. : 46 28 26 09

Union nationale des Associations félines
20, rue Martin
76320 Caudebec-les-Elbeuf
Tél. : 35 77 12 20

Sociétés de protection
Assistance aux animaux
23, avenue de la République
75011 Paris
Tél. : 43 55 76 57

**Association de défense
des animaux de
compagnie (A.D.A.C.)**
3, rue de l'Arrivée
75015 Paris
Tél. : 45 38 70 06

**Confédération nationale
des S.P.A.**
17, place Bellecour
69002 Lyon
Tél. : 78 37 83 21

**Fondation
Brigitte-Bardot**
4, rue Benjamin-Franklin
75016 Paris
Tél. : 42 25 24 21

Société protectrice des animaux (S.P.A.)
39, boulevard Berthier
75017 Paris
Tél. : 43 80 40 66

Écoles vétérinaires (consultations)
Paris
7, avenue du Général-de-Gaulle
Maisons-Alfort
Tél. : 43 96 71 00
Urgences Tél. : 43 96 23 23

Lyon
Route de Sain Bel
69280 Marcy-l'Étoile
Tél. : 78 87 25 25

Toulouse
23, chemin des Capelles
Tél. : 61 19 38 00

Nantes
Route Gachet
Tél. : 40 68 77 77

SOS Vétérinaires
Paris et proche banlieue
Tél. : 47 45 18 00
Lyon
Tél. : 78 54 00 71
Marseille
Tél. : 91 64 61 66

Chat perdu ou trouvé
Fichier national félin
Tél. : 43 79 89 77
ou minitel 36 17 code FELITEL

Recherche S.P.A. Tél. : 47 98 57 40

*Centre national antipoison
(vétérinaire)*
École nationale vétérinaire de Lyon
B.P. 83
69280 Marcy-l'Étoile
Tél. : 78 87 10 40

Assurance
**Centre de documentation et
d'information de l'assurance
(C.D.I.A.)**
2, rue de la Chaussée-d'Antin
75009 Paris

INDEX

A

abcès 169
Abyssin lièvre 181
acariens de la
　cheyletiellose 102
　gale des oreilles 102
accessoires
　de toilette 66
　pour nourrir
　　des chatons 151
accidents de voiture 160
accouplement 144
accueil d'un
　nouveau chat 32
acné 101
administrer des
　médicaments 130
ADN 184
ælurostrongylus 109
aérosols antipuces 103
affection (en mal d') 85
agressivité 80
albinisme 184
alcool 167
　à brûler 167
aliments
　déshydratés 60
　frais 62
　semi-humides 61
allergies alimentaires 111
alopécie (chute
　de poils) 101
amaigrissement 111
analgésiques 167
ancêtres du chat 13
anémie infectieuse
　féline 123
Angora 71
ankylostomes 112
anœstrus 184
antigel 167
anus 110
anxiété 80
aoûtats 102
appareil
　circulatoire 122
　urinaire 118
appels 144
apprentissage
　de la laisse 39
　de la litière 34
　du griffoir 36
artères pulmonaires 122
arthrite 99
arthrose 99
asphyxie 175
assurance santé 52
asthme 109
attachement 20
azalée 167

B

bac et pelle
　à litière 28
bagarres 82
bain 76
Balinais 23
bandage 171
bassin 98
Bastet 12
besoins
　alimentaires 59
　caloriques
　　quotidiens 61
Birman 23
　blessures 170
　à l'oreille 107
　de guerre 169
　Bobtail japonais 13
bonbons pour chats 59
bouche 114
bouche-à-bouche 163
bourre 184
British Shorthair
　bicolore 70
　bleu 70
　écaille-de-tortue 70
　fumé 23
　noir 70
　tabby 70
　tacheté 70
bronches 108
bronchite 109
brossage des dents 69
brosse 28
brûlures 172
　par électrocution 173
　par produits
　　chimiques 172
Burmese
　bleu 142
　bleu écaille-
　　de-tortue 181
　chocolat 142
　lilas 142
Burmilla 23

C

cage thoracique 108
caisse 146
calicivirus 109
calico 184
campanules 45
canal déférent 116
canaux
　semi-circulaires 106
carpe (poignet) 98
cataire 15
cataracte 105
Cat Fanciers' Association
　(États-Unis) 179
cavité nasale 108
cécité 105
cerisier de Noël 167
cérumen 106
chaleurs 116
chatière 37
chat
　âgé 138
　amateur de plantes
　　vertes 83
　bagarreur 82
　de l'île de Man 143
　de la jungle 13
　du désert asiatique 13
　griffeur de meubles 83
　mâle 145
　« mangeur de laine » 81
　perdu 53
　sauvage d'Afrique 13
　sauvage d'Europe 13
　sauvage de Martelli 13
　timide 84
　trapu 22
　vagabond 87
chatons orphelins 174
chats
　à pedigree 180
　orientaux 27
chatte 144
　écaille-de-tortue 143
check-list de santé 53
cheyletiellose 103
chlamydiose 109
choc
　électrocution 173
　identifier un état
　　de 159
　mesures d'urgence 159
choix
　d'un chaton 31
　du mâle 144
chromosomes 184
chute de poils 101
chutes accidentelles 160
cimetières
　d'animaux 139
classe
　« jeunes » 179
　« neutres » 179
　« novices » 179
　« ouvertes » 179
clavicule (épaule) 98
clématite 45, 167
cobby 185
coccidiose 184
cochlée 106
cochon d'Inde 33
col de l'utérus 116
collapsus 159
collerette 135
colliers 38
　antipuces 103
colostrum 150
colour point 184
compléments
　minéraux 59
comportement 80-87
conduit auditif 106
conjonctive 104
conjonctivite 105
conserves 60
constipation 111

INDEX

consultation (chez un
    vétérinaire) 52
contrôle des réflexes 159
coordination 16
corbeille en mousse 29
cordes vocales 108
cordon ombilical 175
cornée 104
corps étranger
    dans l'oreille 165
    dans la bouche 164
    dans les pattes 165
    dans les yeux 165
corps vitré 104
coryza
    (grippe du chat) 109
côtes 98
couleurs de la robe 142
coup de chaleur 175
coup de soleil 107, 173
coupe des griffes 66
coussinet carpien 184
crâne 98, 114
cristallin 104
crocs 114
Crystal Palace
    (l'exposition du) 178
cubitus 98
cystite 119

D

dangers
    dans la maison 47
    dans le jardin 45
déesse chatte 12
delphinium 167
dents
    carnassières 114
    précarnassières 114
    tuberculeuses 114
déplacer un chat
    blessé 161
    inconscient 160
    récalcitrant 161
dépôts de graisse 100
dermatites 101
dermatoses 101
derme 100
désinfectants 167
diabète 111
diaphragme 108
diarrhée 111
dieffenbacchia 167
dilatation de la pupille 104
dirofilariose
    cardiaque 123
doigts 98
domestication 13
douves 113
duvet 184
dysautonomie
    féline 121

E

échographie 116
éclampsie
    (fièvre de lait) 117
écoulement
    de l'oreille 107
    des yeux 105
    du nez 109
Égyptiens 12
électrocution 173
empoisonnement 166
encéphalite 121
enclos
    de jardin 46
    extérieur 46
enclume 106
enfants
    (et les chats) 41
engelures 173
entailles et
    lacérations 170
entorses 99
épaule 98
épiderme 100
épilepsie 121
équilibre 16
équipement
    de base 28
ergot 184
escalade
    dans les arbres 44
espérance de vie 138
estomac 110
étalon 144
étouffement 164
Étranger
    (ou Foreign) 184
étrier 106
Européen tabby
    (ou tigré) 23
euthanasie 139

examen
    des fonctions
        organiques 97
    des yeux 104
excès de vitamines 99
exercice 44
expositions 178

F

fausse couche 117, 174
Felis catus (chat
    domestique) 13
Felis sylvestris (chat
    sauvage) 13
fémur (cuisse) 98
fenêtre ovale 106
fente palatine 115
filaire cardiaque 123
Flehman
    (réponse de) 15
fœtus 147
foie 111
follicule pileux 100
fourrure emmêlée 75
fractures 99

G

gale des oreilles 107
gamelle 28
garde 184
gène 184
    défectueux 143
    dominant 184
    récessif 184
gestation 146
gingivite 115
glande
    sébacée 100
    sudoripaire
        apocrine 100
glandes mammaires 117
glaucome 105
glucides 56
gouttes auriculaires 133
granulome labial 115
griffoir 36

griffures 86
gros intestin 110

H

haret 185
harnais 38
hémabartonellose
    féline 185
hémorragie 170
    vulvaire 174
herbe (manger) 58
    en pot 46
herbe-aux-chats 15
herbicides 45
houx 45
humérus 98
humeur aqueuse 104
hypominéralisation 99
hypophyse 116
hypothermie 173

I

if 45
immobiliser un chat 128
immunodéficience
    féline virale 123
incisives 114
incontinence 119
indigestion 111
infections
    de l'oreille 107
inflammation
    de la vessie 118
insecticides 167
insuline 111
intestin grêle 110
intestins 110, 111
iris 104

J

jarres 185
jarret 98
jeux 43
jouets 42

INDEX

jugement
   (expositions) 180

K
kératite 105
Korat 13
kyste
   ovarien 117
   salivaire 115

L
lacérations 170
laisses 38
lait 57
langage du corps 18
lapin 33
larmoiement 105, 133
larynx 108
lentes 103
lésion
   cérébrale 121
   de la cornée 105
leucose 123
ligaments suspenseurs
   du cristallin 104
litière 28
lupin 45, 167
luxation 99

M
mâchoire 114
Maine Coon 71
mal de voiture 49
maladies
   de la rétine 105
   des gencives 115
   du cœur
      et du sang 123
   transmissibles
      à l'homme 124
malpropreté 81
mandibule 98

Manx (Chat de l'île
   de Man) 185
marquage 185
marteau 106
massage
   cardiaque 162
mastite 117
Mau égyptien 23
médecines
   parallèles 135
membrane
   nictitante 185
membres fracturés 161
méningite 121
mères adoptives 151
métacarpe (pattes
   avant) 98
métaldéhyde 167
métatarse (pattes
   arrière) 98
métrite 117
mise bas 148
   difficile 174
moelle épinière 120
monorchide 117
monoxyde de carbone
   (inhalation de) 175
morsures 86
   d'araignée 168
   de chat 169
   de scorpion 168
mortinatalité 174
mouches 103
moustaches 14
muguet 45
muscle(s) 98
   érecteur 100
myocarde 122

N
Nepeta cataria
   (cataire) 15
nerf
   auditif 106
   optique 104
   récepteur 100
nez 15

nourrir
   des chatons
      au biberon 151
   un chat à la
      cuillère 136
noyade 163

O
obésité 58
obstruction urinaire 119
odorat 15
œsophage 110
œstrus 116
oreille
   externe 106
   interne 106
   moyenne 106
oreillette 122
organe de Jacobson 15
orphelins 174
orteils 98
osselets 106
otite externe 184
otoscope 106
ouïe 14
ovaire 116
ovariectomie 155
ovulation 116

P
pancréas 110
panier 48
panleucopénie 111
pansements 171
paraffine liquide 111
paralysie 121
   à tiques 103
parasite(s)
   cutané(s) 102
   du cœur 123
   internes 112
   pulmonaire 109
parodontite 115
paupières 104
pavillon (de l'oreille) 106

peau du cou
   (immobilisation
      par la) 129
pedigree 185
peigne 28
peinture
   (sur le pelage) 166
pelouse
   d'appartement 46
pénis 116
péritonite infectieuse
   féline 111
Persan 180, 185
   chinchilla 23
   crème caméo
      shaded 180
perte
   d'appétit 111
   d'équilibre 121
pertes vulvaires 174
pesticides 167
phalanges 98
philodendron 47
piqûre(s)
   d'insectes 168
   faire une 131
placenta 175
plaies 170
plantes toxiques 45, 167
pleurésie 109
pneumonie 109
poids 58
poinsettia 167
points 185
pois de senteur 167
poison 120
poisson
   cuit 63
   en boîte 63
polydactyle 143
polydactylie 185
pommade oculaire 132
position
   de sécurité 159
pouls 96
poumons 110
poux 103
premiers secours 158
procidence de la
   troisième paupière 105
produits ménagers
   toxiques 167
programmer
   une portée 144
prolapsus 185
   de l'utérus 117
protubérance
   du globe oculaire 105

INDEX

puces 102
pupille 104
pyomètre 117

Q
quarantaine 50

R
race 185
radiographie 99
radius 98
Ragdoll 27
rage 124
ranula 115
réanimation 163
récessif 185
réflexe
    de l'oreille 159
    de la patte 159
    de redressement 17
    des paupières 159
refus
    de s'alimenter 111
régime amaigrissant 58
règles d'alimentation 57
reins 118
rejet des chatons 174
résorption 117
respiration 96, 108
    artificielle 162
rétine 104
rétrovirus FeLV 123
Rex
    Cornish 70, 143
    Devon 143
rhinotrachéite
    infectieuse féline 109
rhododendron 45, 167
ronronnement 19
rose de Noël 167

S
salmonellose 125
saut 16
scapula 98
séborrhée de la glande
    caudale 101
sens 14
seringue 131
sevrage
    des chatons 153
sexe des chatons 31

Siamois 143
    red point 181
    seal point 23
Singapura 13
sociétés félines 179
soigner un chat
    malade 137
soins prénataux 146
Somali 22
souillure du pelage 166
sous-poil 185
sperme 116
Sphynx 70
squelette 98
standard 185
stérilisation 154
stérilité
    de la femelle 117
    du mâle 117
sternum 98
stimulation 86
stomatite 115
strabisme
    (des Siamois) 133
substituts maternels 151
sucre du lait
    (indigestion) 111
suralimentation 57
surdité 107
syndrome
    de Key-Gaskell 121
système
    nerveux central 120
    urologique 119

T
tabby 185
tarse (cheville
    ou jarret) 98
tartre 115
taurine 185
teigne 101
température 96
ténia du chat 112
territoire 44
test de la vue 105
testicules 116, 117
tétée 150
thrombose 123
tibia 98
tipping 187
tiques 102
tiquetée (robe) 181
toilettage
    du chaton 67
    obsessionnel 81

toilette
    d'un chat malade 137
    de l'Angora 71
    de l'Exotique
        à poil court 71
    de la tête 68
    des oreilles 69
    des yeux 68
    du Maine Coon 71
Tonkinois 23
Toxacara 112
toxoplasmose 125
trachée 108
traitement des
    parasites internes 113
trichures 112, 113
troisième paupière 105
trompe
    d'Eustache 106
    de Fallope 116
trousse d'urgence 158
tuberculose 125
tue-limaces 45, 167
tumeurs 101
tympan 106
typhus félin 111

U
ulcération
    de la cornée 105
ulcère
    de la bouche 115
    labial 115
uretères 118
urètre 118
ustensiles de cuisine 56
utérus 116
    déchirure de 174

V
vaccinations 53
vagin 116
valeurs normales
    (pouls, température,
    respiration) 96
vaporisateur
    désherbant 45
veines
    pulmonaires 122
venin de crapaud 168
ventricules 122
vermifuges 113
vers parasites
    (internes) 112

    de la vessie 119
    des poumons 109
    du cœur 123
vertèbres
    caudales 98
    cervicales 98
    lombaires 98
    sacrées 98
    thoraciques 98
vétérinaire
    (choix du) 52
vie quotidienne
    (du chat) 35
vieillissement 138
visite vétérinaire 183
vitamines
    besoins en 59
    compléments 59
vomissements 111
vue 15
vulve 116

Y
yeux 15

Z
zoonoses 124

CRÉDITS ILLUSTRATIONS

Dessins

Angelica Elsebach : 157, 158-159, 160-161, 162-163, 164-165, 166, 168-169, 170-171, 172-173, 174-175
Chris Forsey : 13, 45, 47, 51, 98, 99, 100, 102, 104, 106, 108, 109, 110, 112, 114, 116, 118, 120, 122, 124

Photographies

La plupart des photographies ont été réalisées par Steve Gorton et Tim Ridley.

Autres provenances :
Animals Unlimited : 46 bas gauche, 70 haut, 71 bas gauche, 179 bas gauche.
Ardea : 13 centre.
Bodleian Library, Oxford : 12 haut.
Jane Burton : 5 haut gauche, 8 haut gauche, 10, 16 haut, 17 droite, 18 haut, 18 bas, 19 centre droite, 21 centre droite, 25 bas, 27 bas, 34 centre, 36 droite, 42 bas, 44 centre, 44 bas, 46 haut, 56 haut, 58 haut, 71 bas droite, 78-79, 80-81, 82-83, 84-85, 86-87, 98 bas, 100 haut, 105 bas gauche, 110 bas, 114 haut, 119 bas, 120 haut, 121 bas, 124 haut, 125 bas, 133 centre gauche, 143 bas gauche, 154 bas, 179 haut gauche.
Bruce Coleman Ltd : 13 haut droite, 44 haut Hans Reinhard.
Eric Crichton : 167 centre gauche, 167 centre droite, 167 bas droite centre.
Tom Dobbie : 167 haut.
E.T. Archive : 12 bas droite.
John Glover : 167 centre droite centre, 167 bas gauche centre.
Jerry Harpur : 167 centre gauche centre, 167 bas gauche, 167 bas droite.
Marc Henrie : 101 bas.
Michael Holford : 12 centre, 12 bas gauche.
Larry Johnson : 179 bas droite.
Dave King : 7 haut droite, 9 bas, 11 centre gauche, 11 bas, 19 centre gauche, 21 haut, 22-23, 26 haut, 26 centre, 27 haut, 70 bas, 71 haut, 71 centre, 88, 89 haut, 89 centre, 92-93, 94, 133 bas gauche, 143 haut, 143 centre, 143 bas droite, 154 centre, 179 centre, 180 centre, 180 bas, 181.
Oxford Scientific Films : 13 haut gauche Frank Schneidemeyer, 50 bas London Scientific Films.
David Ward : 134 bas.
Matthew Ward : 130 haut, 131, 133 centre droite, 133 bas droite.

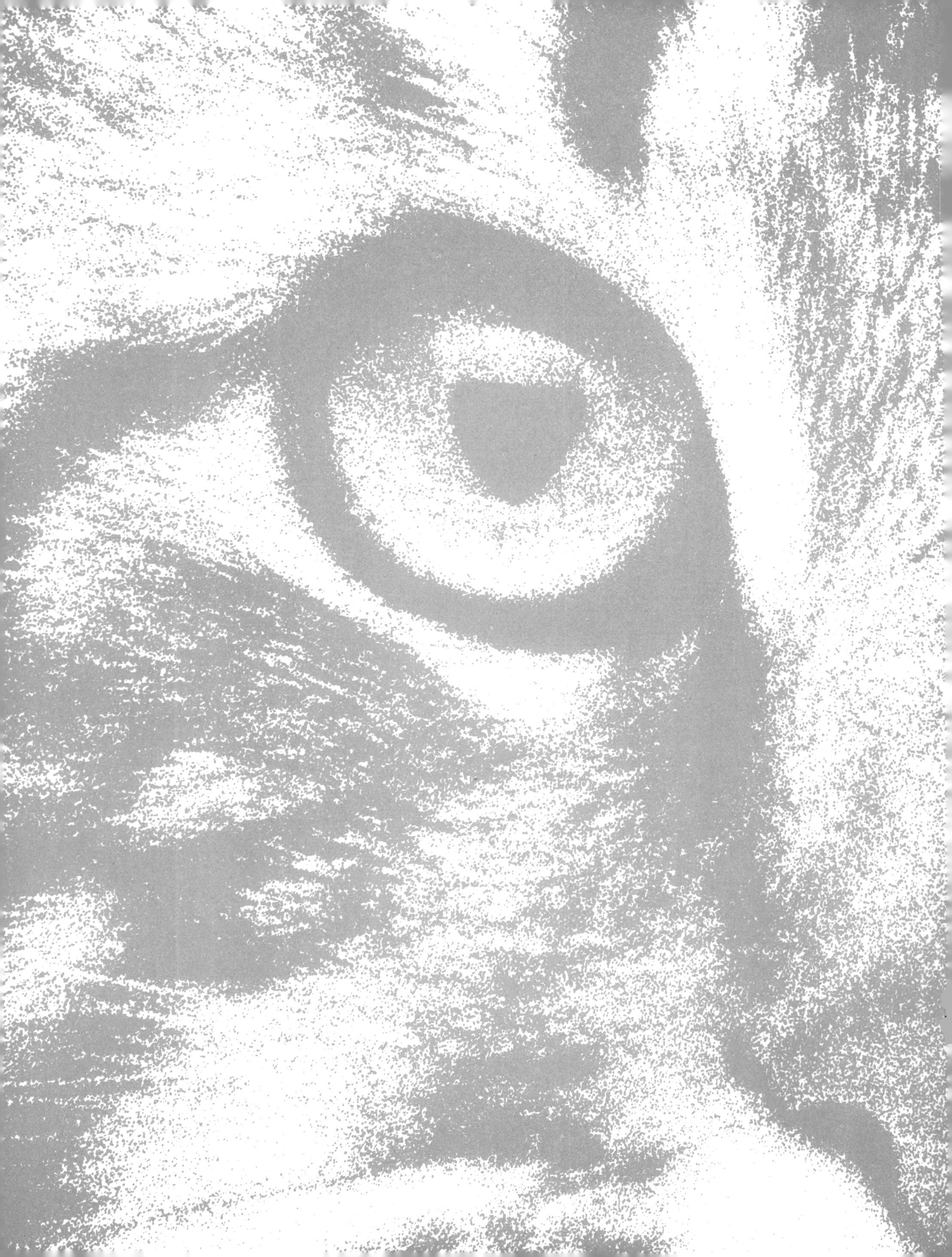